U0456224

黄 志◎著

人工智能影响经济增长的多渠道效应研究

四川大学出版社
SICHUAN UNIVERSITY PRESS

图书在版编目（CIP）数据

人工智能影响经济增长的多渠道效应研究 / 黄志著
. 一 成都：四川大学出版社，2023.10
（经管数学应用丛书）
ISBN 978-7-5690-6417-9

Ⅰ . ①人… Ⅱ . ①黄… Ⅲ . ①人工智能－影响－经济
增长－研究－中国 Ⅳ . ① F124

中国国家版本馆 CIP 数据核字（2023）第 199729 号

书　　名：人工智能影响经济增长的多渠道效应研究
　　　　　Rengong Zhineng Yingxiang Jingji Zengzhang de Duoqudao Xiaoying Yanjiu
著　　者：黄　志
丛 书 名：经管数学应用丛书

丛书策划：蒋　玙
选题策划：蒋　玙　周维彬
责任编辑：周维彬
责任校对：张宇琛
装帧设计：墨创文化
责任印制：王　炜

出版发行：四川大学出版社有限责任公司
　　　　　地址：成都市一环路南一段 24 号（610065）
　　　　　电话：（028）85408311（发行部）、85400276（总编室）
　　　　　电子邮箱：scupress@vip.163.com
　　　　　网址：https://press.scu.edu.cn
印前制作：四川胜翔数码印务设计有限公司
印刷装订：成都金阳印务有限责任公司

成品尺寸：170 mm×240 mm
印　　张：12.25
字　　数：235 千字

版　　次：2023 年 11 月 第 1 版
印　　次：2023 年 11 月 第 1 次印刷
定　　价：65.00 元

扫码获取数字资源

四川大学出版社
微信公众号

前　言

纵观人类社会的演进历程，技术创新一直是推动地区乃至国家经济发展的内生动力，是世界各国抢占国际竞争高地的重要手段。近年来，随着互联网技术迅猛发展、计算机运算能力和运算速度大幅提升、算法有效性取得了长足发展，人工智能在世界范围内取得了突破性进展，使人类社会迎来了智能时代，并加速改变着人类社会生产生活的各个方面。基于此，世界各国纷纷围绕人工智能展开了新一轮角逐，美、日、德、法等国先后颁布了一系列扶持人工智能产业发展的政策措施，以期借人工智能之势在新的历史时期抢占国际竞争中的优势地位。

就中国而言，人工智能作为一项引领新一轮科技革命和产业变革的战略性技术，也受到党中央的高度关注。习近平总书记在 2018 年 10 月 31 日政治局第九次集体学习时强调，要推动我国新一代人工智能健康发展。在 2018 年 12 月 21 日中央经济工作会议上再次强调要加强人工智能等新型基础设施建设。在 2019—2022 年，党和政府进一步强调要积极推动人工智能与文化、媒体、教育、社会治理以及疫情防控等领域深度融合。中国的人工智能及其与经济社会深度融合踏上了新征程。人工智能作为一种技术进步，在与经济社会的深度融合过程中具体表现为各种有形（机器人）和无形（算法、系统等）的技术创新。那么，人工智能技术创新如何影响经济增长？通过什么渠道影响经济增长？"索洛悖论"是否存在？从长期而言，是否会使经济呈现指数级增长趋势？就国际层面而言，人工智能在全球范围内的加速渗透是否会进一步扩大未来南北差距？围绕人工智能的这一系列问题相当重要，但目前尚未有系统性研究，甚至在一些方面仍存在研究空白。

为此，本书以经济学为主，结合计算机科学、哲学、数学等多学科理论知识，综合运用历史分析与比较分析相结合、归纳与演绎相结合、理论研究与实证分析相结合、静态分析与动态分析相结合等研究方法，按照"总—分—总"的结构谋篇布局，研究人工智能对经济增长的影响效应。

总论部分在系统梳理相关文献、详细阐述理论基础以及清晰刻画人工智能影响经济增长的典型事实基础上，探析了人工智能在向经济社会渗透过程中表现出的四大经济效应（智能渗透效应、边界延展效应、知识创造效应和自我深化效应），并对影响经济增长的三大主要因素（劳动、资本和生产技术）进行分析。在此基础上，通过分析人工智能四大经济效应作用于劳动、资本和生产技术对经济增长的影响效应，提出由劳动渠道、资本渠道和生产率渠道三条渠道构成的人工智能影响经济增长的总体分析框架。

分论部分将理论分析和实证检验相结合，逐一探讨人工智能影响经济增长的劳动渠道、资本渠道和生产率渠道。此外，由于数据不可得，无法通过实证分析的方式来识别人工智能对长期经济增长的影响，因此，本书基于理论层面，进一步探讨了人工智能对长期经济增长以及未来南北差距产生影响的作用机理。

最后对全书的研究结论进行总结，并就中国人工智能发展提出了政策建议。

感谢四川大学邓翔教授、程翔老师、朱海华老师在本书修改过程中提出的宝贵意见。本书在编撰过程中，参阅、引用了大量的国内外相关文献资料，在此一并向这些文献的作者表示衷心的感谢。本书在编写过程中难免存在疏忽和遗漏，敬请广大专家、读者批评指正！

黄　志

成都大学商学院

2023 年 2 月 17 日

目　录

第一章 概　论

技术创新是经济持续增长的原动能，是社会进步的主要推动力量。随着互联网技术迅猛发展、计算机运算能力和运算速度大幅提升、算法有效性取得巨大突破，人工智能在世界范围内取得了长足进展，成为一项引领新一轮科技革命和产业变革的战略性技术。作为一项战略性技术，人工智能加速向经济社会渗透，改变着人类社会生产生活的方方面面，但其如何影响经济增长？通过什么渠道影响经济增长？"索洛悖论"是否存在？长期而言，是否会带来经济指数级增长？从国际层面而言，人工智能在全球范围内加速渗透是否会进一步扩大未来南北差距？这一系列问题至今未有系统性研究，但对中国抓住人工智能发展机遇以及促进经济高质量增长的政策取向具有重要参考意义。

一、研究背景

21世纪以来，随着互联网技术和信息技术迅速发展，人工智能技术创新在世界范围内取得突破性进展，并加速向经济社会渗透融合，迅速将人类社会送进了智能时代。人工智能可谓新一轮技术创新中最显著的，从智能机器人、智能家居到人工智能医生、无人工厂和无人驾驶，人工智能被广泛应用到人类社会生产生活的各个领域，成为一项引领新一轮科技革命和产业变革的战略性技术，正在对经济社会产生深刻的影响，并逐渐成为世界各主要国家竞相追逐的焦点。

为抢占新时期的发展机遇，全球各主要国家就人工智能的发展展开了新一轮竞逐：美国政府先后发布《为人工智能的未来做好准备》（2016年）、《维护美国人工智能领导力的行政命令》（2019年）和《国家人工智能发展战略规划2019版》，紧接着启动"美国人工智能倡议"，并于2020年9月与英国政府正式签署《人工智能研究与开发合作宣言》；2021年，成立国家人工智能倡议办公室；加大人工智能开发与研究投入力度，据斯坦福大学数据显示，仅2021年，美国在人工智能领域的研发投入达到50亿美元。日本于2017—2019年相继颁布了《新产业构造蓝图》《综合创新战略》和《以人类为中心的人工智能社会原则》等人工智能相关发展战略，以超智能社会 5.0 为引领，加强人工智能研究与产业推进等工作的组织协调，并在相关领域取得较大突破。德国借助工业 4.0 打造"人工智能德国造"品牌战略，2018—2019 年先后颁布《人工智能战略》《国家工业战略 2030》，并于 2020 年对 2018 年版的《人工智能战略》做出修订，力争将人工智能的研究、开发和应用推向世界领先水平。英国在促进人工智能发展的过程中，注重"综合施治、合力发展"，促进产学研融合，力图将人工智能的研究、开发和应用推向世界领先水平。2018 年，法国发布了"人工智能国家战略"，将人工智能纳入原有创新战略与举措，提出长期资助计划、"人工智能＋"计划、培育人工智能中心、设立领军人才计划等一系列激励和保障措施，进一步促进人工智能相关产业发展。

就中国而言，作为一项引领新一轮科技革命和产业变革的战略性技术，人工智能受到党中央的高度关注。2018 年 10 月，习近平总书记强调，加快发展新一代人工智能是事关中国能否抓住新一轮科技革命和产业变革机遇的战略问题。中国经济迫切需要新一代人工智能等重大创新添薪续力。在 2018 年 12 月 21 日中央经济工作会议上党和政府再次强调要加强人工智能等新型基础设施建设。在 2019—2022 年，党和政府进一步强调要积极推动人工智能与媒体、教育、社会治理以及疫情防控等领域深度融合。我国的人工智能及其与经济社会发展融合踏上了新征程。

可以预见，人工智能将在各国以更快的速度向前发展，并给人类社会生产生活带来更加广泛而深刻的影响。在世界各国纷纷采取措施占得人工智能发展先机，加速推动人工智能向经济社会渗透的背景下，系统分析人工智能对经济增长的影响渠道，探析人工智能在向经济社会渗透过程中存在的潜在问题与风险，对有效防范和应对人工智能潜在的风险以及抓住人工智能发展机遇具有重要意义，也是助力中国以创新驱动实现经济高质量增长的迫切需要。

二、研究意义

本书围绕"人工智能与经济增长"的研究展开，具有以下四个方面的意义：

（1）多角度、综合、系统地分析了人工智能影响经济增长的作用渠道，有利于从理论上科学、全面地认识人工智能对经济社会的积极和消极效应，从而制定出合理的公共政策，以应对其可能带来的风险和挑战。

（2）考虑了人工智能对经济社会产生影响的阶段差异，有助于清晰认识人工智能在渗透融合的不同阶段对经济社会产生影响的差异，明确人工智能风险和挑战的阶段存在性，为有针对性地制定应对措施提供理论基础。

（3）基于行业层面对人工智能的经济效应进行分析，能够清晰反映人工智能在不同行业的渗透情况及其对不同行业产生的影响效应，并为后续有针对性地推进人工智能在行业落地，以及后续产业转型政策取向提供理论参考。

（4）揭示了人工智能对长期经济增长和未来南北差距产生影响的作用机理，有助于明确人工智能在长期经济增长中的作用，以及不同发展程度的国家在以人工智能为中心的国际竞争中的地位，为包括中国在内的欠发达国家抓住人工智能发展机遇，进而提升国际竞争地位提供政策启示。

三、文献综述

（一）人工智能的相关研究

1943 年，McCulloch 和 Pitts 提出的人工神经细胞模型（M-P 模型）被视为人工智能的开端，直到 1956 年，McCarthy 在达特茅斯学院的研讨会上首次提出"人工智能"的概念，标志着"人工智能"学科正式诞生。2016 年，AlphaGo 以总比分 4：1 完胜世界围棋九段棋手李世石，进一步将"人工智能"带入了大众视野。随后，人工智能技术取得巨大突破，并向经济社会多个领域加速渗透融合，引起了国内外学者的广泛关注，围绕人工智能的研究如雨后春笋。

1. 人工智能的内涵

什么是人工智能？学界和业界并没有达成共识，McCarthy 在 1956 年首次提出人工智能概念时，将其定义为"让机器的行为看起来像是人所表现出的智能行为一样"。随着人工智能不断发展，人们对人工智能的内涵和外延有了更丰富的认识。截至目前，国内外学者对人工智能的理解不尽相同，主要有以下三种观点。

第一种观点将人工智能看作是一门学科。例如，Andrew（1987）认为人工智能研究的是怎样使机器去做那些本来应该由人来做的事情，并指出人工智能是一个随时间而发展的概念，且随着计算机科学的不断发展，其内涵不断扩大。Winston（2009）认为人工智能是研究和开发用于模拟、延伸和扩展人类智能的理论、方法、技术以及应用系统的一门新的技术科学。

第二种观点将人工智能视为一种自动化过程。例如，Korinek 和 Stiglitz（2017）认为人工智能是长期、持续的自动化过程。这一自动化过程便是用计算机实现人的头脑功能，即通过计算机实现人的头脑思维所产生的效果。

第三种观点将人工智能理解为智能行为或能力。例如，Nielsen（2000）认为人工智能是关于人造物的智能行为，而智能行为包括知觉、推理、学习、交流和在复杂环境中的行为。Aghion（2017）将人工智能理解为机器模仿人类智能行为的能力或代理者在广泛环境中实现目标的能力。

2. 人工智能对劳动力就业的影响

随着人工智能在技术创新上不断取得突破，其对劳动力就业的影响受到了学者的广泛关注。

一种观点指出人工智能的应用对劳动就业存在替代效应（Brynjolfsson，2017）。Frey 和 Osborne（2017）测算了美国 702 种职业被人工智能替代的可能性，结果显示，达 47% 的工作岗位存在较高的被替代风险。Manyika（2017）得出了相似的结论：当前的人工智能能够替代 45% 的工作岗位。Acemoglu 和 Restrepo（2017）进一步研究了机器人增长对美国劳动就业的影响，结果显示，每千名工人中增加一个机器人的使用，劳动就业比例下降约 0.18%～0.34%。Chen 等（2018）研究发现，中国 76.76% 的劳动力会在未来 20 年受到人工智能的巨大冲击，如果只考虑非农业人口，受到冲击的比例是 65.58%。部分研究还注意到了人工智能对不同行业劳动力就业的差异性影响。其中，农业生产部门劳动力就业受人工智能的影响较小（Frey and Osborne，2017），而制造业部门劳动力就业容易受人工智能替代效应的影响（Acemoglu and Restrepo，2017），另外，由于人工智能还无法满足服务业对社交能力的需求，因此其对服务业劳动者的替代效应还比较小。

也有一种观点认为人工智能在替代劳动力就业的同时，还具有就业创造效应（魏巍，2022）。从理论层面而言，Acemoglu 和 Restrepo（2018）研究分析指出，劳动力在新任务方面具有比较优势，而人工智能创造的新任务能增加劳动力就业岗位，但就业总量如何变化却未有定论。Bessen（2018）研究发现，人工智能通过资本积累、自动化技术深化以及创造的新任务产生生产力效应，降低替代效应，因此，并不会带来就业水平的迅速下降。部分学者从实证角度研究了人工智能的就业创造效应。Dauth（2017）分析发现，机器人的应用会抑制制造业劳动力就业，但对服务业劳动就业有促进作用。

甚至还有观点指出人工智能对劳动力就业存在异质性影响。部分研究发现，人工智能会增加低技能劳动力失业，为高技能劳动力创造就业岗位。Autor 和 Murnane（2003）研究发现，自动化对不同劳动力的冲击存在差异，将阻碍低技能劳动者就业，促进高技能劳动者就业（Acemoglu and Restrepo，2018）。曹静和周亚林（2017）研究发现，人工智能对劳动力的就业效应将比传统技术创新更为明显，人工智能在替代低技能劳动力的同时，还会对部分中高技能劳动力的就业产生影响。张美莎等（2021）研究表明，人工智能的冲击会增加中等技能劳动力失业率，为低技能和高技能劳动力就业创造机会。Graetz 和 Michaels（2015）研究发现，当自动化成本降低时，劳动力会流向高度复杂化或者低技能、低创造性的行业，进而产生就业极化现象。孙雪等（2022）研究发现，人工智能的应用对教育型及创业型劳动力的提升效应为正，但抑制了技术型劳动力就业需求。Hémous 和 Olsen（2015）研究发现，在经济发展的不同阶段，人工智能对劳动力就业的影响存在差异。王君等（2017）研究发现，在人工智能技术渗透的不同阶段，其对劳动就业的影响存在差异，但长期而言，就业水平非但不会呈大幅下降的趋势，而是人机共生，寻求最佳结合点（徐献军，2018）。

3. 人工智能对收入差距的影响

围绕技术创新与收入差距的研究由来已久，主要存在以下两种观点：一种观点认为，技术创新会缩小收入差距；另一种观点认为，技术创新会扩大收入差距。目前，技术创新对收入差距的具体作用方向未有定论。而且，随着近年人工智能取得长足发展，相关研究逐渐增加，主要集中在要素收入份额变化、不同技能劳动者收入差距以及地区间收入差距等方面。

部分研究发现人工智能的发展会带来要素收入份额变化，随着智能机器对劳动力的替代，以及资本份额增加，资本报酬提高将成为收入不平等加剧的一个主要原因。Brynjolfsson（2014）研究发现，人工智能的发展将使越来越多的工作任务实现自动化，智能机器通过自我复制，创造更多的自动化资本，进而导致财富从低技能劳动力和普通资本流向具有创新能力和拥有自动化资本的群体，最后逐渐集聚在少部分人手上，而大量参与者只能获得少量的回报。Benzell（2015）通过将高技能和低技能劳动者引入两阶段世代交叠模型，研究发现，机器人生产率的增加会使拥有资本的当代人受益，但会损害后代人财富的积累。DeCanio（2016）深入分析了人工智能对工资水平的效应，结果表明，其效应取决于总生产关系的形式和劳动力与机器人之间的替代关系。人工智能的进一步发展将会导致工资水平下降，要素收入不平等增加，而要缓解这一问题除非能够实现资本回报在劳动报酬中重新分配，但如何实现这一分配方式尚不明确。Korinek 和 Stiglitz（2017）提供了人工智能相关经济问题的分类，认为创新产生的盈余和要素价格变动带来的再分配是人工智能发展带来不平等的两个主要渠道。Sachs（2017）从美国经济特点出发，发现数字革命将继续把国民收入从劳动力转移到资本（物质资本、人力资本和智力资本），将带来生产要素回报的不平等。

另一部分研究发现，人工智能会增加技能劳动收入差距。已有研究中主要存在以下三种观点：第一种观点认为，人工智能技术创新会带来技能溢价上升，进而扩大技能劳动收入差距（葛玉卿、宫映华，2018；蔡跃洲、陈楠，2019）。Lankisch（2017）将自动化资本作为一种生产要素引入内生增长模型，研究了人工智能发展对不同技能劳动者工资水平的影响，结果表明，人工智能在减少低技能劳动者实际工资的同时，增加了技能溢价以及收入差距（黄旭，2021；钞小静、周文慧，2021）。Acemoglu 和 Restrepo（2018）将劳动力异质性引入基于人工智能任务的模型中，分析了人工智能对劳动力和资本价格的作用效应。研究发现，人工智能对工资变动的综合效应尚存在不确定性，但短期内智能机器对低技能劳动者的替代会增加技能收入差距。第二种观点认为，人工智能对收入分配的影响具有阶段差异性。Hémous 和 Olsen（2015）将自动化引入横向创新增长模型研究人工智能对技能劳动收入差距的影响，结果表明，随着自动化水平不断提升，技能劳动收入差距将经历从稳定到不断加剧的过程。Acemoglu 和 Restrepo（2016）研究发现，人工智能在短期和中期会加剧收入不平等，长期而言，随着新任务逐渐实现标准化，能够增加低技能劳动力需求，降低技能收入不平等。第三种观点认为，人工智能会产生劳动就业极化效应，同时降低中等技能劳动收入水平。Dauth（2017）研究发现，当自动化成本降低时，劳动力会向高端和低端岗位流动，进而导致中等技能的劳动者遭受巨大的收入损失。郭凯明和向风帆（2021）研究发现，人工智能对工资收入差距具有显著影响，当高技能产业内或产业间劳动替代弹性较高时，人工智能将扩大工资收入差距，反之亦然。

还有部分研究发现人工智能能够对地区收入差距产生影响。Zeira（1998）分析了一个具有技术创新的经济增长模型，结果表明，技术创新并非处处采用，而是只在生产力水平较高的国家被广泛使用，新技术的采用会显著地放大了国家间生产率的差异。Acemoglu 和 Zilibotti（2001）发展了一个简单的基于任务的内生技术模型，并用于各国间生产率差异的研究，说明了新技术与发展中经济体技能之间的潜在错配。Berger 和 Frey（2016）研究发现，人工智能会通过加剧收入不平等和创造新岗位加剧地区间发展的不平等。Berg（2016）研究发现，人工智能将进一步放大国家间的收入差距。此外，人工智能的发展会扩大省级层面的城乡收入差距（魏建和徐恺岳，2021）；缩小低技术工业部门的性别工资水平差距，扩大高技术工业部门的性别工资差距（孙早和韩颖，2022）。

（二）经济增长的相关研究

经济增长是国家各项政策的核心目标，也是体现一国综合国力的重要指标。截至目前，经济增长理论系统而深入，关于经济增长影响因素的分析最早可追溯到亚当·斯密在《国富论》里提出的劳动分工理论，该理论指出分工是促进经济增长的主要因素。自此，围绕经济增长影响因素的研究拉开了帷幕。

学者从不同角度进行了大量研究并得到了不同结论。部分研究认为制度变革、二元经济转型等制度因素，专业分工、对外贸易政策、法律等社会因素以及知识、信仰、习俗等文化因素是影响经济增长的核心要素。其中，刘元春（2003）研究发现，中国经济增长一方面得益于渐进式经济制度改革，另一方面得益于二元经济转型引起的产业结构转型升级（刘伟和李绍荣，2001；王文倩和张羽，2022）。与此同时，在经济发展过程中，对外贸易发挥着至关重要的作用（苏志庆和陈银娥，2014），因此，鉴于中国的发展实际，充分发挥对外贸易在经济增长和产业结构升级中的作用，成为发展过程中面临的重要课题（黄庆波和范厚明，2010）。另外，文化是一种能够影响人类的行为选择，并带来经济运行方式转变和经济增长的主观精神力量（李永刚，2013），可以通过三个方面影响经济增长：第一，作用于企业领导层，影响其职业规划和选择机制，进而影响微观企业的生产效率，对经济增长产生影响；第二，作为知识资产被引入生产函数，进而影响经济增长速度；第三，经济与文化相互作用，影响经济增长方式（陈宪和韩太祥，2008）。语言、知识等文化因素与劳动力相结合则表现为人力资本，而人力资本与能力资本的积累是促进经济持续增长的内在动力（陈可嘉和臧永生，2012）。

另一部分研究认为劳动投入、资本积累、自然资源供给以及要素配置效率提高等是影响经济增长的关键因素（陈阳和逯进，2016；周天勇，2020）。其中，张军（2004）研究发现，中国经济迅速提升可归因于大量的生产要素投入以及不断提升的要素配置效率。汪小勤（2007）研究发现，人口的年龄结构是影响经济增长的主要因素。Shinan（2006）基于中国行业层面的研究指出，中国行业迅速发展得益于劳动生产效率的提升，即劳动力得到更加充分的利用。杨先明和秦开强（2015）肯定了资本积累对经济增长的作用，认为投资驱动经济增长在中国仍有较大的空间，因此，加快资本积累仍是促进中国经济增长的重要手段。白俊红等（2017）研究认为，研发要素投入为中国以创新驱动经济增长提供了重要的战略资源，推动了经济持续快速增长。

以 Romer 等为代表的内生增长理论学者则将创新作为经济内生增长的源动力（Schumpeter，1912；Acemoglu，2009；Aghion，2017），甚至有研究发现，创新与产业融合带来的产业结构升级是经济增长的核心源泉（Laeven，2009），创新与物质资本积累的相结合带来的高投入式增长是中国经济增长的重要特征（赵志耘等，2007），创新与劳动者数量和技能、物质资本以及经济条件、制度结构等要素动态融合促进经济持续增长（郭继强，2006）。

另外，不同国家和区域，在不同时期的经济增长影响因素存在差异。比如，发展中国家可以通过资本积累进而实现经济增长，而发达国家由于资本过剩，通过资本积累驱动增长的空间受限，而难以通过资本积累促进经济增长。

（三）人工智能与经济增长的相关研究

1. 国内研究

随着人工智能迅速发展，其对经济增长的影响也受到越来越多的关注，但国内研究主要集中在理论分析上。一部分研究认为人工智能不仅是创新的驱动力，更是新经济发展的驱动力，能够支撑宏观经济增长（蔡跃洲和陈楠，2019）。朱巍等（2016）基于中国的实际现状发现，人工智能迅速发展，将成为未来技术的制高点和经济增长的关键，是抓住未来发展高地以及提升国际地位的重要手段。曹静和周亚林（2017）梳理了人工智能对经济增长的影响，指出人工智能能够提高生产率，促进经济增长。黄旭和董志强（2019）通过拓展世代交替模型发现，如果合理利用人工智能的发展机遇，则经济将会获得稳步提升。陈彦斌等（2019）通过理论分析指出，人工智能能够较好地缓解老龄化对经济增长的负面效应。刘亮和胡国良（2020）基于中国制造业数据证伪了"生产率悖论"，发现人工智能显著提升全要素生产率，尤其是中高技术行业的生产率，对中国经济高质量发展至关重要。林晨等（2020）构建了包括人工智能和异质性资本在内的理论模型，研究发现，人工智能可以优化资本结构，实现扩大居民消费和促进经济增长的双重目标。

另一部分研究注意到了人工智能在发展过程中可能给经济社会带来的各种

挑战，却认为短期内人工智能对经济增长的影响不会太显著。杨虎涛（2018）研究指出，在当前的弱人工智能阶段并未看到"奇点"或爆炸式增长的端倪，甚至出现了"索洛悖论"。因此，短期内人工智能对经济增长的贡献不会有太多超出预期的表现。蔡跃洲和陈楠（2019）认为人工智能必将支撑宏观经济高质量增长的同时指出，现阶段人工智能在提升生产率方面的作用尚不显著，而要充分发挥人工智能技术对宏观经济增长的潜力，必将是一个相对较长的渐进过程。

2. 国外研究

国外从理论和实证两方面围绕人工智能与经济增长进行了深入的研究，并取得了长足的发展。

一部分研究认为人工智能对经济增长具有较强的正向效应。从理论层面而言，Acemoglu 和 Restrepo（2016）提出了一个统一的理论框架，在这一框架中，人工智能能够通过自动化和新任务边界拓展提高劳动生产效率，促进经济增长。珀迪等（2017）研究发现，人工智能不仅能够提高劳动生产效率，还能够成为一种同时具备资本和劳动力特征的全新生产要素，为经济增长创造全新动力。Korinek 和 Stiglitz（2017）甚至直接将智能机器作为可与人类劳动力完全替代的生产要素引入生产函数，人工智能技术创新表现为新的生产要素，直接增加产出水平。甚至有研究发现，人工智能可能导致"奇点"，即智能机器在智能方面超过人类，带来无界人工智能和有限时间内经济无限增长（Kurzweil，2005）。从实证角度而言，Kromann（2011）利用跨国、跨行业的样本数据进行分析，结果表明，自动化无论是在长期还是短期均对生产率呈现出显著的正向效应，假设将样本国家自动化水平提升至自动化水平最高国家相应的水平，则样本国制造业的总生产效率能增加8%～22%。

另一部分研究注意到了人工智能引发的劳动力就业和收入分配等方面的冲击，这些冲击将抑制经济增长。从理论层面而言，Aghion（2017）指出，由于 Baumol 的"cost disease"、自动化水平的限制以及寻找新想法的限制等，经济将难以实现指数级增长。Acemoglu 和 Restrepo（2018）研究发现，人工智能在促进经济增长的同时，过度自动化、劳动技能不匹配、资本的税收补贴和劳动力市场摩擦等因素对经济增长具有阻碍作用。Upchurch 和 Moore（2018）认为目前无法预测是否会达到"奇点"，并指出创造有意识的机器人的技术难度、社会对于自动化导致的失业担忧以及生产所需的软硬件资源供给限制等因素制约"奇点"到来，经济指数级增长受到很大限制。Gasteiger 和

Prettner（2020）的研究认为，生产过程中使用机器人会减缓劳动力工资的增长进而抑制投资增速，最终导致经济停滞。从实证层面而言，Graetz和Michaels（2015）分析发现，智能机器的应用能够提升生产效率，推动经济增长，但也会带来显著的"拥挤效应"。

（四）研究述评

已有研究在人工智能如何经济增长方面已取得长足进展，但在以下四个方面仍略显不足：

第一，对人工智能如何影响经济增长还有待系统性分析。已有研究发现，人工智能的发展可能给经济社会带来不少问题，如挤出劳动就业、扩大收入差距等，但由于缺乏系统性分析，这一系列问题将对经济增长产生怎样的影响并不清楚。

第二，对人工智能如何影响长期经济增长和未来南北差距还有待深入分析。截至目前，围绕人工智能和长期经济增长的研究较少，基于人工智能如何影响未来南北差距还存在研究空白。

第三，受人工智能相关数据可得性的限制，相关研究难以在实证分析方面取得突破。截至2022年，对人工智能发展水平的衡量仍然缺乏权威的统计数据，既有文献主要用全要素生产率和工业机器人销售数量来衡量。其中，全要素生产率用于衡量技术水平，并未将人工智能与传统技术进步区分开，用来衡量人工智能技术水平不尽合理，而工业机器人销售数量仅能反映工业行业的人工智能发展状况，并不能全面反映人工智能在整个国民经济行业的发展状况，存在较大的局限性。

第四，忽视了人工智能在向经济社会渗透融合过程中表现出的阶段性差异。不少研究注意到了人工智能对劳动力就业和收入差距产生影响的阶段性差异，但大多数人工智能与经济增长的相关研究，无论是理论分析还是实证检验都没有考虑人工智能的这一特性，导致分析的结论出现偏差。

鉴于目前人工智能与经济增长已有研究的不足，本书在厘清人工智能影响经济增长的典型事实基础上，将理论分析与实证检验相结合分析人工智能对经济增长的影响，并探析人工智能对长期经济增长和未来南北差距产生影响的作用机理。最后就中国人工智能发展与经济增长提出了政策建议。

第二章　概念界定与理论基础

本章基于"人工智能与经济增长"的研究背景和已有研究成果，深入剖析技术进步、技术创新、人工智能和机器学习等相关概念，并阐述本书的理论基础，为后文的理论分析和实证检验奠定基础。

一、概念界定

（一）技术创新

1. 技术创新的内涵

经济社会的发展中必然伴随着技术进步，而社会的演进过程即为渐进的技术进步过程。但关于什么是技术，可谓众说纷纭。马克思指出，技术是人与自然的中介，是人对自然的能动关系、人的生活的直接生产过程。Brooks（1971）指出，技术是运用科学知识以可复制的方式来解决问题。钱学森（1987）吸收了马克思关于技术的思想，围绕近代技术进步的特征，指出改造客观世界的学问即为技术。具体而言，技术是人类如何履行、控制、利用客观世界，实现预定目标的一门学问；技术知识源于人类对客观世界的能动性改造；在生产活动的实践中使用的生产工具仅仅是技术的物化。邹承鲁（2003）认为技术来源于对自然界的认识，以及根据这些认识能动性地改造自然，并用来为人类服务。

鉴于钱学森对技术的理解更为广泛，相应的技术进步的内涵更为丰富，故本书采用钱学森对技术的界定。按照这一理解，人类社会在征服和改造客观世界过程中的技能、方法、手段等的更迭抑或进化，均可视为技术进步。而技术进步过程中阶段性突出成果便是技术创新，技术创新是一种新思想和非连续性的技术活动不断发展并成功应用的过程，强调其构思新颖性、成功应用以及非连续性特征。2016 年，世界经济论坛创始人克劳斯·施瓦布将自 18 世纪 60

年代以来的技术进步按时间分为四个阶段，将以互联网、人工智能等为代表性技术创新的技术进步阶段称为第四次工业革命，而四次工业革命均产生了与之相对应的技术创新。

2. 技术进步的演进历程

本书参照施瓦布的观点，并进一步考虑人类远古以来的技术进步，将技术进步分为五个阶段，每个阶段均诞生了标志性的技术创新，对经济增长、劳动力就业等方面的影响不尽相同，甚至对科学理论发展也产生了迥异的影响（图2-1）。

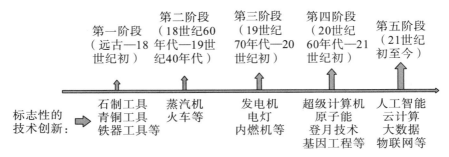

图 2-1 人类历史上的五次技术飞跃

（1）古代技术进步阶段（远古时期至18世纪初）。

这一阶段的技术进步主要局限于依靠人、畜、风和水等自然动力的机械工具的进步，先后出现了石制工具、青铜工具和铁器工具等标志性的古代技术创新。技术进步使人类在强度、硬度、切削能力等方面能力得到了突破，人类社会生产效率逐渐提高；社会分工带来畜牧业、手工业、商业和农业的分离，增加了劳动力需求；人类对生产生活经验的总结促进了自然科学的发展。

（2）近代技术进步阶段（18世纪60年代至21世纪初）。

本书将第二阶段至第四阶段技术进步产生的技术创新称为近代技术创新，而古代技术创新和近代技术创新合称为传统技术创新。

18世纪60年代至19世纪40年代，人类社会经历了第二阶段技术进步，产生了蒸汽技术、纺织技术等标志性技术创新，突破了人类体力的局限，实现了从手工操作转向动力驱动的机械化生产。社会分工的深化进一步增加了劳动力需求，生产力水平得到了显著提高；在技术进步的推动下科学理论迅速发展，人类社会也由农业经济时代进入了工业经济时代。

随着物理、化学、生物等自然科学研究取得重大进展，技术进步进入第三阶段，该阶段技术进步自 19 世纪 70 年代持续至 20 世纪初，产生了电气技术、内燃机等标志性技术创新。人类社会经历了从一般机械化向电气化的重大转变，生产力水平显著提高，同时，技术进步解放了劳动力，使体力劳动力就业比例下降，脑力劳动者就业比例上升。该阶段技术进步反过来又推动了电力技术、炼钢技术、冶金技术等科学技术理论的发展，也拓展了科学的研究内容，如工厂制度、技术和机械化等。

20 世纪 60 年代至 21 世纪初，产生了信息技术、新能源和新材料技术等标志性技术，技术进步进入第四阶段，人类社会实现了从电气化向自动化、信息化的重大转变，生产力水平得到了大幅提升。随着生产自动化的实现，体力劳动力被进一步替代，劳动者朝数字化、信息化和个性化就业方向发展。在知识生产方面，技术进步的成果进一步丰富和充实了自然科学理论，同时，计算机、信息技术的出现也提高了社会科学的研究效率，促进了社会科学与自然科学相互渗透。

（3）现代技术进步阶段。

现代技术进步阶段是指技术进步的第五阶段。21 世纪初至今，以人工智能、云计算、大数据、物联网等为代表的标志性技术创新开启了第五阶段技术进步，人类社会开始了自动化、信息化向智能化的转变，生产工具由动力机械进化为智能机械，生产力水平极大地提高。在知识生产领域，技术进步的突出性成果进一步丰富，不仅充实了自然科学理论，也使社会科学与自然科学相互渗透的程度进一步加深。

3．人工智能在技术进步史上的定位

作为现代技术进步的标志性技术创新，云计算改变了数据处理和计算模式，降低了企业的信息化门槛和成本；大数据刷新了企业生产经营过程中数据的积累机制和采集过程；物联网则为大数据提供了良好支撑；而人工智能与这三种标志性技术明显不同，其可提供各种成熟算法、具体方案或智能机器，深入到企业生产和社会生活的各个方面。可以毫不夸张地说，在四种标志性技术中，人工智能是最为璀璨的"明珠"，也是本轮技术进步最具代表性的技术创新。故本书仅围绕人工智能技术创新进行分析，至于云计算、大数据和物联网，本书不作探讨。

（二）人工智能

1. 人工智能的内涵

关于人工智能的内涵至今未有定论，但究其本质而言，人工智能是代理者（机器、算法、系统等）从结构上、功能上和行为上模仿人类的智能行为，表现为具有智能行为的机器智能（图2-2）。其中，结构上的模拟发端于M-P模型，该方法试图建造人工的神经细胞来模拟人类的思维能力，后来逐步演化出人工神经网络（Artificial Neural Network，ANN）。为解决人工神经网络"结构复杂"问题，McCarthy、Shannon和Minsky等（1956）探讨利用电子计算机作为硬件平台，通过软件模拟人类逻辑思维功能，并正式提出人工智能概念，即人工智能是让机器表现出像人一样的智能行为。与此同时，从功能上模拟人类智能，产生了人工智能领域第二类方法——基于功能模拟的物理符号系统（Simon，1969；Newell and Simon，1972）。功能模拟早期主要集中于"逻辑推理机"这一启发程序的研制，后来演变为专家系统，其早期的显著成就为：第一个通过图灵测试的血液感染疾病诊断专家系统和首次战胜国际象棋冠军加里·卡斯帕罗夫的超级电脑"深蓝"。而基于行为的模拟起源于控制论动物，即能够模拟动物的某种智能行为的机器动物模型，例如，香农研制的"香农老鼠"和瓦尔特研制的"电动乌龟"。之后，行为模拟进入智能机器人研究阶段，Brooks（1991）等提出"无需知识表示和推理的智能系统"的"行为主义"方法，并成功研发一种新型的机器人，它拥有150多个各种类型的传感器，能够模拟六脚虫的行为。钟义信（2006）提出智能生成的"机制主义"，机制主义是人工智能结构主义、功能主义、行为主义的统一。

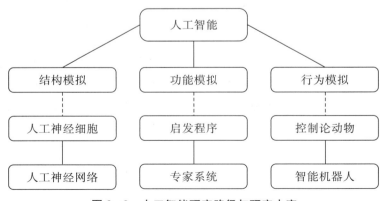

图2-2　人工智能研究路径与研究内容

综上可知，人工智能是人类制造出的智能，即是代理者（机器、算法、系统等）模仿人类的智能行为，表现为具有智能行为的机器智能，包括没有物质形态的基于结构和功能上的模拟以及有物质形态的基于行为上的模拟。本质上，人工智能是一种技术进步，在与行业的深度融合过程中具体表现为各种有形（机器人）和无形（算法、系统等）的技术创新。

2. 人工智能的演进过程

与人类社会技术进步的演进历程相似，人工智能的发展并非一蹴而就，同样表现为不断演进的过程，将经历从替代人类计算、预测和搜索的弱人工智能阶段到具有人类思考和认知能力的强人工智能阶段，再到超越人类思考和认知能力的超级人工智能阶段。

（1）人工智能的技术现状——弱人工智能阶段。

人工智能的发展历史可以追溯到 20 世纪 40 年代神经元逻辑模型的提出，这一模型的出现意味着基于结构进行模拟的人工智能诞生。截至目前，人工智能经历了 70 多年的发展演进，但仍处于弱人工智能阶段。弱人工智能是能在某些方面协助或替代人类进行工作的机器智能。在弱人工智能的发展演进过程中，技术演进的路线并非直线向前，从最初的人工智能诞生到不断发展，争论、困难与挑战无时不在。在研究者的努力下，弱人工智能的发展出现了三波发展浪潮。

第一次发展浪潮：人工智能发展形成阶段（20 世纪 40 年代至 20 世纪 70 年代中期）。1943 年，McCulloch 和 Pitts 提出神经元逻辑模型，意味着人工智能在人类历史上正式诞生。1956 年，为解决人工神经网络"结构复杂"问题，一批年轻学者集聚在达特茅斯学院，召开了人类历史上第一次人工智能研讨会，并第一次使用了"人工智能"这一术语，这一年被视为人工智能的元年，同时也开启了各国政府、研究机构、军方对人工智能投资和研究的第一波热潮。此后，人工智能取得了显著的成果。但受到基础科技发展水平以及可获取的数据量等因素的限制，在机器翻译、问题求解、机器学习等领域出现了一些问题，在语音识别、图像识别等简单的机器智能技术方面取得的进展也非常有限。因此，英国政府大幅削减了人工智能项目的投入。到 20 世纪 70 年代中期，美国和其他国家也大幅下调了该领域的投入，人工智能的研究也随之进入停滞状态。

第二次发展浪潮：人工智能快速成长阶段（20 世纪 70 年代中期至 20 世纪 90 年代中期）。这一时期，人工智能研究者对以前的研究经验及教训进行了认真的反思和总结，迎难而上，最终迎来了以知识为中心的人工智能蓬勃发展新时期。20世纪80年代，人工神经元网络的相关研究取得了突破性进展。但是，人工智能面对复杂问题却束手无策，尤其是当数据量积累到一定程度，有些结果就难以实现改进，极大地限制了人工智能的实际应用价值。因此，人工智能发展到20世纪90年代中期再度陷入困境。

第三次发展浪潮：人工智能纵深发展阶段（20世纪90年代中期至今）。自20世纪90年代中期开始，机器学习和人工神经网络的研发工作加速推进，人工智能实现了巨大的突破。2005年后，随着大数据持续积累，给人工智能的发展提供了规模空前的训练数据。2016年，Alpha Go完胜世界围棋棋手李世石，将人工智能发展的高潮推到了一个新的高度。2017年，Alpha Go Zero通过深度学习实现了自我更新升级和自我超越，完胜Alpha Go。微软公司的机器人小冰，自学了1920年以来的519位诗人的现代诗，并精选300余首正式出版——《阳光失了玻璃窗》。此外，人工智能在交通、教育、金融等领域也展示出巨大的应用前景。

（2）人工智能的发展展望——强人工智能阶段。

随着人工智能技术不断取得突破，在不远的将来，人类社会将逐渐迈入强人工智能阶段。强人工智能，即通用人工智能（Artificial General Intelligence，AGI），是指能够自我感知和理解外部世界，不断地自我学习新知识和实现自我升级的机器智能。在强人工智能阶段，智能机器、算法或系统将具备与人类一样的学习和理解知识的能力，能够像人一样具有思维并对复杂理念进行分析，进行思考、计划、自我学习以及对过去的经验进行总结学习等，人工智能也就表现为在各个方面都能与人类媲美的机器智能。因此，人类劳动力能够完成的大部分工作任务，强人工智能都能够自主完成，也就是说，强人工智能不仅能够替代人类的体力劳动，还能替代脑力劳动，将给人类社会带来较为严重的劳动替代问题。

当然，对经济社会影响越深远的技术，研发和重组所需的时间就越长。而强人工智能的强智能特性决定了其对经济社会的影响比传统技术创新和弱人工智能都要深远，因此，需要较长时间的积累。

（3）人工智能的技术愿景——超级人工智能阶段。

超级人工智能是指基于海量的数据整合和高度的学习与自我学习，使智能机器具备的远超人类智慧的人工智能，可以把这一阶段的人工智能理解为几乎在任何领域都比人类聪明，这也意味着生物形态的智慧将不再是世界上唯一的智慧形态。机器智能能够实现递归式自我能力提升，进而实现人工智能指数级爆发和"智能爆炸",并极大地推动科技进步,如纳米技术和基因工程在人工智能的辅助下将会迅速得到突破。那时,生产生活所需的物质产品主要由智能系统进行生产,但人类在享受人工智能带来的生产效率提升和生活质量改善的同时,也将面临一个"更少工作的未来"。与此同时,整个社会将呈现严重的两极分化:一极是数量众多的"无用阶层",另一极是数量较少的精英阶层。然而,要实现超级人工智能则必须跨过一个临界点(也就是"奇点"),即机器智能超越人类智能的界限,一旦实现跨越,人类将重新思考自己和机器之间的关系。

3. 人工智能所处发展阶段

纵观人类社会技术进步的演进过程可以发现,技术研发、重组以及应用需要较长时间的积累,技术系统越复杂,涉及的子系统也越多且复杂,潜在的重组越深远,取得技术突破越困难。人工智能作为新一轮技术进步最显著的技术创新,其涉及的子系统比任意一种传统技术创新都要广泛,同时也意味着其取得突破困难重重。

经历近 80 年的发展演进,人工智能技术创新取得了巨大的突破,智能机器和算法随着机器学习能力以及算法速度的提升,具备若干智慧属性的功能,甚至在某些特定领域这些功能远超人类,尤其是在数据存储、调用、分析处理等方面,而且在特定危险情境下也表现出了极强的生存能力。尽管如此,目前几乎所有的智能机器、算法或系统所采用的作用机制均明显区别于人脑,只是在某些特定功能上对人脑进行模仿,从而使其具备与人类类似的操作性,但其功能仍然存在较大局限,究其本质仍然是一种非自主性、非系统性的人工智能,是替代人类计算、预测和搜索的弱人工智能。因此,目前人工智能技术创新仍处于弱人工智能阶段,且在未来相当长的一段时间内都将处于这一阶段。可见,弱人工智能仅仅是看起来像具有智能,并非真正具备自主意识,更不可能从根本上替代人类劳动,更多的是表现出协助人类劳动和辅助决策的特性,人类自身仍牢牢控制着整个经济社会发展链条。人工智能的发展要进入强人工智能阶段,最终到达超级人工智能需要经历更为漫长的旅程。就现阶段而言,强人工智能和超级人工智能仅仅是人类对人工智能的发展展望和畅想。

4. 人工智能的核心技术

(1)机器学习。

机器学习是人工智能的核心技术之一,是计算机科学、工程学、统计学以及越来越多的社会科学中开发和使用的一组子领域（Athey，2018），也是使计算机实现自主学习和进行预测的根本途径和基本方式（钟义信，2006；王国成，2018），主要强调归纳和综合而不仅仅是演绎逻辑，强调"学习"而不仅仅是程序或算法。同时，机器采用算法进行数据分析，在不需要人在机器的软件中编写特定指令的情况下做出一个预测。机器学习是分析机器怎样模拟和表现出人类行为的学习行为。机器通过自主地获得知识并在学习中像人一样从自身的错误中学习，以获取新的知识或技能，并在实践中不断自我完善，提高识别能力。机器学习则从大量已知的数据中找出规律，基于新的数据进行智能识别并对数据进行预测。从这一意义上讲，机器学习基本综合了人工智能基于行为和结构上的模拟。

机器学习也就是人工智能技术使机器人能产生类似人的学习能力，并通过不断学习和预测，不断拓宽可完成的任务范围，实现对人类劳动力更大范围的替代。假设第 t 期人类劳动力可以做的工作集合为 $S_t = \{a_{1t}, a_{2t}, a_{3t}, \cdots, a_{nt}\}$，这一时期智能机器与传统机器一样只能模仿人类劳动力可以做的行为，假设机器的行为集合为 M_t，且 $M_t \subsetneqq S_t$。假设受到技术水平等因素的影响，新一期人类可以做的工作集合为 $S_{t+1} = \{a_{1t}, a_{2t}, a_{3t}, \cdots, a_{(n+m)t}\}$，而智能机器使用自学习算法接收输入数据，并使用统计分析调整程序以预测输出值，同时具备模仿和学习能力，使人工智能可以做的工作范围实现拓展，则人工智能可以做的工作集合为 M_{t+1}，即智能机器的自动化水平，则 $M_{t+1} \subsetneqq S_{t+1}$，$M_t \subsetneqq M_{t+1} \subsetneqq S_{t+1}$。随着人工智能的不断发展，智能机器人可以做的任务范围不断扩大，甚至超过人类，即 $M_{t+i} \supsetneqq S_{t+i}$，其中，我们将 $M_{t+i} = S_{t+i}$ 这一点称为"奇点"。智能机器人与传统机器的一个突出区别是机器的任务范围是人类决定的，机器要选择哪一项任务是人做决策的，而智能机器是每一期都会根据之前已存储的记忆对看到、听到和感觉到的一切事物进行连续不断的预测与判断，在原有的任务范围上自动扩展任务范围，而不再是人为地设定。

深度学习是机器学习的一个重要研究领域。其中，"深度"是指一种具有多层感知器的学习结构，通过这一学习结构可以实现更深层地考虑大脑信号从输入到输出的路径长度和方法的不规则性与多层网络结构。深度学习的概念由Hinton 等提出，是一种新型的多层神经网络学习算法，主要是建立、模拟人脑进行分析学习的神经网络。从本质上说，这些神经网络通过模仿人类大脑的连通性，对数据集进行分类，并发现它们之间的相关性，如果有新学习的知识，机器就可以将其间接应用于其他数据集，并且机器处理的数据越多，它的预测就越准确。

近年来，深度学习的发展过程中采用了大量的数据和计算能力来模拟深度神经网络，推动人工智能取得了巨大突破，尤其是卷积神经网络（Convolution Neural Networks，CNN）。目前，卷积神经网络已广泛应用于计算机视觉、自然语言处理及语音识别等领域，是人工智能等领域研究和应用的热点（Schmidhuber，2015；Bianco，2017）。

（2）知识图谱。

在弱人工智能发展阶段的第二波浪潮中，知识工程的概念被提出，并得到了长足的发展，为知识图谱的产生提供了基础。本质上，知识图谱就是一种语义网络，是基于知识的内在关联性构建的一个网状知识结构图，通过大数据、自然语言处理等技术构建知识结构，因此，又被称为"新一代知识工程"，其在知识表示、提取和融合等方面建立了较为系统的方法论和技术体系。知识图谱分为两类：一是科学知识图谱，源于信息资源管理领域；二是大规模知识图谱，源于计算机领域。目前使用较多的知识图谱主要是指第二类，该图谱包括节点和边，其中，节点对应于现实世界中的"实体"，而边则指代实体间的"关系"。

（3）计算机视觉。

计算机视觉始于 20 世纪 50 年代，是指用摄影机和摄像头等各种成像系统代替人眼对目标进行识别、跟踪和测量，并用各种算法代替人类的大脑，对采集的图片或视频等信息进行处理，转化为更适合人眼观察或传送给仪器检测的一类人工智能技术。简而言之，计算机视觉即使用机器对人类视觉进行模拟，使其具备观察和理解外部环境的能力。

计算机视觉的巨大突破得益于支撑技术的发展：一是大数据为计算机视觉的发展提供了海量的可供培训和改善的数据基础；二是新的硬件和算法的出现使分析数据所需的计算能力不仅更容易获得，也更廉价，且使计算机视觉对目标识别的准确率也在不断提高；三是神经网络在迭代学习过程的发展使处理、分析和理解图像成为现实，当一个神经网络在数据和信号中运行时，会从上传的数以百万计的图像中学习，使用模式识别来区分图像的许多不同部分，发现目标物体的特征属性。

目前，计算机视觉正在以不同的方式加速向经济社会各方面渗透，广泛应用于农业、制造业以及交通、医疗、翻译等服务业，为人类社会提供更安全、更智能、更高效的生产生活方式。

（4）自然语言处理。

自然语言处理是人工智能研究的重要内容，其目的在于实现人与智能机器间通过自然语言进行沟通交流。要实现这一目标，意味着首先要让计算机识别语音或自然语言文本，其次对自然语言的含义进行理解，最后用自然语言对给定的思想和意图进行表达或输出。计算机识别语音或自然语言文本的能力称为自然语言识别，对应语音识别模块；理解自然语言文本的能力称为自然语言理解，对应语义识别模块；以自然语言文本来输出给定的意图、思想等称为自然语言生成，对应语音合成模块。因此，自然语言处理系统包括语音识别、语义识别和语音合成三个重要组成部分（图2-3）。

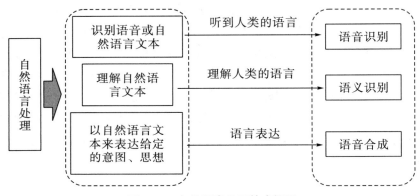

图2-3　自然语音处理技术概况

二、理论基础

（一）技术创新理论

1. 马克思技术创新相关理论

马克思的技术创新相关理论包括生产力—生产关系理论和相对剩余价值理论。

（1）生产力—生产关系理论与技术创新。

马克思创造性地将生产力和生产关系进行了区分，指出资本主义生产是生产力和生产关系两者的矛盾统一。其中，关于生产力的分析主要反映在对"生产"以及"生产工具"的相关论述中，《德意志意识形态》中不少地方出现的"生产"均指"生产力"，如"交往的形式由生产决定"；也有地方用"生产工具"指代"生产力"，如"所有制是现存生产工具的必然结果""生产工具和所有制之间的矛盾"等。因此，可将马克思恩格斯关于"生产"以及"生产工具"的相关论述，认为是关于生产力的分析。他们的书中生产工具被分为两类：一是由自然界产生的生产工具，二是由文明创造的生产工具。同时，人也作为生产工具与之并列，因此，生产力的发挥便拥有了劳动者和劳动资料作为基础。另外，书中关于技术发明与生产力的关系的论述——"某个地方创造出来的生产力，特别是发明……"可以看出，技术发明应当归属于生产力要素。

生产力决定生产关系，生产关系反作用于生产力。社会革命发展的动力是社会经济形成过程中所固有的潜在生产力。生产力是决定经济发展和社会进步的重要因素，生产关系反作用于生产力进而对经济发展和社会进步产生影响。具体表现为，当生产力发展到一定阶段，需要新的生产关系与之相适应。随着生产力的发展，新的生产关系再次成为桎梏被代替，循环往复。

（2）相对剩余价值理论与机器生产。

机器是技术进步的物化，马克思在相对剩余价值理论中对机器的相关理论进行了详细论述。资本主义工业不断寻求更有效的生产方式，随着技术的成熟，越来越多的工人被机器取代。这种自动化的过程不仅是由于技术的发展，而且由于资本主义时期人类劳动的性质而成为可能。因为高度专业化的资本主义分工将人类的一部分劳动转化为简单的重复性任务，而这正是机器可以完成的，因为这些任务不需要人类的创造力。因此，工业工厂将不可阻挡地向自动化工业发展。

一方面，从机器对工人就业的影响而言，机器会替代工人并带来劳动市场工人"过剩"。机器作为劳动资料一出现就立即成了工人的竞争者。随着技术水平的提高，机器生产在生产领域应用范围不断扩大，越来越多的工人被抛弃到劳动力市场。就工人短暂的一生而言，机器大范围使用带来的影响可能只是"短暂的冲击"，但伴随机器的不断改良和自动体系的完善，将会有更多新的生产领域被机器占领，机器的短暂影响也就成为长期影响。

另一方面，机器在导致工人"过剩"的同时，也会带来劳动力需求的增加。主要体现在以下两个方面：一是伴随机器应用领域不断扩大，给这些领域提供生产资料的部门生产规模将扩大，就业需求随之增加。二是新部门、新领域的产生增加就业岗位。综上所述，在机器生产的过程中，机器把一部分工人挤出工厂，或者将新的补充人员拒之门外，而工厂规模的扩大在吸纳被挤出工人的同时，还将吸纳新的人员。

与此同时，机器是生产剩余价值的手段，资本家利用机器提高资本的有机构成（C/V，即不变资本与可变资本的比值）榨取工人的剩余价值，加深了资本家对工人的剥削，加速了财富在资本家一方的积累。具体表现为机器生产通过延长相对工作时间、提高劳动强度、增加可供资本主义剥削支配的劳动力数量等方式加深对工人的剥削，带来了工人阶层的慢性贫困。马克思还指出，同机器的资本主义应用不可分离的矛盾和对抗是不存在的，因为这些矛盾和对抗是从机器本身产生的。

马克思技术创新相关理论是本书研究人工智能经济影响的重要理论基础。首先，人工智能本质上就是一种技术进步，在与经济社会融合过程中表现为技术创新。无论是作为技术进步还是技术创新，人工智能均属于生产力范畴，以马克思技术创新相关理论为基础，能够更加清晰地认识人工智能作为生产力的具体属性，为分析其作用效应奠定基础。其次，相对于传统技术创新，人工智能具有成本优势和效率优势。因此，企业为了提高利润率，会选择智能机器代替劳动力进行生产，进而对就业、收入等方面产生影响。最后，人工智能带来的经济影响与传统技术创新的影响有一定的相似性，认真分析马克思关于相对剩余价值和机器生产的相关理论，对进一步分析人工智能的作用效应具有重要的指导意义。

2. 中国化的生产力理论

中国共产党把马克思生产力—生产关系理论同中国国情相结合，逐渐形成了中国化的生产力理论。以毛泽东同志为核心的党的第一代中央领导集体十分重视社会生产力的发展，面对旧中国落后的现实发展状况，毛泽东指出，中华人民共和国成立后，党和人民的根本任务是迅速恢复和发展生产力。以邓小平同志为主要代表的中国共产党人发展了生产力理论。在改革开放实践基础上，强调解放和发展生产力，科学技术是第一生产力，并强调"三个是否有利于"是衡量一切工作是非得失的根本标准。以江泽民同志为核心的党的第三代中央领导集体进一步发展了生产力理论。一是明确指出中国共产党代表着中国先进社会生产力的发展要求，而确定和坚持社会主义市场经济的改革方向，是更好地代表先进社会生产力的必然结果。二是强调在社会主义条件下发展市场经济，要不断解放和发展生产力。三是阐释了科学技术的伟大力量，指出科技创新是发展社会生产力的决定性因素。以胡锦涛同志为总书记的党中央提出了科学发展观，极大地推动了生产力理论的发展。一是提出以人为本，强调人的决定性作用，把实现好、维护好、发展好最广大人民的根本利益作为党和国家一切工作的出发点和落脚点。二是在发展社会生产力的同时，将效率与公平结合起来。三是强调生产力与生产关系相协调，人与自然和谐发展，实现经济社会全面可持续发展。

党的十八大以来，以习近平同志为核心的党中央根据中国经济改革和发展的基本事实，基于解放和发展生产力的总体关系，对经济社会发展趋势变化作出新判断，极大地推动了生产力理论的发展。第一，明确指出，生产力是推动社会进步的最活跃、最革命的要素，而社会主义的根本任务是解放和发展社会生产力。第二，提出"创新是提高生产力的战略支撑"的科学论断。必须坚持创新在社会主义现代化建设全局中的核心地位，把科技自立自强作为中国经济发展的重要战略支撑。第三，伴随着中国发展迈入新阶段，改革成为发展生产力的关键，我们需要拿出更大的勇气、更多的举措破除深层次体制机制障碍，持续深化重要领域和关键环节改革。第四，深刻讲述了"绿水青山"和"金山银山"的辩证关系，并强调保护生态就是发展生产力，我们要坚定不移地走一条人与自然和谐共生的绿色发展之路。

中国化的生产力理论是在马克思生产力—生产关系理论基础上，结合中国国情逐渐形成的，为中国生产力的发展指明了方向。作为新时期最显著的代表性技术创新，人工智能是中国生产力发展的重要内容和着力点。因此，在研究人工智能经济影响的过程中离不开中国化生产力理论的指导。将人工智能放在中国生产力发展的大框架下进行研究，对于讲好中国故事具有重要意义。

3. "创造性破坏"

熊彼特（1912）明确阐述了创新理论，并发展了经济周期理论，认为技术创新才是促进经济增长的根本动力源泉。将经济发展解释为"执行新的组合"，而创新是"实现新要素和新生产条件的重新组合"，在此基础上，明确指出了技术创新的五个组成部分：①发现新产品或某种产品的某种新特性；②使用某种新的生产方法；③拓展新市场；④获得原材料的新的供应来源；⑤实现某种工业的新组织。经济发展在"执行新的组合"的过程中，企业家作为创新主体，创造性地破坏着市场的均衡。熊彼特"创造性破坏"的基础上开展了进一步研究，构建了质量阶梯模型，主要内容如下：

（1）最终产品生产部门。

首先，将企业 i 的生产函数设定为：

$$Y_i = AL_i^{1-a} \sum_{j=1}^{N} (\widetilde{X}_{ij})^a \tag{2.1}$$

式中，Y_i 代表最终产出；L_i 代表劳动投入；$\widetilde{X}_{ij}$ 为新元素，是第 j 种中间产品的质量调整量，N 代表中间产品的种类，$0<a<1$。

如果企业 i 使用的中间产品数量为 X_{ij}，中间产品质量为 q^{κ_j}，那么这一质量调整量可表示为：

$$\widetilde{X}_{ij} = q^{\kappa_j} X_{ij} \tag{2.2}$$

则生产函数变为：

$$Y_i = AL_i^{1-a} \sum_{j=1}^{N} (q^{\kappa_j} X_{ij})^a \tag{2.3}$$

（2）研发部门。

研发部门需要进行两方面决策：一是是否进行研发，如果进行研发，那么对研发的投入是多少；二是以怎样的价格向最终产品生产者出售自身发明的产品。创新的表现形式不是中间产品种类的增加，而是质量的改进，在部门 j 中，若第 κ_j 个创新者将质量由 q^{κ_j-1} 提升至 q^{κ_j}，则该创新者所获的垄断利润流由式（2.4）决定：

$$\max_{P_j} \pi(\kappa_j) = (P_j - 1)X_j \tag{2.4}$$

垄断者通过最大化未来利润流确定价格，即最优价格 P_j 为：

$$P_j = \frac{1}{a} \tag{2.5}$$

根据式（2.4）和式（2.5），整理可得中间产品 j 的生产总量：

$$X_j = LA^{\frac{1}{(1-a)}} a^{\frac{2}{(1-a)}} q^{\frac{\kappa_j a}{(1-a)}} \tag{2.6}$$

代入式（2.4）的利润流公式，可得：

$$\pi(\kappa_j) = LA^{\frac{1}{(1-a)}} \left(\frac{1-a}{a}\right) a^{\frac{2}{(1-a)}} q^{\frac{\kappa_j a}{(1-a)}} \tag{2.7}$$

其中，$\bar{\pi} = LA^{\frac{1}{(1-a)}} \left(\frac{1-a}{a}\right) a^{\frac{2}{(1-a)}}$。

当竞争者带来了新的质量改进后，将打破上一个垄断者的垄断权，使其垄断权带来的垄断利润下降至零。假设 t_{κ_j} 表示第 κ_j 次产品质量改进的时间，t_{κ_j+1} 表示下一次产品质量改进的时间，则第 κ_j 次创新质量领先的时间区间可表示为：

$$T(\kappa_j) = t_{\kappa_j+1} - t_{\kappa_j} \tag{2.8}$$

从发明者实现质量改进的 t_{κ_j} 时刻来看，该发明者所获得的全部利润的净现值为：

$$V(\kappa_j) = \int_{t_{\kappa_j}}^{t_{\kappa_j+1}} \pi(\kappa_j) e^{-\bar{r}(v,t_{\kappa_j})(v-t_{\kappa_j})} \mathrm{d}v \tag{2.9}$$

其中，$\bar{r}(v,t_{\kappa_j}) \equiv [1/(v-t_{\kappa_j})] \int_{t_{\kappa_j}}^{v} r(w)\mathrm{d}w$ 代表时间 t_{κ_j} 到时间 v 的平均利率，当经济体实现均衡时，利率为常数 r，因此，收益现值可作如下简化：

$$V(\kappa_j) = \pi(\kappa_j) \frac{1 - e^{-rT_{\kappa_j}}}{r} \tag{2.10}$$

加总所有企业的产出，可得总产出 Y 的表达式：

$$Y = LA^{\frac{1}{(1-a)}} a^{\frac{2a}{(1-a)}} \sum_{j=1}^{N} q^{\frac{\kappa_{ja}}{(1-a)}} \tag{2.11}$$

假设总质量指标为：

$$Q = \sum_{j=1}^{N} q^{\frac{\kappa_{ja}}{(1-a)}} \tag{2.12}$$

因此，有：

$$Y = LA^{\frac{1}{(1-a)}} a^{\frac{2a}{(1-a)}} Q \tag{2.13}$$

对中间产品数量进行加总可得中间产品总量：

$$X = LA^{\frac{1}{(1-a)}} a^{\frac{2}{(1-a)}} Q \tag{2.14}$$

根据式（2.10）可知，发明者在时间 t 的利润净现值的预期为：

$$E[V(\kappa_j)] = \frac{\pi(\kappa_j)}{r + p(\kappa_j)} \tag{2.15}$$

由式（2.15）可得市场收益率为：

$$r = \frac{\pi(\kappa_j) - p(\kappa_j)E[V(\kappa_j)]}{E[V(\kappa_j)]} \tag{2.16}$$

整理可得：

$$E[V(\kappa_j)] = \bar{\pi}q^{\frac{\kappa_{ja}}{(1-a)}} / [r + p(\kappa_j)] \tag{2.17}$$

假定研发支出 $Z(\kappa_j)$ 越大，研发成功的概率越大，为简化分析，假定成功概率与研发支出成正比。此外，研发成功的概率还可能取决于 κ_j，如果研发成功的概率与 κ_j 正相关，则早期的研发有助于后期的研发，并使后期研发越来越容易；反之，研发则越来越困难。研发成功的概率为：

$$p(\kappa_j) = Z(\kappa_j)\varphi(\kappa_j) \tag{2.18}$$

其中，$\varphi(\kappa_j)$ 描绘了 κ_j 对研发成功概率的影响。

假设潜在研发者只关注该预期收益，而不在意收益的随机性。因此，只有当单位时间的预期收益大于成本时，研发投资才具有吸引力。如果研发者可以自由进入研发领域，则单位时间的净预期收益为零，即

$$p(\kappa_j)E[V(\kappa_j + 1)] - Z(\kappa_j) = 0 \tag{2.19}$$

结合式（2.18），则有：

$$Z(\kappa_j)\{\varphi(\kappa_j)E[V(\kappa_j + 1)] - 1\} = 0 \tag{2.20}$$

即

$$\varphi(\kappa_j)E[V(\kappa_j+1)]-1=0 \tag{2.21}$$

根据式（2.17）可得：

$$r+p(\kappa_j+1)=\varphi(\kappa_j)\bar{\pi}q^{\frac{(\kappa_j+1)a}{(1-a)}} \tag{2.22}$$

假设研发成功的概率与下一级阶梯位置上的产出有负相关关系，则：

$$\varphi(\kappa_j)=(\frac{1}{\zeta})q^{\frac{-(\kappa_j+1)a}{(1-a)}} \tag{2.23}$$

将式（2.23）代入式（2.22）可得：

$$r+p(\kappa_j+1)=\frac{\bar{\pi}}{\zeta} \tag{2.24}$$

对于各研发部门而言，单位时间研发成功的概率是相同的，与质量阶梯的位置无关，且概率为：

$$p=\frac{\bar{\pi}}{\zeta}-r \tag{2.25}$$

结合式（2.18）、式（2.23）和式（2.25）可得：

$$Z(\kappa_j)=q^{\frac{(\kappa_j+1)a}{(1-a)}}(\bar{\pi}-r\zeta) \tag{2.26}$$

根据式（2.26），并将研发总支出记为 Z，则有：

$$Z\equiv\sum_{j=1}^{N}Z(\kappa_j)=q^{\frac{a}{(1-a)}}Q(\bar{\pi}-r\zeta) \tag{2.27}$$

（3）家庭部门。

假设家庭效用函数为：

$$U=\int_0^{\infty}e^{-\rho t}\left(\frac{C^{1-\theta}-1}{1-\theta}\right)dt \tag{2.28}$$

其中，人口增长率为 0，则家庭的总预算为：

$$Y=C+X+Z \tag{2.29}$$

求解可得欧拉方程：

$$\frac{\dot{C}}{C}=\frac{1}{\theta}(r-\rho) \tag{2.30}$$

由于 Y、X 和 Z 均为关于 Q 的线性函数，因此，这些数量的增长率等于 Q 的增长率：

$$\frac{\dot{C}}{C}=\frac{\dot{X}}{X}=\frac{\dot{Z}}{Z}=\frac{\dot{Y}}{Y}=\frac{\dot{Q}}{Q}=\gamma \tag{2.31}$$

根据式（2.25）和式（2.30），可得增长率为：

$$\gamma=\frac{1}{\theta}\left(\frac{\bar{\pi}}{\zeta}-p-\rho\right) \tag{2.32}$$

结合式（2.12）可知，单位时间内 Q 的预期变化的比例为：

$$E\left(\frac{\Delta Q}{Q}\right) = P\left[q^{\frac{a}{(1-a)}} - 1\right] \tag{2.33}$$

将式（2.25）代入式（2.33）可得 Q 的增长率：

$$\frac{\dot{Q}}{Q} = \left(\frac{\pi}{\zeta} - \gamma\right)\left[q^{\frac{a}{(1-a)}} - 1\right] \tag{2.34}$$

结合式（2.30）和式（2.34），可得：

$$r = \frac{\rho + \theta\left[q^{\frac{a}{(1-a)}} - 1\right]\left(\frac{\pi}{\zeta}\right)}{1 + \theta\left[q^{\frac{a}{(1-a)}} - 1\right]} \tag{2.35}$$

将式（2.35）代入式（2.34）可得：

$$\gamma = \frac{\left[q^{\frac{a}{(1-a)}} - 1\right]\left(\frac{\pi}{\zeta} - \rho\right)}{1 + \theta\left[q^{\frac{a}{(1-a)}} - 1\right]} \tag{2.36}$$

其中，$\bar{\pi} = LA^{\frac{1}{(1-a)}}\left(\frac{1-a}{a}\right)a^{\frac{2}{(1-a)}}$，且研发成果概率的均衡值为：

$$p = \frac{\frac{\pi}{\zeta} - \rho}{1 + \theta\left[q^{\frac{a}{(1-a)}} - 1\right]} \tag{2.37}$$

经济增长取决于各部门增长的实现，而各部门的增长取决于技术工作的随机性成果，给定初始值，总质量 Q、总产出 Y、中间产品数量 X、研发支出 Z 和消费量 C 均以常数 γ 的增速增长。

熊彼特创新理论理顺了技术创新影响经济增长的逻辑链条，本质上是继承马克思技术创新相关理论的基础上发展起来的。

"创造性破坏"理论贯穿于本书的主体部分。在理论模型中，将人工智能刻画为智能渗透（I）和边界延展（N）。其中，工作任务范围为 $[N-1, N]$，N 为工作任务上界，$N-1$ 为工作任务下界。当人工智能技术水平上升，工作任务实现拓展，N 增加，$N-1$ 也随之增加，而 $N-1$ 的提升意味着低端工作任务在新任务产生的同时被淘汰。因此，熊彼特的创造性破坏理论是本书人工智能研究过程中的重要理论基础。

（二）经济增长理论

关于经济增长源泉的探讨不断发展和完善，先后经历了古典增长理论、新古典增长理论、内生增长理论以及统一增长理论等多个发展时期。其中，1928年以前的经济增长理论是经济增长理论发展的奠基阶段，为古典增长理论，

1928 年以后是经济增长理论的成熟阶段，包括新古典经济增长理论、内生增长理论和统一增长理论。

1. 新古典增长理论

20 世纪 20 年代，以拉姆齐、索洛、斯旺等人为代表的经济学家开启了应用新古典增长模型对经济增长进行分析的步伐，对经济增长源泉的探讨随之进入了新古典增长时期。

哈罗德（1939、1948）最先构建了经济增长模型，在该模型中，他将短期宏观经济分析长期化。1946 年，多马构建了与哈罗德相似的增长模型，被合称为哈罗德－多马模型。在哈罗德－多马模型中，假设生产过程需要资本和劳动两种生产投入要素，但两种要素并不具有替代性，这一模型很难实现稳态，且未考虑技术进步对产出的影响，经济增长只能依靠劳动和资本两种生产要素的投入。

20 世纪 50 年代，索洛等在生产函数中引入技术进步，描绘了技术进步对生产效率的影响。索洛和斯旺于 1956 年构建了相似的经济增长模型——索洛－斯旺模型，这一模型弱化了哈罗德－多马模型中关于生产要素和技术进步的基本假设。首先在假设储蓄率和技术进步率外生不变的情况下，考察了经济的动态行为，然后逐步弱化假设，即假设劳动力变化和技术进步，结果发现，无论经济的初始位置在哪，均能回到均衡增长路径上来。这一模型被认为是现代经济增长理论模型的起点。其中，通过对索洛－斯旺模型的生产函数进行分解，能够清晰地反映技术进步对产出的影响，即"索洛余值"。基于柯布－道格拉斯生产函数，具体表现为：

$$Y = AK^a L^{1-a} \tag{2.38}$$

对式（2.38）取对数并求全微分可得：

$$g_Y = g_A + ag_K + (1-a)g_L \tag{2.39}$$

式中，$g_Y = \dfrac{\dot{Y}}{Y}$，$g_A = \dfrac{\dot{A}}{A}$，$g_K = \dfrac{\dot{K}}{K}$，$g_L = \dfrac{\dot{L}}{L}$，g_A 为索洛余值，即技术进步对经济增长的贡献。然而，这一模型并未考虑消费者对最优储蓄率的选择，且假设储蓄率是外生的，而实际上储蓄率在一个经济系统中是内生决定的。

随后，拉姆齐（1928）的研究得到了学者的关注，卡斯（1965）和库普曼斯（1965）在拉姆齐的研究基础上，对消费者行为进行了更为完善的刻画，全面地描绘了完全竞争条件下经济增长的变动过程。后来这一模型被称为拉姆齐模型。

　　然而，新古典增长模型具有共同的特点，即未对技术进步的原因和机制进行分析，长期人均增长率取决于外生的技术进步率。因此，新古典增长理论模型几乎能够解释所有的现象，但却难以解释长期经济增长，尽管卡斯和库普曼斯完善了拉姆齐模型，并在索洛－斯旺模型的基础上将储蓄率内生化，但仍然未能消除长期人均增长率对外生技术进步的依赖。

　　本书广泛应用了新古典经济增长理论。首先，在人工智能影响经济增长的总体分析框架构建过程中，基于新古典经济增长理论，分析了影响经济增长的三大因素。其次，在分析人工智能影响经济增长的资本渠道过程中，考虑了资本黄金率水平，但由于中国作为发展中国家，资本积累尚存在较大空间，通过增加资本积累能够促进经济增长，因此，在分析资本要素如何影响经济增长的过程中并未考虑资本的二次项。最后，基于新古典经济增长理论，对全要素生产率进行解构。

2. 内生增长理论

　　20世纪60年代以来，技术进步的内生性问题日益受到更多的关注。1962年，Arrow的《干中学的经济含义》被学者视作技术内生化经济增长理论的先导；宇泽弘文（1965）进一步构建了一个最优增长模型，其中，无形的人力资本和物质资本都可以生产。在这一阶段，经济学家对于技术进步内生性问题的关注促进了内生增长理论的发展，并逐步成为该理论研究的基础。内生增长理论产生于20世纪80年代，该理论认为一个国家的经济增长的主要推动因素在于技术进步等内生性因素。Romer（1990）指出，由于知识和技术进步存在很强的可复制性，且能够随时间不断积累，进而促进经济持续增长。Lucas（1988）认为人力资本与知识和技术进步等资源不同，其具有边际递减效应。一个区域内的知识资源可以无限制积累，但人力资本的数量却会受到社会人口和教育水平等因素的制约。Grossman 和 Helpman（1991）以及 Aghion 和 Howitt（1992）将产品升级内生化于经济增长过程之中，并分析其对经济增长的作用效应。

　　学者们通过生产要素或技术进步内生化来研究技术因素对经济增长的影响，并出现了两种不同的分析思路：一是以宇泽弘文－卢卡斯模型为代表，将人力资本引入生产函数，其中，人力资本可看作工人身上体现出来的技术，一旦这种技术被用于生产将提升产生力水平，以此考察技术进步的变化及其对经济增长的影响；二是以 Stiglitz（1977）、Ethier（1982）、Romer（1986、1990）为代表，通过改变生产函数，引入研发部门，将技术进步内生化，构建产品种类增加型模型进而分析经济增长。

（1）宇泽弘文－卢卡斯模型。

在模型中，经济体被认定为只存在生产部门和教育部门。其中，生产部门主要生产最终产品，而教育部门主要生产人力资本，即物质资本（K）和人力资本（H）。由于 K 在教育部门没有生产能力，因此，物质资本 K 被全部用于最终产品生产。生产函数设定为：

$$Y = C + \dot{K} + \delta K = AK^a (uH)^{1-a} \tag{2.40}$$

$$\dot{H} + \delta H = B(1-u)H \tag{2.41}$$

令 $w \equiv \dfrac{K}{H}$，$x \equiv \dfrac{C}{K}$，通过整理，有关于 K 和 H 的增长率：

$$\frac{\dot{K}}{K} = Au^{1-a}w^{-(1-a)} - x - \delta \tag{2.42}$$

$$\frac{\dot{H}}{H} = B(1-u) - \delta \tag{2.43}$$

由式（2.42）和式（2.43）整理可得：

$$\frac{\dot{w}}{w} = \frac{\dot{K}}{K} - \frac{\dot{H}}{H} = Au^{1-a}w^{-(1-a)} - B(1-u) - x \tag{2.44}$$

家庭部门会最大化其效用，其效用函数为：

$$U = \int_0^\infty \mathrm{e}^{-\rho t}\left(\frac{C^{1-\theta} - 1}{1-\theta}\right)\mathrm{d}t \tag{2.45}$$

若假定人口增长率为 0，家庭取得的资产收益率为 r，工资率为 w，则家庭部门的总预算为：

$$\dot{资产} = wL + r \cdot 资产 - C \tag{2.46}$$

根据式（2.42）、式（2.43）和式（2.45）求解可得欧拉方程：

$$\frac{\dot{C}}{C} = \frac{1}{\theta}(r - \rho) \tag{2.47}$$

其中，r 为物质资本的净边际产出，根据式（2.40）可求得消费的增长率为：

$$\frac{\dot{C}}{C} = \frac{1}{\theta}(Aau^{1-a}w^{a-1} - \delta - \rho) \tag{2.48}$$

且 $\dfrac{\dot{u}}{u} = \dfrac{B(1-a)}{a} + Bu - x$。

因此，当经济体处于稳态时，对应于 $\dot{u} = \dot{w} = \dot{x} = 0$，则有：

$$w^* = \left(\frac{Aa}{B}\right)^{\frac{1}{(1-a)}}\left(\varphi + \frac{\theta - 1}{\theta}\right) \tag{2.49}$$

$$x^* = B\left(\varphi + \frac{1}{a} - \frac{1}{\theta}\right) \tag{2.50}$$

$$u^* = \varphi + \frac{\theta - 1}{\theta} \tag{2.51}$$

其中,

$$\varphi \equiv \frac{\rho + \delta(1 - \theta)}{B\theta} \tag{2.52}$$

可求得稳态增长率为:

$$\gamma_C^* = \gamma_K^* = \gamma_H^* = \gamma_Y^* = \frac{1}{\theta}(B - \delta - \rho) \tag{2.53}$$

由此可知,经济体最终将实现均衡增长,且实现均衡增长时,消费、人力资本、物质资本和产出水平的增长率相等,均为 $\theta^{-1}(B - \delta - \rho)$。

(2) 产品数量增长型模型。

假设该市场存在三个部门:一是购买劳动和中间投入品用以生产最终产品的最终产品生产部门;二是将资源用于发明新产品的研发部门,当某种新产品被研发出来,该研发部门将获得一项永久的专利权,并允许企业以任何价格来销售该产品;三是在预算约束下追求效用最大化的家庭部门。

①最终产品生产部门。

企业 i 的生产函数设定形式如下:

$$Y_i = AL_i^{1-a} \sum_{j=1}^{N} (X_{ij})^a \tag{2.54}$$

式中, $0 < a < 1$; Y_i 表示产出; L_i 表示劳动投入; X_{ij} 表示所购买的第 j 种专门的中间产品; N 表示用于生产的中间产品种类数量, N 增加意味着技术进步。假设中间产品能够用同一实物单位计量,且所有中间品被使用的数量相同,即 $X_{ij} = X_i$,则有:

$$Y_i = AL_i^{1-a} N X_i^a \tag{2.55}$$

最终产品生产者利润表示为:

$$\pi_i = Y_i - wL_i - \sum_{j=1}^{N} (P_j X_{ij}) \tag{2.56}$$

式中, w 是工资率; P_j 是中间品 j 的价格。假定企业 i 处于完全竞争市场,因此,工资率 w 和价格 P_j 均为市场给定的常数。

关于式(2.56)求 X_{ij} 的微分可得关于价格 P_j 的函数为:

$$X_{ij} = L_i \left(\frac{Aa}{P_j}\right)^{\frac{1}{1-a}} \tag{2.57}$$

关于式(2.56)求 L_i 的微分可得劳动的工资 w 为:

$$w = (1 - a)\frac{Y}{L_i} \tag{2.58}$$

②研发部门。

中间产品种类 N 的增加是需要创新的。这种创新可以生产出新的中间产品，因此，在本模型中技术进步用中间产品种类 N 的增加来刻画。

由于产品 j 的发明者对其设计的产品 X_j 拥有永久的垄断权，因此，垄断的现金流将成为发明的诱因，并通过明确的专利保护，使垄断权得以加强。从发明第 j 种中间品获得的收益现值为：

$$V(t) = \int_0^\infty \pi_j(v) \mathrm{e}^{-\bar{r}(t,v)(v-t)} \mathrm{d}v \tag{2.59}$$

式中，$\pi_j(v)$ 为发明者在时间 v 的利润流；$-\bar{r}(t,v) \equiv \left[\dfrac{1}{(v-t)}\right]\int_t^v r(w)\mathrm{d}w$ 是时间 t 到时间 v 的平均利率，当当经济体处于均衡时，该利率等于常数 r，现值因子变为 $\mathrm{e}^{-r(v-t)}$。假定产出的边际成本和平均成本被标准化为 1，则利润流为：

$$\pi_j(v) = [P_j(v) - 1]X_j(v) \tag{2.60}$$

由式（2.57）可知：

$$X_j(v) = L\left[\frac{Aa}{P_j(v)}\right]^{\frac{1}{(1-a)}} \tag{2.61}$$

对式（2.60）整理可得：

$$\max_{P_j}\pi_j(v) = L[P_j(v) - 1]\left[\frac{Aa}{P_j(v)}\right]^{\frac{1}{(1-a)}} \tag{2.62}$$

式中，$X_j(v)$ 为生产者 i 所需的中间品总量；L 是劳动投入总和，被假定为恒定不变。关于式（2.62）求 $P_j(v)$ 的微分整理可得垄断价格为：

$$P_j(v) = \frac{1}{a} > 1 \tag{2.63}$$

将式（2.63）代入式（2.55）、式（2.61）和式（2.62）可得：

$$X_j = A^{\frac{1}{(1-a)}} a^{\frac{2}{(1-a)}} NL \tag{2.64}$$

$$Y = A^{\frac{1}{1-a}} a^{\frac{2a}{1-a}} NL \tag{2.65}$$

$$\pi = A^{\frac{1}{1-a}}\left(\frac{1-a}{a}\right)a^{\frac{2}{1-a}}L \tag{2.66}$$

将式（2.66）代入式（2.59）可得，发明者在时间 t 的利润净现值为：

$$V(t) = A^{\frac{1}{1-a}}\left(\frac{1-a}{a}\right)a^{\frac{2}{1-a}}L\int_0^\infty \mathrm{e}^{-\bar{r}(t,v)(v-t)}\mathrm{d}v \tag{2.67}$$

当某种产品被发明出来，发明者将得到式（2.67）的现值。假设研发部门的研发成本为 η，且保持不变，如果研发所得的现值大于等于研发成本，即 $V(t) \geqslant \eta$，则研发部门会将资源投入研发之中。需要指出的是，研发者自由进入条件为：

$$V(t) = \eta \tag{2.68}$$

结合式（2.67）对式（2.68）进行求导，并考虑平均利润率条件可得：

$$r(t) = \frac{\pi}{V(t)} + \frac{\dot{V}(t)}{V(t)} \tag{2.69}$$

由式（2.67）可知 $\dot{V}(t) = 0$，将式（2.66）和式（2.68）代入式（2.69），整理可得利率如下：

$$r = A^{\frac{1}{1-a}} \left(\frac{1-a}{a} \right) a^{\frac{2}{1-a}} \frac{L}{\eta} \tag{2.70}$$

③家庭部门。

假设家庭部门仍然是在无限期界模型下最大化其效益，且其效用函数为：

$$U = \int_0^\infty \mathrm{e}^{-\rho t} \left(\frac{C^{1-\theta} - 1}{1 - \theta} \right) \mathrm{d}t \tag{2.71}$$

若人口增长率为 0，居户获得的资产收益率为 r，劳动工资率为 w，则家庭部门的总预算为：

$$\dot{资产} = wL + r \cdot 资产 - C \tag{2.72}$$

结合式（2.71）和式（2.72），利用汉密尔顿方程进行求解，可得欧拉方程如下：

$$\frac{\dot{C}}{C} = \frac{1}{\theta}(r - \rho) \tag{2.73}$$

④一般均衡。

在封闭经济体中，所有家庭的资产等于企业的市场价值，用 A 表示家庭部门拥有的资产，即 $A = \eta N$，等式两端求导可得：

$$\dot{资产} = wL + r \cdot 资产 - C = \eta \dot{N} \tag{2.74}$$

家庭的预算约束为：

$$\eta \dot{N} = Y - C - X \tag{2.75}$$

其中，$X = a^2 Y$，式（2.75）也是整个经济体的资源约束。将式（2.70）代入式（2.73）可得增长率的表达式如下：

$$\gamma = \frac{1}{\theta} \left[A^{\frac{1}{1-a}} \left(\frac{1-a}{a} \right) a^{\frac{2}{1-a}} \frac{L}{\eta} - \rho \right] \tag{2.76}$$

当 $\gamma > 0$ 时，中间产品种类 N、产出水平 Y 和消费 C 均以 γ 增长。由式（2.76）可知，居户的偏好参数 ρ 和 θ，以及新产品的研发成本 η 都会影响增长率，更低的 ρ 和 θ 均能够提高经济增长率，研发成本 η 的降低也能提高增长率。因此，这一模型具有规模效应，L 越大，增长率越高。

在此基础上，又有大量的研究进一步探讨了技术进步对经济增长的作用，完善发展了内生增长理论。从技术进步与人力资本积累的角度而言，Lloyd-Ellis 和 Roberts（2002）构建了人力资本积累和技术进步动态互补的双引擎增长模型。他们研究指出，在长期经济增长过程中，缺少任何一个均难以维持经济持续增长。Kosempel（2004）以此为基础，将人力资本积累内生化，进一步构建了以技术进步与人力资本积累相结合的理论模型，并在此框架下探讨了经济增长问题。Acemoglu 等（2001）则基于技术与劳动技能的匹配程度，分析了国家间生产率差异形成的原因。另外，仅从技术进步的方向而言，Acemoglu（2002）基于产品种类的模型框架，将技术进步内生化为 R&D（Reasearch and Develppment）部门追求利润最大化的结果，进一步探讨了经济增长。这一模型很好地解释了为何技术进步往往是劳动增进型而不是资本增进型。同时，Acemoglu（2003）也对技术进步的方向进行了更深入的探讨，认为均衡状态下的技术进步属于纯粹的劳动增进型，而资本增进型的技术进步则存在于动态转型的过程之中。

内生增长理论为本书人工智能的研究提供了坚实的理论基础。例如，第七章将自动化引入知识生产，并将智能渗透水平内生化为研发部门的研发结果，构建动态经济增长模型，进一步探究了人工智能对长期经济增长和未来南北差距的影响。

3. 统一增长理论

纵观人类社会的演进历程，经济增长是一个连续的过程。因此需要在一个统一的框架内对经济增长问题进行研究，而统一增长理论便应运而生。

21 世纪初，Galor 和 Weil（1999、2000）将人类社会经济增长的历程按照人口和经济增长的模式分为马尔萨斯阶段、后马尔萨斯阶段和现代经济持续增长阶段，构建了经济增长三阶段的统一增长模型，并进行了详细的动态分析。在马尔萨斯阶段的显著特征表现为：经济增长停滞，经济发展水平低，家庭倾向于增加后代数量，人口增长与收入水平正相关。且随着人口比例的增长，以及技术进步缓慢，该阶段人均产出稳定在一个恒定的水平上。在后马尔萨斯阶段，技术进步带来产出水平的提升。但在技术进步放缓的情况下，家庭优先考虑后代的数量，并选择生育更多的后代，而人口增长吸收了大部分产出水平的增长，导致经济增长难以满足人民需求的增长，人均收入增长缓慢，经济最终呈现回归马尔萨斯阶段的趋势。在现代经济增长阶段，技术进步提速，家庭优先考虑生育质量，人口增长是适度的甚至是负增长的，不仅人均收入增长迅速，而且经济增长率高于人口增长率，经济进入增长率恒定的良性循环。统一增长理论将经济增长过程融合到一个包括技术进步、人口增长以及家庭最优生育选择的复杂动力系统中，并将人口增长进行了内生化，这是其区别于新古典增长理论和内生增长理论的主要特征。

在统一增长理论不断发展和完善的过程中，许多经典文献为此奠定了坚实的基础。其中，量质权衡模型对统一增长理论做出了突出的贡献。量质权衡框架最早由 Becker 提出，Becker（1960）认为家庭将在预算约束之下，在个人消费、生育数量与生育质量之间进行权衡，以实现效用最大化。Becker 和 Lewis（1973）在此基础上考察了量质权衡的收入效应与价格效应。Becker 和 Tomes（1986）进一步考虑了禀赋要素的代际传递，研究了家庭如何对具有不同禀赋的后代进行差异性的教育投资。此外，Willis（1973）等在分析过程中同样体现了家庭生育行为的量质权衡。Becker（1990）从人力资本积累的角度出发，将生育率内生化并考虑人力资本报酬递增的特征，实现了多重稳态均衡状态的模型化。Goodfriend 和 McDermott（1995）构建了两部门模型对经济增长进行分析，尽管这一模型并没有提供微观基础，且未对经济发展的不同阶段进行完整系统的分析，但对描述经济发展不同阶段具有启发性影响。

统一增长理论诞生后，围绕这一理论的研究迅速增加，对长期经济增长的研究出现多元化的趋势。例如，Galor（2004、2005）从单一部门出发，对长期经济增长将进行研究；也有学者则基于两部门模型探析长期经济增长过程以及经济转型的特征（Hansen and Prescott，2002；Doepke，2004；Strulik and Weisdorf，2008）展开。随着相关研究的不断深入以及研究视角的迅速扩大，社会文化、政治制度和政策等因素不断纳入统一增长理论框架中，为统一增长理论的发展和完善注入了新的活力。

在统一增长理论的指导下，本书以人工智能对经济增长的影响为研究主线，深入探讨了人工智能影响经济增长的劳动渠道、资本渠道和生产率渠道，研究涉及面广，综合考虑了人工智能技术创新、劳动就业、劳动收入、资本积累、资本结构、生产效率等一系列因素对经济增长的影响。但本书考虑的因素仍然有限，在未来的研究过程中，将继续以统一增长理论为指引，进一步深入研究人工智能的经济影响。

第三章　人工智能影响经济增长的分析框架

本章深入探讨了人工智能的四大经济效应和影响经济增长的三大因素，并基于人工智能的四大经济效应作用于劳动、资本和生产技术，建构人工智能影响经济增长的总体分析框架。

一、人工智能影响经济增长的典型事实

（一）世界主要经济体人工智能的发展现状

随着人工智能相关技术取得巨大突破，世界主要经济体加速布局人工智能产业，人工智能的发展与应用取得了显著成效。据 Patenthub 专利汇全球专利汇数据库数据显示，2020 年，中国人工智能专利申请量位居全球第一，占比 66.54％；美国第二，占比 20.49％；韩国和日本分别占比 5％和 4.13％；印度占比 1.56％。

《2020 年全球人工智能产业地图》数据显示，2020 年，美国和中国人工智能企业数量位居全球前二，分别占比 38.30％和 24.66％。两国人工智能企业数量占据全球半数以上，拥有绝对竞争优势。2016 年以前，各国人工智能企业数量普遍呈现快速上升的趋势，之后增速呈下降趋势，但中美两国新增人工智能企业数量仍领先于其他国家，且中国人工智能企业数量稳居全球第二，仅次于美国。

近年来，纵观全球人工智能的发展，无论是从人工智能的专利申请数量还是企业数量上看，美国、中国均属于第一梯队，英国、德国、日本等发达国家为第二梯队，而除中国外的其他发展中国家在人工智能的发展方面则显得十分滞后。

就人工智能的发展深度而言，中国人工智能与美国等发达国家仍然存在较大的差距，主要表现在产业布局范围和各层级企业数量等方面。美国人工智能产业基础层、技术层和应用层，尤其是在算法、芯片和数据存储等产业核心领

域，积累了强大的技术创新优势，处于全球领先水平。与美国人工智能产业布局不同，中国人工智能产业布局比较偏重于技术相对成熟、应用场景清晰的领域（即技术层和应用层），而对研发难度大、周期长的基础层关注度不足。此外，由于中国人工智能企业"重应用，轻研发"，在基础技术的开发和研究方面存在不足，因此，仅在局部有所突破，且各层级企业数量与美国也存在较大差距。

（二）国内人工智能发展趋势

1. 人工智能发展水平的度量

截至目前，对人工智能发展水平的衡量仍然缺乏权威的统计数据，因此，基于哲学、社会学角度对人工智能的相关研究存在较大的困难。既有文献测度人工智能的指标有全要素生产率和工业机器人销售数量（David，2018；朱巧玲和李敏，2018）。其中，全要素生产率用于衡量技术水平，并未将人工智能与传统技术进步区分开，用来衡量人工智能技术水平不尽合理；而工业机器人销售数量仅能反映工业行业的人工智能发展状况，存在一定的片面性。本书采用人工智能相关专利申请量来衡量人工智能发展水平。结合前文对人工智能概念和范围的界定（包括基于结构模拟的算法、基于功能模拟的专家系统以及基于行为模拟的机器人），以"人工智能 or 算法 or 专家系统 or 机器人"为检索式，在 Patenthub 专利数据库中搜索专利数据，剔除重复数据，得到自专利申请量有专门的统计数据（1987 年）以来至 2020 年的人工智能专利申请数据，共计 34522 条数据。与全要素生产率和工业机器人销售数量相比，专利申请量是一个国家、地区或产业创新过程中科技资产的核心，可以从本质上揭示技术创新的能力。因此，人工智能相关专利申请量更能体现人工智能技术创新的发展水平和能力及其在各行业的实际应用，可弥补已有研究在人工智能代理变量选取上的不足。

数据显示，中国的人工智能专利申请量从 1988 年的 1 件增加到 2020 年的 14367 件。2011 年后，中国的人工智能迎来了加速发展时期，总的来看经历了两轮上升期，第一轮是 2011—2016 年的平稳上升期，第二轮是 2016—2020 年的快速上升期。其中，2016 年开启的人工智能发展第二轮上升期，发展速度远超前一阶段，2016—2020 年，人工智能专利量年均增速达 46.8％。

2. 行业人工智能发展现状

本书涉及的行业细分以 2017 年国家统计局公布的《国民经济行为分类》（GB/T 4754—2017）为标准，根据该分类标准，我国共有 19 个国民经济行业类别。其中，农、林、牧、渔业为第一产业；采矿业，制造业，电力、热力、燃气及水生产和供应业，建筑业为第二产业；其余行业为第三产业。国民经济行业分类见表 3—1。

表 3—1 国民经济行业分类

行业	编号	行业	编号
农、林、牧、渔业	Ⅰ	房地产业	Ⅲ（6）
采矿业	Ⅱ（1）	租赁和商务服务业	Ⅲ（7）
制造业	Ⅱ（2）	科学研究和技术服务业	Ⅲ（8）
电力、热力、燃气及水生产和供应业	Ⅱ（3）	水利、环境和公共设施管理业	Ⅲ（9）
建筑业	Ⅱ（4）	居民服务、修理和其他服务业.	Ⅲ（10）
批发和零售业	Ⅲ（1）	教育	Ⅲ（11）
交通运输、仓储和邮政业	Ⅲ（2）	卫生和社会工作	Ⅲ（12）
住宿和餐饮业	Ⅲ（3）	文化体育和娱乐业	Ⅲ（13）
信息传输、软件和信息技术服务业	Ⅲ（4）	公共管理、社会保障和社会组织	Ⅲ（14）
金融业	Ⅲ（5）		

将利用 Patenthub 专利汇、全球专利数据库得到的 2003—2020 年专利数据根据三个层次分入我国国民经济各行业。第一个层次：按国际专利分类（International Patent Classification，IPC）主分类号归类。第二个层次：难以按 IPC 号分类的专利数据按照《国际专利分类与国民经济行业分类参照关系表》归类。第三个层次：剩余的专利数据按用途划分。最后形成 2003—2020 年 19 个行业人工智能专利绝对量的面板数据。由上述数据可知，人工智能不再局限于工业部门，而是几乎覆盖国民经济 19 个行业。总体而言，2003—2020 年，中国国民经济 19 大行业的人工智能不断发展，专利申请量均呈上升趋势，但人工智能的发展存在行业差异。其中，随着信息技术不断发展，人工智能在信息传输、软件和信息技术服务业发展最快，尤其是 2011 年后，人工

智能专利申请量迅速上升，原因在于，中国第一台自主研发的 32 路高端容错服务器样机于 2010 年 12 月正式研发成功，中国服务器技术实现了飞跃式发展，为人工智能的发展提供了技术基础，2020 年人工智能专利申请量达 14367件；与传统技术创新相似，人工智能在制造业的发展较快，发展速度仅次于信息传输、软件和信息技术服务业，2020 年人工智能专利申请量达 3184 件；人工智能在电力、热力、燃气及水生产和供应业的发展速度位列第三，2020 年人工智能专利申请量为 880 件。由上可知，在信息技术等迅速发展的推动下，2011 年以来的人工智能迅速发展，从行业来看，人工智能的发展主要由信息传输、软件和信息技术等服务业，制造业以及电力、热力、燃气及水生产和供应业三大行业拉动。

二、人工智能的四大经济效应

（一）智能渗透效应

渗透效应是指某种技术创新与经济社会各行业、生产生活各环节相互融合、相互渗透并带来经济运行方式改变的一种潜能（Bresnahan and Trajtenberg，1995），是通用目的的技术最基本的效应。人工智能技术创新作为一种新型的通用目的技术，能够直接作用于人类社会的生产活动，具有渗透性，但与传统技术创新不同的是，人工智能的渗透表现出"智能"特性，几乎能够渗透经济社会各个行业、各个环节（Trajtenberg，2018），因此，人工智能具有智能渗透效应，能够推动行业实现智能自动化（本书将人工智能给行业带来的自动化称为"智能自动化"）。首先，人工智能广泛应用于工业部门，直接影响工业部门的生产和管理等环节。比如，人工神经网络技术广泛用于产品制造、采掘探测、信号分析等方面（兰官奇等，2019），专家系统的应用实现了制造业的科学生产和智能化管理（王恩东等，2021），大量工业机器人进入生产领域，实现了智能化生产，加速传统制造业转型升级。其次，人工智能具有了"智能"特性，加速了其与服务业的渗透融合。比如，人工神经网络技术广泛应用于人脸识别、医疗行业中疾病分析和识别、监测地铁站乘客的拥挤度、天气预报以及金融行业风险评估和收益预测分析（张丽娟和张文勇，2018）。专家系统则在辅助医疗诊断、教育、科学、军事等方面发挥了重要作用。机器人向服务业领域渗透，使服务范围更为广泛。如扫地机器人、学习机器人、陪护机器人等是人工智能所新涉足的行业。最后，与近代技术创新明显不同，人工智能还直接影响农业部门。基于结构上的模拟可实现对农产品特征进行分类和评价，以及农业预测和建模分析。基于功能上的模拟则广泛应用于农作物病虫害管理、动植物营养管理、农场管理、温室环境监测（孙治贵等，2018），基于行为上的模拟可以用于农业耕作、播种、灌溉以及采摘等工作任务（表3－2）。据中国机器人产业联盟统计，2017年国产工业机器人应用范围就已涉及国民经济37个行业大类，102个行业中类，几乎覆盖三大产业，且影响范围还在持续扩大。显然，人工智能涉及范围具有明显的全面性。正如美国信息技术研究与顾问公司Gartner高管龚培元所言，人工智能与机器学习几乎将渗透至任意领域。在人工智能的智能渗透过程中，不仅体现为人工智能资本对传统资本的替代，更体现为人工智能资本对劳动要素的直接替代。

表3－2　人工智能技术创新在经济社会的渗透范围

人工智能类型	农业	制造业	服务业
人工神经网络	农产品特征进行分类和评价、农业预测和建模分析	产品制造、采掘探测、信号分析等方面	人脸识别、医疗行业中疾病分析和识别、监测地铁站乘客的拥挤度、天气预报以及金融行业风险评估和收益预测分析
专家系统	农作物病虫害管理、动植物营养管理、农场管理、温室环境监测	制造业的科学生产；智能化管理	辅助医疗诊断、教育、科学、军事等方面
机器人	农业耕作、播种、灌溉以及采摘等工作任务	智能化生产，加速着传统制造业转型升级	服务范围更为广泛。比如扫地机器人、学习机器人、陪护机器人等乃是人工智能所新波及的行业

（二）边界延展效应

边界延展是指某种技术创新与经济社会融合带来社会工作任务边界扩展，并引发工作任务层次提升的一种潜能，是通用目的技术另一项最基本的效应。作为新一轮产业变革的核心驱动力，从整个经济社会范围而言，人工智能不断向经济社会渗透融合，将不断催生新产品、新技术、新业态、新产业等，与此同时，带来部分传统的、落后的产业被淘汰，退出市场，实现传统产业的转型升级。从企业或行业层面来看，人工智能能够拓展新业务、开辟新市场和催生新的产品，同时淘汰旧的、过时的产品，部分传统生产岗位消失。综上所述，人工智能的边界延展效应表现为：人工智能极大地延展和补充了人类的体力和脑力，进而人类所能完成的工作任务范围扩大，工作任务上界得以拓展，与此同时，带来生产旧的、过时产品的低端工作任务逐渐被淘汰，进而工作任务下界得以提升，整个社会或行业生产任务实现调整升级。

就社会生产任务上界而言，人工智能通过不断延伸人类的体力和智力，拓展人类可以完成的任务范围，整个社会或行业生产任务上界得以拓展。主要表现在以下两个方面：一是从整个经济社会而言，人工智能相关技术的开发、扩散和应用能够带来新产业、新部门的兴起，进而带来产业边界的拓展。近年来，随着人工智能技术创新的不断深入发展，中国的人工智能及其他新一代信息技术产业正在发展壮大，行业边界迅速扩张。二是从企业或行业层面而言，人工智能技术创新应用于传统产业部门，能够延伸人类劳动力的体力和脑力，行业能够实现的生产任务边界不断拓展，原来人类劳动难以实现的工作任务，在人工智能技术创新的加持下能够实现了，新的工作任务便应运而生，传统产业的工作任务范围得以拓展，如人工智能在传媒行业的渗透，传统的传媒业工作岗位被淘汰，但受众分析员、参与编辑、应用技术创新引领员、社交媒体和社区编辑等新的岗位也不断涌现。假设将整个社会或行业的生产任务按照难易程度进行排序，则第 t 期人类可以做的工作集合为 $S_t = \{a_{1t}, a_{2t}, a_{3t}, \cdots, a_{nt}\}$，这一时期智能机器与传统机器一样只能模仿人类可以做的行为，假设机器的行为集合为 M_t，且 $M_t \subsetneqq S_t$。人工智能带来的任务上界延展可以表现为新一期人类可以做的工作集合增加，当第 $t+1$ 期生产任务上界实现了拓展，则可表示为 $S_{t+1} = \{a_{1t}, a_{2t}, a_{3t}, \cdots, a_{(n+1)t}\}$，其中，$\{a_{nt+1}, a_{nt+2}, a_{nt+3}, \cdots, a_{(n+1)t}\}$ 便为新的任务范围。近年来，中国的人工智能产业得到迅速发展，初步形成了人工智能产业链和人工智能产业聚集区。人工智能产业的发展不断拓展行业就业边界，人力资源社会保障部、国家统计局等部门陆续发布新职业，2019 年 4 月发布 13 个新职业信息，2020 年 2 月发布 16 个新职业，2020 年 7 月新增 9 个新职业，2021 年 3 月和 2022 年 6 月分别发布 18 个新职业。

从社会任务下界的提升来看，人工智能技术创新创造新产业、新部门和新职业的过程中，部分传统的、落后的产业、部门或职业正在逐渐被淘汰，主要表现为低端生产任务的消失。就整个经济社会而言，部分传统的、落后的产业消失并退出市场；就企业或行业层面而言，行业落后的生产任务或产品逐渐被淘汰。

在以上两种力量的作用下，整个国民经济产业不断实现优化升级，行业的生产任务或产品不断实现调整升级。人工智能带来的生产任务升级可以表现为新一期人类可以做的工作集合难度不断提升，当第 $t+2$ 期生产任务下界实现了提升，表示为 $S_{t+2} = \{a_{1t}, a_{2t}, a_{3t}, \cdots, a_{(n+2)t}\}$。其中，$\{a_{(n+1)t+1}, a_{(n+1)t+2}, a_{(n+1)t+3}, \cdots, a_{(n+2)t}\}$ 便为被淘汰的传统任务。从第 t 期到第 $t+2$ 期，整个社会的生产任务实现了边界延展，具体表现为生产任务从 $S_t = \{a_{1t}, a_{2t}, a_{3t}, \cdots, a_{nt}\}$ 升级到 $S_{t+2} = \{a_{nt+1}, a_{nt+2}, a_{nt+3}, \cdots, a_{(n+2)t}\}$。从整个国民经济产业部门而言，人工智能等新一代信息技术部门的壮大，完全符合产业结构优化升级的方向。

（三）知识创造效应

知识创造效应是技术创新促进科学知识生产的一种能力。自古以来，技术进步长河中的每次技术创新都是人类智慧的新结晶，也是人类知识生产的新成果，同时，对科学知识的生产也会产生直接影响。回顾人类历史上的历次技术进步，技术创新对科学知识生产的影响主要体现在两个方面：一是涉及的科学研究领域不断扩大，二是带来知识生产方式不断提升。

人工智能作为新一轮技术进步的代表性技术创新，知识创造效应远大于传统技术创新，开启了从自然科学到社会科学的知识生产崭新阶段。人工智能以近代技术进步创造的信息基础设施为基础并取得了重大突破，与传统技术创新一样，首先表现在推动自然科学领域的进步，提高了物理学、医学等自然科学研究效率，但不同的是，促进了从自然科学到社会科学知识生产方法、手段和工具的变革。一方面，人工智能革新了自然科学知识生产的方法，为自然科学发展创造了巨大的推动力。例如，Baldi（2014）将机器学习应用于希格斯粒子发现的实验中，在给定数据量下提高了估计值的置信水平；Carrasquilla（2017）将神经网络技术应用于凝聚态物理研究，成功从高位数据中找出了影响物质宏观性质的序参量；Bouton（2016）运用机器学习技术成功使一名瘫痪病人恢复手臂运动功能。除此之外，机器学习和深度学习在生物医药领域的应用能够比较准确地预测出药物试验的结果，进而减少一些不必要的检验。机器学习还应用于医学数据处理，以及识别 X 光片、造影和断层扫描图等医学影像（苏海志等，2021）。而且，与传统技术创新显著不同的是，人工智能在扩大社会科学研究内容的同时，正变革着社会科学传统的知识生产方式、方法和工具，为社会科学的发展提供前所未有的巨大动力。机器学习尤其是深度学习在算法和模型选择等方面具有明显的优势，具体表现，在社会科学领域主要有以下三个方面的应用：一是利用机器学习技术扩展数据可得性。一方面，依靠机器学习技术挖掘文本数据；另一方面，利用机器学习技术进行图像识别获得数据。二是依靠机器学习技术进行预测。在微观层面上，可以预测个人决策；

在宏观层面上，可以对经济指标进行预测。三是机器学习可以进行因果预测。主要体现在反事实估计、双重差分法、断点回归方法以及工具变量法上与传统方法相比存在优势。由此可见，人工智能技术可直接用于科学知识生产，可谓"发明方法的发明"。

基于此，Aghion（2017）将自动化技术引入了知识生产函数，建立了包含人工智能的经济增长模型，描绘了自动化作为一种投入要素直接用于知识生产的场景。显然，人工智能对科学理论研究与应用实践存在强烈的冲击，将科学研究尤其是社会科学的知识生产方式和效率提升到了一个新高度。正如王国成（2018）所言，人工智能驱动知识生产方式的变革，将引发从自然科学领域到社会科学领域的全方位变革。

人类社会技术进步的过程，也是知识生产的过程。随着技术进步不断演进，其产生的技术创新所触及的领域逐渐由自然科学拓展至社会科学。尽管人工智能在社会科学研究中的应用仍然处于初级阶段，无论是数据生成、预测还是因果识别，对整个社会科学研究范式的冲击仍然有限。但长期而言，人工智能将使知识生产方式迈上一个新台阶，并开启人类社会知识生产的新阶段，带来科学知识的指数级增长。

（四）自我深化效应

机器学习也即人工智能技术使机器人能产生类似人的学习能力，赋予了人工智能不断学习，实现自我提升、自我深化的能力，由此引出了人工智能技术创新特有的第四项经济效应——自我深化效应。近年来，作为"基础设施"的移动互联网、云计算等新一代信息技术取得巨大突破，为机器学习和深度学习提供了计算能力保障，大数据迅速发展为机器学习和深度学习提供了海量的学习数据，机器学习取得了长足的发展，在一定程度上突破了人工智能对人类程序员的依赖而实现了自我学习、自我更新，进而人工智能的自我深化效应逐步发挥作用。自我深化效应主要表现在两个方面：一是通过机器学习和深度学习，以及作为"学习结果"的各种计算机技术取得突破，赋予人工智能更多的功能，智能机器、算法或软件等人工智能产品能够完成的任务范围实现拓展。假设第 t 期人工智能能够完成的工作的集合为 $M_t = \{a_{1t}, a_{2t}, a_{3t}, \cdots, a_{mt}\}$，智能机器、算法或软件通过机器学习或深度学习不断进行自我学习，新一期人工智能能够完成的工作集合增加为 $M_{t+1} = \{a_{1t}, a_{2t}, a_{3t}, \cdots, a_{(m+1)t}\}$。二是通过自我学习，提升工作任务的智能自动化效率。智能自动化效率的提升主要表现在已实现智能自动化的生产任务上，假设人工智能所有已实现智能自动化的生产任务上的生产效率相等，第 t 期的生产效率为 γ_{M_t}，随着人工智能不断"训练"学习，第 $t+n$ 期的生产效率将实现提升，即 $\Delta\ln\gamma_{M_t} > 0$。

三、经济增长的三大影响因素

基于经济增长理论的分析可以发现，无论是经典的柯布－道格拉斯生产函数，还是各类不同的经济增长模型，都将劳动、资本的投入以及生产技术水平视为影响经济增长的重要变量。因此，对一国经济增长的探讨离不开从生产要素角度的分析，更离不开对技术水平的分析。借鉴蔡皙和王德文（1999）的模型，用式（3.1）刻画经济产出水平：

$$Y_{it} = A_{it}F(L_{it}, K_{it}) \tag{3.1}$$

式中，i 为行业；t 为年份；Y 为产出水平；A 是生产技术水平；L 为劳动要素投入；K 为资本要素投入。假设生产函数为柯布－道格拉斯生产函数，具体的函数形式如下：

$$Y_{it} = A_{it}L_{it}^{\alpha}K_{it}^{\beta} \tag{3.2}$$

根据式（3.2）整理可得：

$$g_Y = \alpha g_L + \beta g_K + g_A \tag{3.3}$$

式中，g_Y、g_L、g_K 和 g_A 分别为产出、劳动、资本投入的增长率和生产技术进步率，α、β 分别表示劳动和资本要素的份额。式（3.3）表明，经济增长即是劳动要素、资本要素和生产技术水平等单因素作用与各因素综合作用的结果。

（一）劳动是经济增长不可或缺的要素投入

充足的劳动力供给是经济增长的重要源泉（蔡昉，2009），高效率的劳动力使用是经济增长的基础（Shinan，2006），劳动的高参与率和高配置效率是经济增长的重要推动力量（汪小勤和汪红梅，2007）。在劳动力质量和数量以及制约劳动力发挥作用的经济条件和制度结构等因素共同推动了经济增长（郭继强，2007），甚至有学者提出中国经济增长造就的"中国奇迹"得益于高劳动参与率。

从我国的劳动参与率来看，1978—2008 年劳动参与率持续上升，2008 年达到 58.34%，但 2008—2020 年劳动参与率呈持续下降的趋势；但就劳动力就业总量而言，就业规模总体呈扩大趋势，从 1994 年的 67199 万人增至 2020 年的 75064 万人。从三次产业就业结构而来看，第一产业就业占比持续降低，第三产业就业占比持续提升，截至 2020 年，三次产业的就业占比分别为

23.6%、28.7%、47.7%。从细分行业劳动就业来看，基于 2004—2020 年的数据可以发现，劳动力在行业间流动较大。大量廉价农业剩余劳动力向城市非农产业转移，农业部门劳动力就业规模年均下降 4.84%，大量农村剩余劳动力流入建筑业和房地产业，建筑业劳动力就业规模年均增幅达 9.31%，房地产业高达 19.83%。此外，由于大数据、物联网、云计算、人工智能等新兴技术迅速发展，大量劳动力流入信息传输、软件和信息技术服务业，就业规模年均增速高达 18.65%，因此，行业劳动力就业结构差异较大。从就业年龄来看，农业部门的劳动力就业平均年龄最大，为 48.46 岁；信息传输、软件和信息技术服务业劳动力就业平均年龄最小，为 24.12 岁。这与两个行业对劳动力的智力和体力需求有关。农业对劳动力的技能要求不高，大量年长的受教育程度相对较低的劳动力留在农业部门，农业部门就业年龄在 55 岁以上（含 55 岁）的劳动力占比高达 46.30%；而信息传输、软件和信息技术服务业对劳动者的智力要求较高，加之较高的工作强度对体力需求较大，因此年轻化的劳动力在智力和体力上具有比较优势。从受教育程度来看，农业部门劳动力的平均受教育程度最低，为 7.99 年，即劳动力大多集中在初中水平；教育，科学研究和技术服务业，信息传输、软件和信息技术服务业对劳动力的素质技能要求较高，这些行业中劳动力的平均受教育年限较高，分别为 14.84、14.87、14.73 年。从就业人员平均受教育年限年均增量来看，水利、环境和公共设施管理业呈下降趋势，租赁和商务服务业增长较快（表 3—3）。

表 3—3　行业劳动就业情况与劳动力特征

行业	就业规模 年均增幅 （%）	就业人员 平均年龄 （岁）	年龄≥55 的就业占比 （%）	就业人员平 均受教育 年限（年）	就业人员平均 受教育年限年 均增量（年）
	2004—2020	2020	2020	2020	2003—2020
Ⅰ	−4.84	48.455	46.3	7.99	0.034
Ⅱ（1）	−1.64	36.798	8.5	12.01	0.111
Ⅱ（2）	1.63	32.246	8.6	11.05	0.057
Ⅱ（3）	1.62	35.299	10.6	13.36	0.105
Ⅱ（4）	9.31	35.951	13.7	10.34	0.035
Ⅲ（1）	1.49	32.379	8.9	11.34	0.089
Ⅲ（2）	1.62	33.821	8.6	11.35	0.053

续表

行业	就业规模年均增幅（%）	就业人员平均年龄（岁）	年龄≥55的就业占比（%）	就业人员平均受教育年限（年）	就业人员平均受教育年限年均增量（年）
	2004—2020	2020	2020	2020	2003—2020
Ⅲ（3）	2.89	32.684	8.8	10.39	0.055
Ⅲ（4）	18.65	24.118	1.8	14.73	0.096
Ⅲ（5）	8.42	28.683	5.6	14.71	0.075
Ⅲ（6）	19.83	33.209	14.7	12.49	0.007
Ⅲ（7）	14.75	30.545	8.1	13.3	0.154
Ⅲ（8）	5.55	28.385	5.6	14.87	0.096
Ⅲ（9）	2.49	41.604	27.1	11.13	−0.035
Ⅲ（10）	3.34	35.041	15.1	10.54	0.067
Ⅲ（11）	2.10	32.004	7.3	14.84	0.040
Ⅲ（12）	6.85	30.505	8	14.63	0.116
Ⅲ（13）	1.00	29.595	7.8	13.09	0.036
Ⅲ（14）	4.02	34.373	11.9	14.44	0.062

注：行业编号对应的行业名称参见表3—1。

（二）资本是经济增长至关重要的实现途径

古典经济增长理论特别强调物质资本在国家和地区经济增长过程中的重要作用，将资本存量的规模视为影响经济增长的最主要因素。亚当·斯密认为，劳动所增加的资本投资决定了生产性劳动的增加，并且指出决定财富生产最关键的因素在于资本积累。凯恩斯主义理论肯定了投资对经济增长的正向影响，认为扩大政府支出等扩张性经济政策增加需求，进而促进经济增长。哈罗德—多马模型进一步证明了资本积累在经济增长中的作用，并认为资本积累是决定经济增长的唯一因素。

古典经济增长理论过分强调资本在经济增长中的作用。随着经济增长理论的发展，新古典增长理论和内生增长理论虽不再强调资本是决定经济增长的唯一因素，但并未否认资本对经济增长的贡献。在新古典增长理论中，产出增长率是资本的增长率、劳动投入增长率和技术进步贡献率的总和。由于要素边际产出是递减的，从而导致仅依靠资本积累实现的经济增长难以长久维持下去。

而内生增长理论不再假定资本的边际收益是递减的，认为一些经济行为与技术进步存在互动性，当出现技术引进、技术创新以及制度改善等一系列有利于生产效率提高的情况，则对资本产生正向的外部性，从而能够延缓或消除资本积累所带来的收益递减倾向。当资本积累并未出现边际产出递减时，说明效率和技术进步存在改善的空间，经济则存在持续增长的空间。

综上所述，尽管物质资本投资并非经济增长的决定性因素，但却是经济增长至关重要的一种工具，能够影响促进经济增长。对我国而言，物质资本积累是改革开放以来促进我国经济增长的主要贡献因素（汤向俊，2006），对我国改革开放以来的经济增长贡献率高达70.4%。

（三）生产技术是加速经济增长的动力源泉

生产技术是生产力的重要表现，能够改变经济增长的速度（杨敬年，1979），是经济增长的力量源泉。而且生产技术可以通过促进生产工具智能化和高级化、提升资源的利用效率、延展人类的体力和脑力能触及的范围等影响经济增长，在定量研究中，生产技术的进步通常用全要素生产率进行衡量。

按照生产技术对要素生产率和经济增长产生影响的方式来看，可以将技术进步分为中性技术进步和偏向性技术进步。具体而言，Hicks 中性技术进步是指在资本和劳动比率既定的情况下，生产技术水平提升能够同比例地提高资本和劳动的投入效率，其生产函数表示为 $Y = AF(K,L)$，这一技术进步形式通常以新知识、新思想、新方法或新要素组合等形式，或者以专利技术、研发投入或技术创新等方式作用于资本和劳动要素，影响经济增长。偏向性技术进步包括劳动偏向型技术进步和资本偏向型技术进步，其中劳动偏向型技术进步又称为具有哈罗德中性的技术进步，是指在资本和劳动比率既定的情况下，生产技术进步带来的劳动投入效率增幅大于资本的投入效率增幅，生产函数表示为 $Y = F(K,AL)$，这一技术进步形式往往通过技术创新、技术模仿和新技术应用作用于劳动力，提升劳动生产效率和配置效率，从而提升经济产出水平；资本偏向型技术进步又称为索洛中性技术进步，是指在资本和劳动比率既定的情况下，资本投入效率增幅大于劳动的投入效率增幅带来的生产技术进步，其生产函数表示为 $Y = F(AK,L)$，这一技术进步形式通常采用技术转移、引进新技术和新应用等方式作用于物质资本投资，从而提升经济产出水平。

四、人工智能影响经济增长的三大渠道

关于人工智能与经济增长的已有研究并没有系统性和综合性地分析人工智能对经济增长的影响渠道，而是仅从某个方面出发探讨人工智能对经济增长的影响，本书则恰恰有别于此。从前文对人工智能与经济增长相关理论的探讨可以发现，劳动、资本和生产技术是影响经济增长的三大主要因素，其中，劳动是经济增长不可或缺的要素投入，资本是经济增长至关重要的实现路径，而生产技术是加速经济增长的动力源泉。人工智能具有智能渗透效应、边界延展效应、知识创造效应和自我深化效应，这四大效应将作用于劳动、资本和生产技术三大要素，形成人工智能影响经济增长的劳动渠道、资本渠道和生产率渠道。其中，人工智能的智能渗透效应不仅表现为智能机器对劳动力的替代，还表现出对传统资本的替代。因此，智能渗透效应将直接作用于劳动和资本，对劳动和资本产生影响。边界延展效应表现为社会或行业新生产任务不断催生，而低端落后的生产任务逐渐被淘汰，无论是新任务的诞生还是低端任务的消失，都将直接影响劳动就业和资本投入。而知识创造效应和自我深化效应并不直接影响劳动力就业和资本投入，主要表现为通过影响生产技术水平进而影响生产效率，基于此，本书并不考虑知识创造效应和自我深化效应对劳动和资本的影响。因此，人工智能通过智能渗透效应和边界延展效应作用于劳动，将对经济增长产生影响，即人工智能通过影响式（3.3）中的 g_L 进而影响经济增长，形成人工智能影响经济增长的劳动渠道；人工智能通过智能渗透效应和边界延展效应作用于资本，也将对经济增长产生影响，即人工智能通过影响式（3.3）中的 g_K 进而影响经济增长的路径，形成人工智能影响经济增长的资本渠道。除了知识创造效应和自我深化效应对生产技术产生影响，进而影响生产效率外，智能渗透效应会带来具有比较优势的智能机器替代劳动和资本，也将对要素生产效率产生影响，而边界延展效应通过创造新岗位、淘汰落后岗位，影响劳动就业结构和资本要素投入，对要素生产效率产生影响。因此，人工智能的智能渗透效应、边界延展效应、知识创造效应和自我深化效应作用于生产技术，将影响生产效率，进而对经济增长产生影响，即人工智能通过影响式（3.3）中的 g_A 进而影响经济增长的路径，形成人工智能影响经济增长的生产率渠道。接下来将搭建本书基于人工智能与经济增长的总体分析框架（图3-1）。

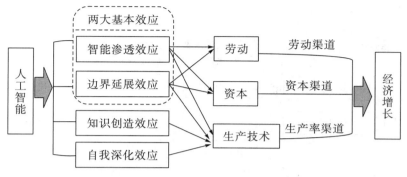

图3-1　人工智能影响经济增长的三条渠道

（一）人工智能影响经济增长的劳动渠道

智能渗透效应、边界延展效应是人工智能最基本的两大效应，将对生产过程中的劳动要素产生影响，而劳动是经济增长不可或缺的要素投入，因此，人工智能必将通过智能渗透效应和边界延展效应作用于劳动进而影响经济增长。结合人工智能向经济社会渗透融合的特征可以发现，人工智能会在纵向和横向两个维度对经济社会产生影响。对于纵向维度而言，一方面，人工智能通过发挥智能渗透效应影响劳动力就业和劳动收入水平，表现为人工智能向经济社会渗透融合，通过提高智能自动化水平对劳动力就业数量和劳动力就业结构产生影响，即智能渗透的就业效应；另一方面，人工智能通过提升智能自动化水平对劳动收入水平和技能收入差距产生影响，即智能渗透的收入效应。对于横向维度而言，人工智能通过发挥边界延展效应影响劳动力就业和劳动收入水平，人工智能通过创造新产业、新产品和新任务拓展影响劳动力就业，本书称为边界延展的就业效应；边界延展带来的对劳动收入水平和技能收入差距的影响效应，本书称为边界延展的收入效应。人工智能影响经济增长的劳动就业路径包括人工智能通过智能渗透效应作用于劳动就业对经济增长的影响路径和人工智能通过边界延展效应作用于劳动就业对经济增长的影响路径；人工智能影响经济增长的劳动收入路径包括人工智能通过智能渗透效应作用于劳动收入对经济增长的影响和人工智能通过边界延展效应作用于劳动收入对经济增长的影响路径。本书第四章将基于人工智能的智能渗透效应和边界延展效应，深入分析人工智能通过影响劳动就业和劳动收入，进而影响经济增长的作用机理（图3-2）。

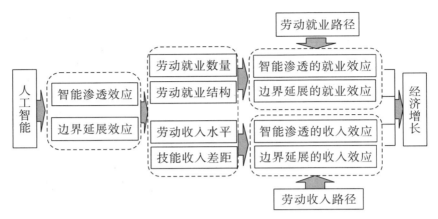

图 3-2　人工智能影响经济增长的劳动渠道示意图

(二) 人工智能影响经济增长的资本渠道

资本是实现经济增长的关键要素，而人工智能将通过智能渗透效应和边界延展效应影响生产过程中的要素投入，进而对资本回报率产生影响，资本回报率又将作用于资本积累和资本结构影响经济增长。

从纵向维度来看，一方面人工智能通过发挥智能渗透效应影响资本积累和资本结构，表现为人工智能向经济社会渗透融合，通过提高智能自动化水平挤出劳动和传统资本，带来资本回报率的变化，当某个行业或部门资本回报率发生变动，资本积累将随之发生变化，从而影响生产过程中的资本要素投入，即智能渗透的资本积累效应；另一方面，由于行业存在异质性，受人工智能的影响，不同行业的资本回报率的变动存在差异，受智能渗透效应的影响，资本回报率的行业差异将带来人工智能资本和传统资本在行业间的流动，进而影响行业资本结构，即智能渗透的资本结构效应。

从横向维度来看，人工智能能够通过发挥边界延展效应影响资本积累和资本结构。人工智能通过创造新产业、新产品和新任务拓展影响资本回报率，进而影响行业的资本积累，即边界延展的资本积累效应。与智能效应相似，由于行业间存在异质性，受人工智能的影响，不同行业的资本回报率的变动存在差异，在边界延展效应的影响下，资本回报率的行业差异将带来人工智能资本和传统资本在行业流动，进而影响行业资本结构，即边界延展的资本结构效应。

基于此，人工智能影响经济增长的资本积累路径包括人工智能通过智能渗透效应作用于资本积累对经济增长的影响路径和人工智能通过边界延展效应作用于资本积累对经济增长的影响路径；人工智能影响经济增长的资本结构路径包括人工智能通过智能渗透效应作用于资本结构对经济增长的影响和人工智能通过边界延展效应作用于资本结构对经济增长的影响路径。本书第五章将基于人工智能的智能渗透效应和边界延展效应，深入分析人工智能通过影响资本积累和资本结构，进而影响经济增长的作用机理（图3-3）。

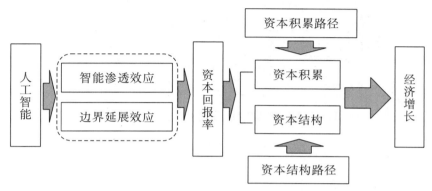

图3-3　人工智能影响经济增长的资本渠道示意图

（三）人工智能影响经济增长的生产率渠道

生产率无影无踪，但从长远来看，它几乎可以决定一切，产生额外的资源（克鲁格曼，2000），因此，人工智能四大经济效应作用于生产技术，将影响生产效率进而影响经济增长。本书在分析人工智能影响经济增长的生产率渠道的过程中，将生产效率分解为技术进步和技术效率两个部分，基于此，可将人工智能影响经济增长的生产率渠道分为以下两条影响路径：一是作用于技术进步影响经济增长，二是作用于技术效率影响经济增长。首先，在智能渗透效应影响下，人工智能可能通过替代劳动力和传统资本影响生产效率，也可能通过影响其他要素间衔接配合的契合度进而影响生产效率。其次，边界延展效应为经济社会创造了新的工作岗位，而新工作岗位的诞生伴随着传统、落后产能的消失，社会的发展水平实现提升，可能通过创造新的劳动就业或淘汰落后产能影响生产效率。再次，知识创造效应表现为智能机器对科学知识的影响，随着科学知识生产实现智能化、自动化，知识生产效率会呈指数级增长，并创造大量的科学知识，进而可能通过科学知识指导研发实践或转化应用影响生产效率。最后，自我深化效应表现为智能机器通过机器学习尤其是深度学习不断实现自我更新升级，进一步提升智能机器的生产效率，推动微观主体的管理方式、社会管理方式和经济社会组织运行的模式不断改革。本书第六章将基于人工智能的四大经济效应，深入分析人工智能通过影响技术进步和技术效率，进而影响经济增长的作用机理（图 3—4）。

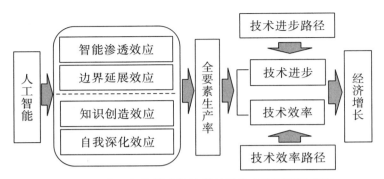

图 3—4　人工智能影响经济增长的生产率渠道示意图

第四章　人工智能影响经济增长的劳动渠道

劳动是经济增长不可或缺的要素，人工智能能够通过劳动渠道对经济增长产生影响。本章将重点分析人工智能通过作用于劳动就业和劳动收入，分析其对经济增长的作用效应，并采用 2003—2020 年行业面板数据实证检验人工智能影响经济增长的劳动渠道。

一、劳动渠道分析基础

（一）高低技能劳动力的厘定

人力资本积累作为经济增长的重要因素，同时也是实现高质量经济增长的基点。而人力资本通常表现为附着在劳动者身上的非物质资本，包括知识技能、文化水平等。按照劳动者知识技能、文化技术水平的高低，可以将劳动力划分为不同的层次，如高技能劳动力、中等技能劳动力和低技能劳动力等。

现有研究对劳动力知识技能和文化技术水平的衡量标准主要有两种，一是按照所从事的工作岗位性质或岗位技能要求作为划分依据。如姚先国等（2005）以职业类别作为划分高低技能劳动力的标准，高技能劳动力主要包括非生产性工人或技能型工人，而低技能劳动力则包括生产性工人或非技能型工人。Andersson（2014）同样依据职业区分劳动力技能的高低，其中，国家机关党群组织和企事业单位负责人、专业技术人员、办事人员及有关人员和行政办公管理人员为高技能劳动力，其余为低技能劳动力。二是根据劳动力受教育程度为标准。如李红阳和邵敏（2017）将劳动力分为三类：高中及以下教育水平劳动力为低技能劳动力，高中至大学（含大学）教育水平的劳动力为中等技能劳动力，而大学以上教育水平劳动力为高技能劳动力。郝楠（2017）则依据相同标准对劳动力进行更细致的划分，即将劳动力分为小学及以下学历、初中学历、高中学历和大专以上学历，其中，大专以上为高技能劳动力，初中及以下低技能劳动力，高中为中等技能劳动力。孙早和侯玉琳（2019）则在前人研究的基础上将大学专科及以上视为高教育程度，高中和初中视为中等教育程度，小学及以下视为低教育程度。

本书借鉴李红阳和邵敏（2017）、孙早和侯玉琳（2019）等人的做法，将受教育程度作为技能劳动力的划分标准。为进一步了解行业劳动力受教育水平，参照 Mincer 和 Polachek（1974）的做法，按照平均受教育年限，将计算机行业劳动力细分为未上过学、小学、初中、高中、大专、本科和研究生，并以此将教育年限设定为 0、6、9、12、15、16 和 19 年，同时按各类受教育年限的人口数占比加权求得。测算结果显示，2020 年，我国劳动力平均受教育程度超过 14 年的有 6 个行业，包括教育，科学研究和技术服务业，信息传输、软件和信息技术服务业，金融业，卫生和社会工作以及公共管理、社会保障和社会组织，其中，6 个行业本科以上就业占比分别为 45.8%、47.1%、51.8%、54.2%、41.4% 和 40.7%。另外，农业、建筑业及住宿和餐饮业的劳动就业中高中及以下受教育程度的比例超过 90%，行业平均受教育年限分别为 7.99、10.34 和 10.39 年，说明高中及以下学历的劳动力在农业、建筑业以及住宿和餐饮业较为集中（表 4-1）。

表 4-1　2020 年行业劳动力受教育情况

行业	平均受教育程度（岁）	本科以上就业占比（%）	专科以上就业占比（%）	高中、初中就业占比（%）	小学及以下就业占比（%）
Ⅰ	7.99	0.8	2.4	60.8	36.9
Ⅱ（1）	12.01	13.4	32.6	62.5	5.0
Ⅱ（2）	11.15	9.6	23.9	68.2	7.9
Ⅱ（3）	13.36	24.9	52.3	45.2	2.4
Ⅱ（4）	10.34	7.2	17.7	69.6	12.7
Ⅲ（1）	11.33	7.8	23.7	69.7	6.7
Ⅲ（2）	11.36	8.6	24.0	70.8	5.3
Ⅲ（3）	10.39	3.1	12.8	77.7	9.5
Ⅲ（4）	14.73	45.8	75.0	24.5	0.4
Ⅲ（5）	14.71	47.1	74.8	24.6	0.7
Ⅲ（6）	12.49	16.9	40.4	54.5	5.0
Ⅲ（7）	13.30	26.5	52.9	44.1	2.9

行业	平均受教育程度（岁）	本科以上就业占比（%）	专科以上就业占比（%）	高中、初中就业占比（%）	小学及以下就业占比（%）
Ⅲ（8）	14.87	78.6	20.6	0.8	—
Ⅲ.（9）	11.13	14.8	31.1	53.0	15.9
Ⅲ（10）	10.54	4.3	15.4	74.0	10.6
Ⅲ（11）	14.84	54.2	78.8	20.1	1.1
Ⅲ（12）	14.63	41.4	74.2	23.9	1.8
Ⅲ（13）	13.09	27.0	49.2	47.3	3.5
Ⅲ（14）	14.44	40.7	70.9	27.5	1.7

（二）基本理论假设

结合本章的研究目标作出以下基本假设。

假设 4.1：假设在封闭经济中，存在厂商和家庭两个部门。生产部门处于完全竞争市场，且整个社会仅存在一个生产最终产品的厂商，要素替代弹性 $\sigma \in (1, \infty)$，结合 Acemoglu 和 Restrepo（2018）对生产函数的设定，将生产函数设定为如下形式：

$$Y = A \left(\int_{N-1}^{N} y(x)^{\frac{\sigma-1}{\sigma}} \, \mathrm{d}x \right)^{\frac{\sigma}{\sigma-1}} \tag{4.1}$$

式中，x 为工作任务，$x \in [N-1, N]$ 表示经济社会中的标准化为 1 的工作任务量，从生产任务 $N-1$ 到 N 生产难度越来越大；$y(x)$ 为任务 x 的产出。为简化分析，假设最终产品价格标准化为 1。

在静态模型下，家庭部门的效用偏好为：

$$u(t) = \frac{(Ce^{-v(L)})^{1-\theta} - 1}{1 - \theta} \tag{4.2}$$

式中，C 为消费水平；L 为家庭部门的劳动供给，代表劳动供给的效用损失，劳动供给满足条件 $v'(L) = W/C > 0$ 且 $v''(L) > 0$，消费水平 $C = RK + WL$；K 为家庭部门提供的资本。

假设资本对智能自动化变动无弹性，经济均衡时劳动供给满足：

$$L = L^s \left(\frac{W}{RK} \right) \tag{4.3}$$

令 $w = \dfrac{W}{RK}$，它表示标准化后的工资水平。

假设 4.2：基于人工智能对劳动就业结构的影响，将劳动力异质划分为高技能劳动力和低技能劳动力两类。其中，高技能劳动力从事重复性低、创造性相对较高的工作任务，低技能劳动力从事重复性高、创造性相对较低的工作任务。

假设 4.3：智能渗透效应和边界延展效应是人工智能最基本的两大效应。就智能渗透效应而言，人工智能在与经济社会融合的过程中，既涉及对低端工作任务的智能渗透 I，也涉及对高端工作任务的智能渗透 I'，因此，设 $I \in [N-1, N]$，为低端任务智能渗透的上界，当 $x \le I$ 时，工作任务既可以由智能机器完成，也可以由劳动力完成；$M \in (I, N)$，为低技能的工作任务上界，当 $I < x \le M$ 时，工作任务既可以由低技能劳动力完成，也可以由高技能劳动力完成；设 $I' \in [M, N]$，为高端任务智能渗透的上界，当 $M < x \le I'$ 时，工作任务既可以由智能机器完成，也可以由高技能劳动力完成；当 $I' < x \le N$，工作任务只能靠高技能劳动力完成。就边界延展效应而言，人工智能的发展将催生新的工作任务，行业的工作任务边界将被拓展，上界 N 将得以提升，产业结构实现优化升级。

假设 4.4：受工作任务难度的影响，低端工作任务的智能渗透 I 提升难度大于高端工作任务的智能渗透 I'，因此，$\Delta I > \Delta I'$，且 $N - I' > M - I$。

假设 4.5：假设低技能劳动力在 $(I, M]$ 上的生产效率 $\gamma_L(x)$ 与高技能劳动力在 $(I', N]$ 上的生产效率 $\gamma_H(x)$ 相等，且劳动力在难度大的生产任务上均具有比较优势，即 $\gamma_L(x)$ 在 $(I, M]$ 上严格单调递增，$\gamma_H(x)$ 在 $(I', N]$ 上严格单调递增；以人工智能技术为支撑的机器（简称"智能机器"）的生产效率 $\gamma_M(x)$ 恒定为 1。

假设 4.6：鉴于人工智能在经济社会中的渗透尚处于起步阶段。因此，采用人工智能均会提高劳动生产率。

这里的理论模型与 Acemoglu（2018）的模型存在显著的区别。第一，基于本章的研究目标，该理论模型中引入了劳动力异质性，将劳动力分为了低技能劳动力和高技能劳动力，进而考察人工智能对不同技能劳动力产生影响的差异。第二，智能渗透包括低端任务的智能渗透和高端任务的智能渗透，而两类智能渗透替代的劳动力类型存在差异，且渗透速度存在差异。第三，考虑了智能渗透对教育培训的影响，通过提升劳动力的素质和技能进而对劳动就业和劳动收入的产生影响。

二、人工智能影响经济增长的劳动就业路径

近年来，人工智能加速向经济社会渗透融合，并将人类社会送入了智能时代，其对劳动力就业的影响引起了学界的广泛关注，同时，较大一部分学者对此表现出了深深的忧虑。下面将基于人工智能的智能渗透效应和边界延展效应，深入探究人工智能通过劳动就业对经济增长产生影响的作用机理。

（一）智能渗透对劳动就业的影响

1. 智能渗透对劳动力就业数量的作用效应

近年来，计算技术的变革、机器学习和深度学习的突破以及信息技术和互联网的发展为人工智能的发展提供了强大的技术支撑，为人工智能取得突破性进展奠定基础。尽管现阶段人工智能的发展仍处于弱人工智能阶段，在今后的较长时期，人工智能还将继续处于这一阶段，但当前的人工智能在某些方面已经表现出超越人类劳动力的比较优势，主要表现在以下四个方面：一是工作逻辑严密，精确度高。人工智能所从事的工作内容严格按照程序进行设定，逻辑越严密，对精确度要求越高的工作表现出明显的优势。二是无情感波动。由于人工智能并非生命体，不存在对工作的负面情绪，因此工作时间长度不受约束。三是计算能力强，工作效率高。计算技术的巨大进步大幅提升了计算机的运算能力，赋予人工智能明显的算法优势和数据处理优势，能够快速处理批量数据。四是能够自我学习、自我完善。一方面，人工智能能够通过机器学习和深度学习发掘数据内在规律，实现自我学习和自我提升；另一方面，信息技术和互联网的发展为人工智能发展提供了种类丰富的大数据资源，为智能机器的自我学习和自我提升提供了大量的素材。由此可见，人工智能作为能够识别和响应环境而智能运行的机器人、算法或系统，在生产效率或成本等方面表现出了相较于劳动力的比较优势，在与行业渗透融合的过程中，会带来智能机器对劳动力的替代，智能自动化水平不断提升。

随着人工智能加速向各产业渗透，部分发达国家和发展中国家的农业、制造业乃至服务业领域"机器人换人"，已成不可否认的事实。正如马克思所言，机器不仅仅是工人强有力的竞争对手，而且总是置工人于失业的边缘。在农业领域，农用无人机、农作物病虫害管理系统等逐渐诞生；在工业领域，无人工厂、无人码头相继出现；在服务业领域，无人驾驶、智能家居、智能医疗等如

雨后春笋，人工智能对劳动力就业的替代从农业、工业领域向服务业领域快速延伸。这也是人工智能向经济社会渗透带来的对劳动力就业的最直接影响效应，本书称之为智能渗透的劳动就业挤出效应。这一效应产生的原因在于：第一，相较于人类劳动力，人工智能具有显著的生产效率优势，并能降低单位产品的生产成本。短期内，在生产规模一定的情况下，总劳动时间总量既定，智能自动化水平提高将使物化劳动时间增加，人类劳动时间减少，进而降低劳动力需求。第二，人工智能作为一种颠覆性技术创新，会打破已有的技术结构平衡，造成短期内技术结构性失衡。一方面，部分增长潜力不足的传统产业迅速衰退，并退出市场，就业需求大幅下降；另一方面，新产业要形成规模、创造新的就业岗位尚需时日，进而导致就业岗位增长乏力难以创造大量的劳动力就业需求。

自动化水平的提高在挤出劳动力就业的同时，还将带来劳动就业需求的增加，吸纳被智能机器排挤出来的"过剩劳动力"，本书称之为智能渗透的就业创造效应。这一效应的产生主要存在以下三个作用渠道：一是智能机器替代劳动力将带来生产效率提升，增加某一部门或某一行业的产出水平，产业链上下游相关企业或同一行业其他任务环节的产品或服务需求随之增加，进而提升相关行业或部门的劳动力需求；与此同时，人工智能在经济社会的快速渗透将加速促进行业分工，延长产业链条，拓展市场范围，进而增加劳动力需求。二是人工智能技术创新能够降低生产过程中商品和服务的生产成本，使商品或服务价格下降，从而使相对收入水平提高，对商品和服务的需求量随之增加，拉动行业总投资规模不断扩大，进而创造就业岗位；与此同时，生产成本下降带来投资成本下降，投资需求增加，带来产业发展，进而增加就业岗位。三是短期内行业生产规模调整缓慢，但长期来看，人工智能将扩大行业生产规模，就业岗位增加将带动劳动力就业；随着自动化水平不断加深，在工作任务实现自动化过程中已经实现了对劳动力的大量替代，而自动化深化更多地表现出资本节约型特征，资本的生产效率将进一步提高，进而带动就业水平上升。

2. 智能渗透对劳动力就业结构的作用效应

人工智能技术创新带来的自动化水平提升能够通过计算机、机器人、软件应用终端、搜索引擎等智能设计首先对从事工作重复性高、创造性低的工作的劳动力就业产生影响，具体表现是智能机器对重复性高、创造性低的工作渗透较快，对低技能劳动力的替代性较强。统计数据显示，自 20 世纪 70 年代开始，全球低技能劳动力就业呈显著下降趋势。近年来，人工智能在世界范围内取得新的突破，除了替代低技能劳动力，也对已形成既定程序的开放型脑力劳动也存在挤出效应，部分研究发现，新型机器人正在成为社会生产和生活中极具竞争力的"新型脑力劳动者"，但由于人工智能尚处于弱人工智能阶段，在今后较长一段时间内，智能机器难以获得能与高技能劳动力媲美的技能，因此，还不足以在脑力工作上与劳动力展开竞争，最多只能从事辅助性的工作。例如，在金融业和医疗行业从事金融业智能客服、智能投资顾问以及医疗上的影响扫描辅助诊断等工作。由此可见，人工智能对重复性低、创造性要求高的脑力劳动者的替代还存在限制。

随着人工智能技术不断向产业渗透，智能渗透的就业创造效应得到发挥，生产规模不断扩大，各种技能状态的劳动力就业需求均呈增长趋势。但随着人工智能的渗透规模扩大，低技能就业岗位仍然会被率先自动化，低技能劳动力失业增加。与此同时，在人工智能的影响下，人类所能够完成的生产活动范围急速扩大，加速实现社会工作任务的更新升级，部分低技能岗位将彻底消失。人工智能的加速渗透，将使工作任务所涉及的智能技术和数据量日益庞大，即时性也显著增强，生产过程对数字化、智能化要求提高，进而要求劳动力具备与之相适应的洞悉市场需求的能力、更加丰富的产品知识以及更高的配合自动化生产的相关知识。综上所述，人工智能向经济社会渗透带来智能机器对低技能劳动力的替代，甚至会带来部分低技能岗位彻底消失，而留给劳动力的工作任务对劳动力技能需求将进一步提高。

（二）边界延展对劳动就业的影响

1. 新任务边界延展对劳动力就业数量的影响

技术创新能催生新产品、开辟新的生产服务领域和新职业，从而创造新的就业岗位。作为 21 世纪最显著的技术创新，人工智能在经济社会的渗透将改变生产、分配、交换和消费等经济活动，创造全方位多领域的智能化新岗位需求，催生新技术、新产业、新模式，增加新的工作岗位，进而提高劳动力就业水平，这也是人工智能应用过程中对抗智能渗透的就业效应最主要的力量。世界经济论坛的报告指出，与理解和利用最新出现的人工智能技术相关的各种全新工作岗位正在逐渐被创造，如机器学习专家、大数据专家、过程自动化专家、信息安全分析师等。

2. 新任务边界延展对劳动力就业结构的影响

随着人工智能技术创新在经济社会加速渗透，一方面，人类所能够完成的生产活动范围急速扩大，新产业、新岗位、新产品不断催生，创造大量新的就业岗位，但新岗位需要的劳动力不再是传统产业链上的简单重复劳动，也不是只需掌握机械工作原理或技巧的车间管理人员，而是具备科研能力和技术创新思维的高技能劳动力，具体表现为高技能劳动力就业需求增加。其中，高级知识技能包括一般认知性技能（如批判性思维）和社会行为技能（如促进团队合作的管理和识别情感的技能）等。具体表现：一是人工智能、机器人开发和维护的人才需求；二是人工智能的配套基础设施方面的就业需求，如数据采集和开发利用、人工智能应用以及人工智能应用过程中规避其负面影响的公共管理、公共安全、道德教育、法律法规、社会保障等。另一方面，传统产业越来越智能化，同时，部分低技能岗位将彻底消失，社会工作任务加速实现更新升级。工作任务所涉及的智能技术和数据量日益庞大，即时性也显著增强，生产过程对数字化、智能化要求提高，进而要求劳动者具备与之相适应的洞悉市场需求的能力、更加丰富的产品知识以及更高的配合自动化生产的相关知识。世界银行发展报告数据显示，2001 年以来，随着新工作岗位的不断出现，新兴经济体中从事重复性低、社会技能密集型职业的就业比例从 19% 上升至 23%，而发达经济体中这一比例从 33% 上升至 41%。

人工智能技术创新迅速发展增加了相关领域人才需求，形成了人工智能人才的巨大缺口。拉勾招聘数据研究院发布的《2021 人工智能人才报告》显示，2021 年人工智能行业人才需求指数较去年增长 103%，其中算法人才缺口达 170 万。具体而言，一方面，算法研究岗、应用开发岗和实用技能岗等岗位的人才缺口大，2020 年，算法研究岗、应用开发岗和实用技能岗人才供需比仅为 0.13、0.17 和 0.98；另一方面，机器学习和计算机视觉等技术方向的人才极度稀缺，人才供需比仅为 0.23 和 0.09。同时，人工智能人才储备与发达国家差距较大。2019 年发布的《全球 AI 人才报告》数据显示，58% 的中国高级研究员在美国攻读研究生，35% 在中国读研究生，7% 在其他国家攻读研究生。其中，78% 的毕业于美国院校的中国高级研究员留在美国工作，仅 21% 回到中国工作。在全球吸引人工智能人才的国家中，中国位列第二，但数量上仅为美国的四分之一，存在较大差距。可见，在人工智能的边界延展效应作用下，高技能就业岗位不断被创造，中国人工智能领域人才缺口可能成为制约人工智能产业发展的重要因素。

（三）就业效应下人工智能对经济增长的影响

人工智能通过智能渗透和边界延展两大效应影响劳动就业数量和劳动就业结构。为进一步探究人工智能通过作用于劳动就业数量和劳动就业结构对经济增长的影响效应，基于基本理论假设，建立以下理论模型进行分析。

1. 要素价格

经济体中唯一的生产厂商可利用智能机器、低技能劳动力和高技能劳动力三种投入完成生产任务 x，$x \in [N-1, N]$。由假设 4.1 可知，在完全竞争环境中，厂商出于理性考虑，会选择最小单位成本进行生产。根据假设 4.2 和假设 4.3 可知，当 $x \in [N-1, I]$ 时，厂商将在低技能劳动力和智能机器之间进行选择，当 $x \in [I, M]$ 时，厂商将在低技能劳动力和高技能劳动力之间进行选择；当 $x \in [M, I']$ 时，由于生产任务 x 的难度较大，低技能劳动力难以胜任，因此厂商需在高技能劳动力和智能机器之间进行选择；当 $x \in [I', N]$ 时，由于生产任务 x 的难度较大，厂商仅能靠高技能劳动力完成生产任务，成本为 $W_H/\gamma_H(x)$。生产任务 x 的产出 $y(x)$ 为：

$$y(x) = \begin{cases} \gamma_L(x)l(x) + k(x), & x \in [N-1, I] \\ \gamma_L(x)l_L(x) + \gamma_H(x)l_H(x), & x \in [I, M] \\ k(x) + \gamma_H(x)l_H(x), & x \in [M, I'] \\ \gamma_H(x)l_H(x), & x \in [I', N] \end{cases} \tag{4.4}$$

通常理性的厂商会选择成本最节约的方式进行生产，$y(x)$ 的单位价格 $p(x)$ 为：

$$p(x) = \begin{cases} \min\left[R, \dfrac{W_L}{\gamma_L(x)}\right], & x \in [N-1, I] \\ \min\left[\dfrac{W_L}{\gamma_L(x)}, \dfrac{W_H}{\gamma_H(x)}\right], & x \in [I, M] \\ \min\left[R, \dfrac{W_H}{\gamma_H(x)}\right], & x \in [M, I'] \\ \dfrac{W_H}{\gamma_H(x)}, & x \in [I', M] \end{cases} \tag{4.5}$$

式中，R、W_L 和 W_H 分别为机器租金、低技能和高技能劳动力工资水平；$\gamma_H(x)$ 和 $\gamma_L(x)$ 分别为高、低技能劳动力的生产效率。

R 和 $\dfrac{W_L}{r_L(x)}$ 中的 R 和 W_L 由模型确定，R 和 $\dfrac{W_L}{r_L(x)}$ 的大小将取决于 x，故

存在一个门槛值 $\tilde{I}_{\mathrm{L}}$，且 $\tilde{I}_{\mathrm{L}} \in [N-1, M]$。当 $x = \tilde{I}_{\mathrm{L}}$ 时，$R = \dfrac{W_{\mathrm{L}}}{r_{\mathrm{L}}(\tilde{I}_{\mathrm{L}})}$；当 $x =$

M 时，$\dfrac{W_{\mathrm{L}}}{\gamma_{\mathrm{L}}(M)} = \dfrac{W_{\mathrm{H}}}{\gamma_{\mathrm{H}}(M)}$，当低技能劳动力受教育水平提高，生产效率提升，

则低技能劳动力可完成的工作任务上限 M 变大。同理可知，R 和 $\dfrac{W_{\mathrm{H}}}{\gamma_{\mathrm{H}}(x)}$ 的大

小也将取决于 x，存在一个门槛值 $\tilde{I}_{\mathrm{H}}$，且 $\tilde{I}_{\mathrm{H}} \in [M, N]$，当 $x = \tilde{I}_{\mathrm{H}}$ 时，$R =$

$\dfrac{W_{\mathrm{H}}}{r_{\mathrm{H}}(\tilde{I}_{\mathrm{H}})}$。因此，作为理性的厂商，低端任务和高端任务的智能渗透水平可表示

为：

$$I_{\mathrm{L}}^* = \min\{I, \tilde{I}_{\mathrm{L}}\}, \quad I_{\mathrm{H}}^* = \min\{I', \tilde{I}_{\mathrm{H}}\} \tag{4.6}$$

由假设 4.6 可知，人工智能在经济社会中的渗透尚处于起步阶段，因此，$I < \tilde{I}_{\mathrm{L}}$，$I' < \tilde{I}_{\mathrm{H}}$，即 $I_{\mathrm{L}}^* = I$，$I_{\mathrm{H}}^* = I'$。

2. 竞争均衡

根据假设 4.1，将最终产品价格标准化为 1，则经济社会对厂商的生产任务 x 的产出需求量为：

$$y(x) = Y \dot{p}(x)^{-1} \tag{4.7}$$

厂商的利润函数为：

$$\pi = Y - \int_{N-1}^{N} p(x)y(x)\mathrm{d}x \tag{4.8}$$

根据假设 4.1 和假设 4.3 以及式（4.1）、式（4.5）和式（4.7）可得厂商利润最大化劳动力和资本需求量满足以下条件：

$$K = A^{\sigma-1}(I - N + 1 + I' - M)R^{-\sigma}Y \tag{4.9}$$

$$L_{\mathrm{L}} = A^{\sigma-1}\int_I^M \frac{1}{\gamma_{\mathrm{L}}(x)}\left(\frac{W_{\mathrm{L}}}{\gamma_{\mathrm{L}}(x)}\right)^{-\sigma}\mathrm{d}x\, Y \tag{4.10}$$

$$L_{\mathrm{H}} = A^{\sigma-1}\int_{I'}^N \frac{1}{\gamma_{\mathrm{H}}(x)}\left(\frac{W_{\mathrm{H}}}{\gamma_{\mathrm{H}}(x)}\right)^{-\sigma}\mathrm{d}x\, Y \tag{4.11}$$

整理式（4.9）、式（4.10）和式（4.11）可得要素价格的最优价格指数满足的等式如下：

$$R^{1-\sigma}(I - N + 1) + \int_I^M \left(\frac{W_{\mathrm{L}}}{\gamma_{\mathrm{L}}(x)}\right)^{1-\sigma}\mathrm{d}x + \int_{I'}^N \left(\frac{W_{\mathrm{H}}}{\gamma_{\mathrm{H}}(x)}\right)^{1-\sigma}\mathrm{d}x = A^{1-\sigma}$$

$$\tag{4.12}$$

根据假设 4.1 和假设 4.2，将式（4.9）、式（4.10）和式（4.11）带入式

（4.12）可得均衡时的生产函数，即产出的目标函数为：

$$Y = A\Big[(I - N + 1 + I' - M)^{\frac{1}{\sigma}}K^{\frac{\sigma-1}{\sigma}} + (\int_I^M \gamma_L(x)^{\sigma-1}\mathrm{d}x)^{\frac{1}{\sigma}}L_L^{\frac{\sigma-1}{\sigma}} +$$

$$(\int_{I'}^N \gamma_H(\mathrm{x})^{\sigma-1}d\mathrm{x})^{\frac{1}{\sigma}}L_H^{\frac{\sigma-1}{\sigma}}\Big]^{\frac{\sigma}{\sigma-1}} \tag{4.13}$$

式中，L_H 和 L_L 分别为高技能和低技能劳动力的数量。

3. 模型求解

由假设 4.1、假设 4.5 和假设 4.6 可知，经济体仅有一个最终品厂商，唯一的厂商将对低端任务的智能渗透 I、高低任务的智能渗透 I' 和边界延展水平 N 进行决策，以实现利润最大化，式（4.13）即为均衡时的产出水平。结合式（4.7）可知，人工智能在经济社会中的渗透尚处于起步阶段，采用人工智能替代劳动力能够使单位生产成本更低，一旦某项生产任务实现自动化，厂商将立即采用智能机器进行生产，由此可见，厂商选择的智能自动化水平受整个社会的智能自动化水平的限制。因此，首先考虑整个社会的智能自动化水平提升，厂商对低端任务的智能渗透水平 I 和高端任务的智能渗透水平 I' 的抉择对产出 Y 的影响，对式（4.13）求 I 和 I' 的偏导，整理可得：

$$\frac{\partial Y}{\partial I} = -\frac{1}{\sigma-1}\gamma_L(I)^{\sigma-1}(\int_I^M \gamma_L(x)^{\sigma-1}\mathrm{d}x)^{\frac{1}{\sigma-1}-1}L_L^{\frac{\sigma-1}{\sigma}}Y^{\frac{1}{\sigma}} +$$

$$\frac{1}{\sigma-1}(I - N + 1 + I' - M)^{\frac{1}{\sigma}-1}K^{\frac{\sigma-1}{\sigma}}Y^{\frac{1}{\sigma}} \tag{4.14}$$

$$\frac{\partial Y}{\partial I'} = -\frac{1}{\sigma-1}\gamma_H(I')^{\sigma-1}(\int_{I'}^N \gamma_H(x)^{\sigma-1}\mathrm{d}x)^{\frac{1}{\sigma-1}-1}L_H\frac{\sigma-1}{\sigma}Y^{\frac{1}{\sigma}} +$$

$$\frac{1}{\sigma-1}(I - N + 1 + I' - M)^{\frac{1}{\sigma}-1}K^{\frac{\sigma-1}{\sigma}}Y^{\frac{1}{\sigma}} \tag{4.15}$$

人工智能除了能够通过智能自动化水平影响产出水平，还将通过拓展新产品、新市场进而影响产出水平。厂商在生产过程中选择是否开发新产品、拓展新市场，表现为边界 N 的变化。基于此，考虑厂商对生产任务边界 N 的抉择对产出 Y 的影响，基于式（4.13）对 N 求偏导，整理可得：

$$\frac{\partial Y}{\partial N} = \frac{1}{\sigma-1}\gamma_H(N)^{\sigma-1}(\int_{I'}^N \gamma_H(x)^{\sigma-1}\mathrm{d}x)^{\frac{1}{\sigma-1}-1}L_H^{\frac{\sigma-1}{\sigma}}Y^{\frac{1}{\sigma}} -$$

$$\frac{1}{\sigma-1}(I - N + 1 + I' - M)^{\frac{1}{\sigma}-1}K^{\frac{\sigma-1}{\sigma}}Y^{\frac{1}{\sigma}} \tag{4.16}$$

4. 模型分析

纵观人类社会技术进步的演进过程，并结合前文的分析发现，与传统技术创新更多的是替代低技能劳动力不同，人工智能向经济社会渗透融合将带来机器人大范围替代低技能劳动力，并对部分脑力劳动力和智力劳动力等高技能劳动力就业产生冲击。式（4.14）即为低端任务智能渗透对经济增长的效应，式（4.15）为高端任务智能渗透对经济增长的效应，而智能渗透对经济增长的总效应即为低端任务智能渗透对经济增长的效应和高端任务智能渗透对经济增长的效应的总和。

需要指的是，式（4.14）的第一部分为 $\tau_{11} = -\frac{1}{\sigma-1}\gamma_L(I)^{\sigma-1}$ $(\int_I^M \gamma_L(x)^{\sigma-1}dx)^{\frac{1}{\sigma}-1} L_L^{\frac{\sigma-1}{\sigma}} Y^{\frac{1}{\sigma}}$，由 $\frac{1}{\sigma-1}$、γ_L、L_L 和 Y 均为正可知，$\tau_{11}<0$，即低端任务的智能渗透对经济增长具有负向效应，其机理在于：低端任务的智能渗透将降低低技能劳动力就业数量，而 $|\tau_{11}|$ 正好为智能机器挤出的低技能劳动力可生产的产出。因此，$\tau_{11}=-|\tau_{11}|$ 为低端任务的智能渗透降低低技能劳动力导致的产出损失。式（4.14）的第二部分为 $\tau_{12}=\frac{1}{\sigma-1}(I-N+1+I'-M)^{\frac{1}{\sigma}-1}K^{\frac{\sigma-1}{\sigma}}Y^{\frac{1}{\sigma}}$，由 $I-N+1+I'-M$、K 和 Y 均为正可知 $\tau_{12}>0$，即低端任务的智能渗透对经济增长具有正向效应。其机理在于：智能机器在生产成本和生产效率上具有比较优势。因此，智能机器替代低技能劳动力进行生产能够增加产出水平，即 τ_{12} 为智能机器替代低技能劳动力进行生产带来的产出增加部分。

式（4.15）的第一部分为 $\tau_{13}=-\frac{1}{\sigma-1}\gamma_H(I')^{\sigma-1}(\int_{I'}^N \gamma_H(x)^{\sigma-1}dx)^{\frac{1}{\sigma}-1}$ $L_H^{\frac{\sigma-1}{\sigma}}Y^{\frac{1}{\sigma}}$，由 $\frac{1}{\sigma-1}$、γ_H、L_H 和 Y 均为正可知，$\tau_{13}<0$，即高端任务的智能渗透对经济增长具有正向效应，其机理在于：高端任务的智能渗透将降低高技能劳动力就业数量，而 $|\tau_{13}|$ 正好为智能机器挤出的高技能劳动力可生产的产出。因此，$\tau_{13}=-|\tau_{13}|$ 为智能渗透降低高技能劳动力就业带来的产出损失。式（4.15）的第二部分为 $\tau_{14}=\frac{1}{\sigma-1}(I-N+1+I'-M)^{\frac{1}{\sigma}-1}K^{\frac{\sigma-1}{\sigma}}Y^{\frac{1}{\sigma}}$，由 $I-N+1+I'-M$、K 和 Y 均为正可知 $\tau_{14}>0$，即高端任务的智能渗透对经济增长具有正向效应。其机理在于：高端任务的智能渗透带来生产成本和效率上具有比较优势的智能机器替代高技能劳动力进行生产，产出水平提高，即 τ_{14} 为

智能机器进行生产带来的产出增加部分。

在人工智能通过智能渗透挤出劳动力就业后,还将通过增加产业链上下游相关企业或同一行业其他任务环节的产品或服务需求,拉动行业总投资规模,扩大行业生产规模,创造劳动就业岗位,而劳动就业的增加将推动经济增长。由于本部分采用的是静态模型,因此,这一效应并未在式(4.14)和式(4.15)中直接体现,但可理解为人工智能带来资本 K 的生产效率提升以及某一行业产出增加(反映为总产出 Y 增加),进而引致劳动力就业需求增加,并促进经济增长。

式(4.16)即为边界延展对经济增长的总效应,其中,式(4.16)的第一部分为 $\theta_{21} = \frac{1}{\sigma-1}\gamma_H(N)^{\sigma-1}(\int_M^N \gamma_H(x)^{\sigma-1}dx)^{\frac{1}{\sigma}-1}L_H^{\frac{\sigma-1}{\sigma}}Y^{\frac{1}{\sigma}}$。同理可知, $\theta_{21} > 0$,即人工智能的边界延展对经济增长具有正向效应,其机理在于:边界延展将增加高技能劳动力就业数量,而 θ_{12} 正好为增加的高技能劳动力就业可生产的产出。式(4.16)的第二部分为 $\theta_{22} = -\frac{1}{\sigma-1}(I-N+1)^{\frac{1}{\sigma}-1}K^{\frac{\sigma-1}{\sigma}}Y^{\frac{1}{\sigma}}$。同理可知, $\theta_{22} < 0$,即人工智能的边界延展对经济增长具有负向效应,其机理在于:受边界延展的影响,工作任务上界变大的同时低端由智能机器生产的工作任务将被淘汰,而 $|\theta_{22}|$ 正好为边界延展淘汰的低端工作任务可生产的产出, $\theta_{22} = -|\theta_{22}|$ 即为边界延展淘汰低端工作任务导致的产出损失。

综上所述,从劳动力就业角度而言,智能渗透首先表现出挤出劳动力就业,且无论是高技能劳动力还是低技能劳动力被挤出,都将带来产出损失,进而抑制经济增长,然后通过增加产业链上下游相关企业或同一行业其他任务环节的产品或服务需求,拉动行业总投资规模,扩大行业生产规模,创造劳动就业岗位,进而以劳动就业的增加的形式推动经济增长;边界延展则能够通过增加高技能劳动力就业数量,进而促进经济增长。

5. 分析结论

从人工智能影响经济增长的劳动就业路径而言,一方面,人工智能的智能渗透效应会通过降低高低技能劳动力就业抑制经济增长;另一方面,人工智能的边界延展效应会通过增加高技能劳动力就业进而促进经济增长。因此,人工智能通过作用于劳动就业对经济增长的影响取决于智能渗透效应和边界延展效应的综合效应。

从技术扩散的规律而言,技术进步在经济社会中的应用并非一蹴而就,而是一个不断演进、逐渐成熟的过程，在其应用过程中，主要经历研发期、导入期、拓展期和成熟期四个时期。随着新技术应用的不断成熟，其作用效应也同步得以进行。作为新一轮技术进步的代表性技术创新，人工智能在向经济社会深度融合的过程中，也将经历导入期、拓展期和成熟期三个阶段，其效应的发挥也将表现出阶段差异性。

在人工智能技术创新的导入初期，人工智能逐渐向国民经济主要的产业部门渗透，但普及速度相对较慢，加之核心产业规模有限，相关产业的扩散受到一定的限制。随着人工智能的不断发展，并逐渐进入导入中后期，智能渗透的作用效应得以进一步发挥，同时边界延展效应初步发挥作用。但由于智能机器、系统或算法等人工智能产品在生产过程中用于原有生产任务生产原有产品种类的难度相对较小，而面对边界延展效应带来的新产品、新商业模式以及新市场，厂商需要调整生产线、调整商业模式，需要丰富的资金积累和人力资本投入，且面临许多技术和市场的不确定性，可能需要较大的投入和较长时间的试错过程。因此，在人工智能应用的导入期，部分新产业部门、新商业模式和新产品等出现，边界延展效应初步显现，但其作用效应有限；与此同时，人工智能技术创新加快向经济社会渗透，核心产业规模迅速扩大，智能渗透效应发挥作用，并逐渐占据主导地位。

当人工智能在行业的应用日渐成熟，并进入拓展阶段，人工智能产品在经济社会的渗透率达到较高水平，渗透速度逐渐减缓，人工智能产品应用不断成熟，劳动力的体力和脑力不断实现拓展。从厂商或行业等微观层面而言，企业或厂商等微观市场主体经过较长时间的经验积累，已具备调整生产线生产新产品或者调整商业模式的资金和人力资本投入。尤其是当面对边界延展带来的整个社会新产业、新部门以及大量新就业岗位，出于利润最大化考虑，厂商将采取行动不断加强新产品种类研发，加速拓展新商业模式以及新市场，与此同时，淘汰低端的传统生产岗位，进而在企业内部实现边界延展。由此可知，在人工智能拓展期，智能渗透效应继续发挥作用，但渗透速度减缓，边界延展效应将占据主导地位。

当智能渗透和边界延展达到一定程度之后，人工智能技术创新在经济社会的应用进入成熟期，技术的发展态势和智能产品向经济社会的渗透都将趋于缓慢，新技术催生的新产业部门发展进入稳定期，新岗位增长日趋缓慢（图4-1）。

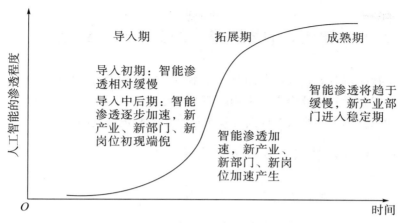

图 4-1　人工智能技术创新成熟曲线

目前，智能机器人等人工智能技术创新在经济社会的应用已进入拓展初期（王君等，2017）。随着人工智能不断向经济社会渗透融合，在人工智能导入时期，智能渗透效应占据主导地位，即智能机器在行业的应用带来行业劳动就业水平下降；随着智能渗透的加深，人工智能进入拓展期，边界延展效应逐步占据主导地位，即催生新产业、新产品、新的商业模式和新市场，带来工作任务边界拓展，国民经济产业结构优化升级，企业或厂商同样实现工作任务优化升级。

结合我国人工智能与经济社会深入融合的发展实际可以发现，在人工智能技术创新的导入初期，智能渗透效应占据主导地位，智能渗透效应将通过降低高低技能劳动力就业数量抑制经济增长；随着智能渗透程度的加深，产业链上下游相关企业或同一行业其他任务环节的产品或服务需求，拉动行业总投资规模，扩大行业生产规模，新产业部门、新产品、新商业模式和新市场不断产生，劳动力尤其是高技能劳动力就业增加，促进经济增长。基于此，得到结论4.1、结论4.2和结论4.3。

结论4.1：人工智能对劳动就业的影响具有滞后性，使劳动就业水平先下降后上升。

结论4.2：在人工智能的影响下，劳动就业水平先下降后上升主要表现为先是高低技能劳动力就业水平均下降，之后高技能劳动力就业水平上升。

结论4.3：人工智能通过劳动就业水平使经济增长先下降后上升。

三、人工智能影响经济增长的劳动收入路径

人工智能对劳动收入和劳动收入差距的影响受到学者的广泛关注。下面将基于人工智能对经济社会产生影响的两个维度，深入剖析人工智能通过发挥智能渗透和边界延展的收入效应对经济增长产生影响的作用机理。

（一）智能渗透对劳动收入的影响

1. 智能渗透对高技能劳动收入的影响

劳动力主要包括高技能和低技能劳动力两类，为进一步分析人工智能对劳动收入的影响，采用资本收入对两类劳动力的工资收入进行标准化，即令 $w_{\mathrm{H}} = \dfrac{W_{\mathrm{H}}}{RK}$，$w_{\mathrm{L}} = \dfrac{W_{\mathrm{L}}}{RK}$。根据式（4.9）和式（4.11）整理可得：

$$w_{\mathrm{H}} = \frac{\left(\int_{I'}^{N} \gamma_{\mathrm{H}}(x)^{\sigma-1}\mathrm{d}x\right)^{\frac{1}{\sigma}} (L_{\mathrm{H}})^{-\frac{1}{\sigma}}}{(I - N + 1 + I' - M)^{\frac{1}{\sigma}} K^{\frac{\sigma-1}{\sigma}}} \tag{4.17}$$

对式（4.17）两端取对数，整理可得：

$$\ln w_{\mathrm{H}} + \frac{1}{\sigma}\ln L^{s}(w_{\mathrm{H}}) = \frac{1-\sigma}{\sigma}\ln K + \frac{1}{\sigma}\ln\frac{\int_{I'}^{N}\gamma_{\mathrm{H}}(x)^{\sigma-1}\mathrm{d}x}{I - N + 1 + I' - M} \tag{4.18}$$

同理，根据式（4.9）和式（4.10）整理可得：

$$w_{L} = \frac{\left(\int_{I}^{M}\gamma_{L}(x)^{\sigma-1}\mathrm{d}x\right)^{\frac{1}{\sigma}} (L_{L})^{-\frac{1}{\sigma}}}{(I - N + 1 + I' - M)^{\frac{1}{\sigma}} K^{\frac{\sigma-1}{\sigma}}} \tag{4.19}$$

对式（4.19）进行对数线性化整理可得：

$$\ln w_{L} + \frac{1}{\sigma}\ln L^{s}(w_{L}) = \frac{1-\sigma}{\sigma}\ln K + \frac{1}{\sigma}\ln\frac{\int_{I}^{M}\gamma_{L}(x)^{\sigma-1}\mathrm{d}x}{I - N + 1 + I' - M} \tag{4.20}$$

令 $\varepsilon_{\mathrm{H}} = \dfrac{\mathrm{d}L_{\mathrm{H}}^{s}(w_{\mathrm{H}})}{\mathrm{d}w_{\mathrm{H}}} \cdot \dfrac{w_{\mathrm{H}}}{L_{\mathrm{H}}^{s}} > 0$，$\varepsilon_{\mathrm{L}} = \dfrac{\mathrm{d}L_{\mathrm{L}}^{s}(w_{\mathrm{L}})}{\mathrm{d}w_{\mathrm{L}}} \cdot \dfrac{w_{\mathrm{L}}}{L_{\mathrm{L}}^{s}} > 0$，分别为高技能、低技能劳动力供给弹性。短期而言，劳动力平均受教育水平保持不变，即 M 为常数。首先，考虑低端智能渗透对高技能劳动力工资水平的影响，对式（4.18）关于 I 求微分，由假设 4.1 可知，资本对智能自动化变动无弹性，即 $\dfrac{\mathrm{d}\ln K}{\mathrm{d}I} = 0$，整理可得：

$$\frac{\mathrm{dln}w_{\mathrm{H}}}{\mathrm{d}I} = -\frac{1}{\sigma + \varepsilon_{\mathrm{H}}} (I - N + 1 + I' - M)^{-1} \tag{4.21}$$

考虑高端智能渗透对高技能劳动力工资水平的影响，对式（4.18）关于 I' 求微分，整理可得：

$$\frac{\mathrm{dln}w_{\mathrm{H}}}{\mathrm{d}I'} = -\frac{1}{\sigma + \varepsilon_{\mathrm{H}}} (I - N + 1 + I' - M)^{-1} - \frac{1}{\sigma + \varepsilon_{\mathrm{H}}} \frac{\gamma_{\mathrm{H}}(I')}{\int_{I'}^{N} \gamma_{\mathrm{H}}(x)^{\sigma-1}\mathrm{d}x} \tag{4.22}$$

由 $\sigma + \varepsilon_{\mathrm{H}} > 0$，以及 $(I - N + 1 + I' - M)^{-1} > 0$ 可知，式（4.21）的值为负，则 $\theta_{11} = \frac{\mathrm{dln}w_{\mathrm{H}}}{\mathrm{d}I} < 0$，原因在于低端任务的智能渗透带来智能机器替代低技能劳动力，使得资本回报率上升，进而导致高技能劳动力相对收入水平呈下降趋势。由 $\gamma_{\mathrm{H}} > 0$ 可知，$\frac{\mathrm{dln}w_{\mathrm{H}}}{\mathrm{d}I'} < 0$，即高端任务的智能渗透使标准化后的高技能劳动收入水平呈下降趋势。高端任务的智能渗透主要替代高技能劳动力，式（4.22）的第一项 $\theta_{12} = -\frac{1}{\sigma + \varepsilon_{\mathrm{H}}} (I - N + 1 + I' - M)^{-1} < 0$，原因在于智能机器替代高技能劳动力带来的资本回报率上升，进而导致高技能劳动相对收入下降；第二项 $\theta_{13} = -\frac{1}{\sigma + \varepsilon_{\mathrm{H}}} \frac{\gamma_{\mathrm{H}}(I')^{\sigma-1}}{\int_{I'}^{N} \gamma_{\mathrm{H}}(x)^{\sigma-1}\mathrm{d}x} < 0$，原因在于高端任务的智能渗透带来智能机器替代高技能劳动力，进而导致高技能劳动收入下降。

综上所述，高技能劳动收入主要受高端任务智能渗透的影响；在高端任务智能渗透的影响下，高技能劳动力收入呈下降趋势。

2. 智能渗透对低技能劳动收入的影响

这里进一步探讨智能渗透对低技能劳动收入的作用机理。对式（4.20）关于 I 求微分，整理可得：

$$\frac{\mathrm{dln}w_{\mathrm{L}}}{\mathrm{d}I} = -\frac{1}{\sigma + \varepsilon_{\mathrm{L}}} (I - N + 1 + I' - M)^{-1} - \frac{1}{\sigma + \varepsilon_{\mathrm{L}}} \frac{\gamma_{\mathrm{L}}(I)^{\sigma-1}}{\int_{I}^{M} \gamma_{\mathrm{L}}(x)^{\sigma-1}\mathrm{d}x} \tag{4.23}$$

对式（4.20）关于 I' 求微分，整理可得：

$$\frac{\mathrm{dln}w_{\mathrm{L}}}{\mathrm{d}I'} = -\frac{1}{\sigma + \varepsilon_{\mathrm{L}}} (I - N + 1 + I' - M)^{-1} \tag{4.24}$$

由 $\sigma + \varepsilon_L > 0$, $\gamma_L > 0$, $(I - N + 1 + I' - M)^{-1} > 0$ 可知 $\dfrac{\mathrm{dln}w_L}{\mathrm{d}I} < 0$,其中,式(4.23)的第一项 $\theta_{21} = -\dfrac{1}{\sigma + \varepsilon_L}(I - N + 1 + I' - M)^{-1} < 0$,原因在于低端任务的智能渗透会带来智能机器对低技能劳动力的替代,使得资本回报率上升,从而导致低技能劳动相对收入下降;第二项 $\theta_{22} = -\dfrac{1}{\sigma + \varepsilon_L}$ $\dfrac{\gamma_L (I)^{\sigma-1}}{\displaystyle\int_I^M \gamma_L (x)^{\sigma-1}\mathrm{d}x} < 0$,原因在于智能机器挤出低技能劳动力带来的低技能劳动收入下降。式(4.24)中 $\theta_{23} = \dfrac{\mathrm{dln}w_L}{\mathrm{d}I'} < 0$,原因在于高端任务的智能渗透并不没有带来低技能劳动力就业的下降,但智能机器对高技能劳动力的替代会带来资本回报率的上升,进而导致低技能劳动相对收入下降。可见,低技能劳动力收入主要受低端任务智能渗透的影响;在低端任务智能渗透的影响下,低技能劳动力收入水平呈下降趋势。

综上所述,在人工智能智能渗透效应的影响下,高技能和低技能劳动收入水平均呈下降趋势。

3. 智能渗透对收入差距的影响

这里将进一步探析智能渗透效应对高低技能劳动收入差距的影响,根据前文对高低技能劳动力收入水平标准化的相关设定可知,劳动力技能溢价为:

$$\ln\left(\frac{W_H}{W_L}\right) = \ln\left(\frac{W_H}{RK}\right) - \ln\left(\frac{W_L}{RK}\right) \tag{4.25}$$

将式(4.25)作进一步整理可得:

$$\mathrm{dln}\left(\frac{W_H}{W_L}\right) = \mathrm{dln}w_H - \mathrm{dln}w_L \tag{4.26}$$

智能渗透对技能收入差距的效应即为低端任务智能渗透 I 和高端任务智能渗透 I' 的总效应。由式(4.21)和式(4.22)可得,智能渗透对高技能劳动力收入水平的影响:

$$\mathrm{dln}w_H = \theta_{11}\mathrm{d}I + (\theta_{12} + \theta_{13})\mathrm{d}I' \tag{4.27}$$

式中,

$$\theta_{11} = \theta_{12} = -\frac{1}{\sigma + \varepsilon_H}(I - N + 1 + I' - M)^{-1}$$

$$\theta_{13} = -\frac{1}{\sigma + \varepsilon_H} \frac{\gamma_H (I')^{\sigma-1}}{\int_{I'}^{N} \gamma_H (x)^{\sigma-1} dx}$$

由式（4.23）和式（4.24）可得，智能渗透对高技能劳动力收入水平的影响：

$$d\ln w_L = (\theta_{21} + \theta_{22})dI + \theta_{23}dI' \qquad (4.28)$$

式中，

$$\theta_{21} = \theta_{23} = -\frac{1}{\sigma + \varepsilon_L}(I - N + 1 + I' - M)^{-1}$$

$$\theta_{22} = -\frac{1}{\sigma + \varepsilon_L} \frac{\gamma_L (I)^{\sigma-1}}{\int_{I}^{M} \gamma_L (x)^{\sigma-1} dx}$$

结合式（4.27）、式（4.28）和式（4.26）可变形为：

$$d\ln\left(\frac{W_H}{W_L}\right) = (\theta_{11} - \theta_{21} - \theta_{22})dI + [(\theta_{12} + \theta_{13}) - \theta_{23}]dI' \qquad (4.29)$$

受教育程度高的劳动力的工作时间弹性和劳动参与弹性更高（李雅楠，2016），因此，有 $\varepsilon_H > \varepsilon_L$。结合上述分析，对式（4.29）整理可得：

$$d\ln\left(\frac{w_H}{w_L}\right) = \left(\frac{1}{\sigma + \varepsilon_L} - \frac{1}{\sigma + \varepsilon_H}\right)(I - N + 1 + I' - M) - 1(dI + dI') +$$

$$\frac{1}{\sigma + \varepsilon_L} \frac{\gamma_L (I)^{\sigma-1}}{\int_{I}^{M} \gamma_L (x)^{\sigma-1} dx} dI - \frac{1}{\sigma + \varepsilon_H} \frac{\gamma_H(I')}{\int_{I'}^{N} \gamma_H (x)^{\sigma-1} dx} dI' \qquad (4.30)$$

式（4.30）表示智能渗透对高低技能劳动力收入差距的影响。由于 $\varepsilon_H > \varepsilon_L$，故 $\frac{1}{\sigma + \varepsilon_L} > \frac{1}{\sigma + \varepsilon_H}$，易知式（4.30）的第一项为正。由于低端工作任务的智能渗透 I 提升难度大于高端工作任务的智能渗透 I'，故 $dI > dI'$，且 $N - I' > M - I$。低技能劳动力在 $(I, M]$ 上的生产效率 $\gamma_L(x)$ 与高技能劳动力在 $(I', N]$ 上的生产效率 $\gamma_H(x)$ 相等，有 $\gamma_L (I)^{\sigma-1} = \gamma_H (I')^{\sigma-1}$，$\int_{I}^{M} \gamma_L (x)^{\sigma-1} dx < \int_{I'}^{N} \gamma_H (x)^{\sigma-1} dx$，则式（30）的第二项为正。

综上，智能渗透将扩大高低技能劳动力的收入差距。

4. 劳动力素质技能提升作用下智能渗透对收入差距的影响

随着人工智能与教育培训加速渗透融合，智能化培训系统、人工智能语音识别和图像识别、AR 技术等人工智能技术广泛应用于培训需求分析、培训方案设计、培训模式选择以及培训效果反馈等企业员工培训与开发的各阶段。其中，智能化培训系统及其人机交互功能能够打破学习的时空限制，实现培训方案的个性化设计，人工智能语音识别和图像识别可以帮助学习者更有效地解决学习过程中的疑问，AR 技术则能够帮助学习者模拟现实场景，提升培训的操作性和实用性。因此，人工智能技术的应用能够显著提升培训效率和效果。在这一过程中，低技能劳动力相对于高技能劳动力而言有更大的提升空间，其素质和技能提升的边际效率和幅度都将高于高技能劳动力，在模型中表现为低技能劳动力素质和技能显著提升，进而低技能劳动力能够实现的工作任务范围上界 M 拓展。由于教育培训主要为从事脑力劳动的高技能劳动力，因此，人工智能与教育培训的渗透融合主要表现为替代高技能劳动力的高端任务智能渗透，故令 M 为关于高端任务智能渗透的增函数，表示为 $M(I')$。基于式 (4.18) 再次对高端任务智能渗透 I' 求微分，整理可得：

$$\mathrm{d}\ln w_H = \theta_{11}\mathrm{d}I + (\theta_{12} + \theta_{13} + \theta_{14})\mathrm{d}I' \qquad (4.31)$$

式中，

$$\theta_{14} = \frac{1}{\sigma + \varepsilon_H}(I - N + 1 + I' - M)^{-1}\frac{\mathrm{d}M}{\mathrm{d}I'} \qquad (4.32)$$

由前文分析可得 $\theta_{14} > 0$，故与式 (4.27) 相比，高端任务智能渗透对高技能劳动收入的负向效应下降 θ_{14}。不难理解，人工智能在教育培训领域的应用提升了低技能劳动力能够完成的工作任务边界，进而挤出人工智能资本，降低资本回报率，提升高技能劳动相对收入。再次式 (4.28) 求微分，整理可得：

$$\mathrm{d}\ln w_L = (\theta_{21} + \theta_{22})\mathrm{d}I + (\theta_{23} + \theta_{24})\mathrm{d}I' \qquad (4.33)$$

式中，

$$\theta_{24} = \frac{1}{\sigma + \varepsilon_L}(I - N + 1 + I' - M)^{-1}\frac{\mathrm{d}M}{\mathrm{d}I'} + \frac{1}{\sigma + \varepsilon_L}\frac{\gamma_L(M)^{\sigma-1}}{\int_I^M \gamma_L(x)^{\sigma-1}\mathrm{d}x}\frac{\mathrm{d}M}{\mathrm{d}I'}$$

$$(4.34)$$

由 $\frac{\mathrm{d}M}{\mathrm{d}I'} > 0$ 可知，$\theta_{24} > 0$，其中，式 (4.34) 的第一项 $\frac{1}{\sigma + \varepsilon_L} \cdot (I - N + 1 + I' - M)^{-1}\frac{\mathrm{d}M}{\mathrm{d}I'} > 0$，原因在于人工智能与教育培训的融合会拓展低技能劳动力能够完成的工作任务上限，资本回报率下降，使低技能劳动相对收入增加，即相对收入增长部分；第二项 $\frac{1}{\sigma + \varepsilon_L}\frac{\gamma_L(M)^{\sigma-1}}{\int_I^M \gamma_L(x)^{\sigma-1}\mathrm{d}x}\frac{\mathrm{d}M}{\mathrm{d}I'} > 0$，原因

在于人工智能在教育培训领域的应用拓展低技能劳动力能够完成的工作任务范围，进而提升低技能劳动收入水平，即绝对收入增长部分。与式（4.28）相比，低端任务智能渗透对低技能劳动收入的负向效应下降 θ_{24}。由于 $\theta_{14} < \theta_{24}$，故随着人工智能向教育培训领域渗透融合，技能收入差距将缩小。

综上所述，人工智能与教育培训的渗透融合对劳动收入的影响具有滞后性，能够通过提升劳动力的素质和技能，提升劳动收入水平，缩小高低技能劳动收入差距。

（二）边界延展对劳动收入的影响

1. 边界延展对高技能劳动收入的影响

下面进一步探析边界延展效应对劳动收入的影响。首先，考察边界延展对高技能劳动收入的影响，对式（4.18）关于 N 求微分，整理可得：

$$\frac{\mathrm{d}\ln w_\mathrm{H}}{\mathrm{d}N} = \frac{1}{\sigma + \varepsilon_\mathrm{H}} \frac{\gamma_\mathrm{H}(N)^{\sigma-1}}{\int_{I'}^{N} \gamma_\mathrm{H}(x)^{\sigma-1}\mathrm{d}x} + \frac{1}{\sigma + \varepsilon_\mathrm{H}} (I - N + 1 + I' - M)^{-1}$$

(4.35)

由 $\sigma + \varepsilon_\mathrm{H} > 0$，$\gamma_\mathrm{H} > 0$，$(I - N + 1 + I' - M)^{-1} > 0$ 可知，$\frac{\mathrm{d}\ln w_\mathrm{H}}{\mathrm{d}N} > 0$，即边界延展能够使标准化后的高技能劳动收入增加。其中，式（4.35）的第一项 $\lambda_{11} = \frac{1}{\sigma + \varepsilon_\mathrm{H}} \frac{\gamma_\mathrm{H}(N)^{\sigma-1}}{\int_{I'}^{N} \gamma_\mathrm{H}(x)^{\sigma-1}\mathrm{d}x}$，表示新任务增加高技能劳动力带来的收入增长；

第二项 $\lambda_{12} = \frac{1}{\sigma + \varepsilon_\mathrm{H}}(I - N + 1 + I' - M)^{-1}$，表示低端工作任务被淘汰，资本回报率下降，进而使高技能劳动相对收入上升。由此可见，边界延展能够通过增加高技能劳动力就业，进而提升高技能劳动收入水平。

2. 边界延展对低技能劳动收入的影响

对式（4.20）关于 N 求微分，整理可得边界延展对低技能劳动收入的影响：

$$\frac{\mathrm{d}\ln w_L}{\mathrm{d}N} = \frac{1}{(\sigma + \varepsilon_L)}(I - N + 1 + I' - M)^{-1} \tag{4.36}$$

由 $\sigma + \varepsilon_L > 0$，$(I - N + 1 + I' - M)^{-1} > 0$ 可知，$\lambda_{13} = \frac{\mathrm{d}\ln w_L}{\mathrm{d}N} > 0$，即边

界延展能够使低技能劳动相对收入增加，原因在于低端工作任务被淘汰带来资本回报率下降，进而使低技能劳动相对收入水平上升。

综上，在边界延展效应的影响下，高技能劳动收入水平呈上升趋势，低技能劳动收入水平保持不变，总体而言，人工智能的边界延展能使劳动收入水平呈上升趋势。

3. 边界延展对收入差距的影响

基于边界延展对高低技能劳动收入的作用效应，进一步考察边界延展对收入差距的影响，对式（4.26）关于 N 求微分，并进一步整理可得：

$$\frac{\mathrm{dln}\left(\frac{W_\mathrm{H}}{W_\mathrm{L}}\right)}{\mathrm{d}N} = \frac{\mathrm{dln}w_\mathrm{H}}{\mathrm{d}N} - \frac{\mathrm{dln}w_\mathrm{L}}{\mathrm{d}N} \tag{4.37}$$

根据式（4.35）和式（4.36）有：

$$\frac{\mathrm{dln}\left(\frac{W_\mathrm{H}}{W_\mathrm{L}}\right)}{\mathrm{d}N} = \lambda_{11} + \lambda_{12} - \lambda_{13} \tag{4.38}$$

式中，

$$\lambda_{11} = \frac{1}{\sigma + \varepsilon_\mathrm{H}} \frac{\gamma_\mathrm{H}(N)^{\sigma-1}}{\int_{I'}^{N} \gamma_\mathrm{H}(x)^{\sigma-1}\mathrm{d}x}$$

$$\lambda_{12} = \frac{1}{\sigma + \varepsilon_\mathrm{H}} (I - N + 1 + I' - M)^{-1}$$

$$\lambda_{13} = \frac{1}{(\sigma + \varepsilon_\mathrm{L})} (I - N + 1 + I' - M)^{-1}$$

对式（4.38）整理可得：

$$\mathrm{dln}\left(\frac{W_\mathrm{H}}{W_\mathrm{L}}\right) = \left[\frac{1}{\sigma + \varepsilon_\mathrm{H}} \frac{\gamma_\mathrm{H}(N)^{\sigma-1}}{\int_{I'}^{N} \gamma_\mathrm{H}(x)^{\sigma-1}\mathrm{d}x} + \left(\frac{1}{\sigma + \varepsilon_\mathrm{H}} - \frac{1}{\sigma + \varepsilon_\mathrm{L}}\right)(I - N + 1 + I' - M)^{-1}\right]\mathrm{d}N \tag{4.39}$$

式（4.39）表示边界延展对高低技能劳动力收入差距的影响。由 $\sigma + \varepsilon_\mathrm{H} > 0$，且 $\gamma_\mathrm{H} > 0$ 可知，$\frac{1}{\sigma + \varepsilon_\mathrm{H}} \frac{\gamma_\mathrm{H}(N)^{\sigma-1}}{\int_{I'}^{N} \gamma_\mathrm{H}(x)^{\sigma-1}\mathrm{d}x} > 0$，它表示在高技能劳动收入水平上升带来的劳动力技能收入差距扩大部分；由于 $\frac{1}{\sigma + \varepsilon_\mathrm{L}} > \frac{1}{\sigma + \varepsilon_\mathrm{H}}$，因此

$$\left(\frac{1}{\sigma+\varepsilon_H}-\frac{1}{\sigma+\varepsilon_L}\right)(I-N+1+I'-M)^{-1}<0,$$ 它表示低端任务被淘汰，资本收益下降，使低技能劳动力相对工资水平上升幅度大于高技能劳动力相对工资水平上升幅度，即收入差距缩小的部分。然而，边界延展效应对技能劳动收入差距的影响方向并不确定，当人工智能技术创新进入拓展期，人工智能对技能劳动收入差距的影响取决于边界延展对收入差距的作用效应与智能渗透抑制技能劳动收入差距扩大效应之间的力量对比。边界延展对收入差距的影响具有滞后性，且不确定。

4. 分析结论

从劳动收入水平来看，在人工智能的导入初期，由于智能机器对劳动力的替代，劳动收入水平呈下降趋势，但随着人工智能进入导入中后期，智能渗透的就业创造效应将提升劳动力收入水平。而边界延展能够通过增加高技能劳动力收入水平提升劳动收入水平。在人工智能向经济社会渗透过程中，智能渗透效应和边界延展效应并非同时发挥作用，在人工智能的导入期，智能渗透效应占主导地位，随着人工智能进入拓展期，边界延展效应占主导地位。因此，在人工智能智能渗透效应和边界延展效应的影响下，劳动收入水平先下降后上升。基于此，得到结论 4.4。

结论 4.4：人工智能对劳动收入水平的影响具有滞后性，使劳动收入水平先下降后上升。

在人工智能技术创新的导入期，智能渗透效应占据主导地位，智能渗透效应将首先扩大技能劳动收入差距，随着人工自能进入导入中后期，人工智能与教育培训渗透融合，以及智能渗透的就业创造效应共同发挥作用，将缩小技能劳动收入差距。当人工智能技术创新进入拓展期，边界延展效应占据主导地位，但这一阶段人工智能对技能劳动收入差距的影响取决于人工智能与教育业的渗透融合和智能渗透对技能劳动收入差距的抑制效应和边界延展对收入差距的扩大效应之间的力量对比。

基于此，得到结论 4.5 以及竞争性假说 4.1a 和 4.1b。

结论 4.5：人工智能对技能劳动收入差距的影响同样具有滞后性，截至目前而言，技能劳动收入差距在时间上呈先扩大后缩小的趋势。

假说 4.1a：人工智能对技能劳动收入差距的影响具有滞后性，技能劳动收入差距在时间上表现为先扩大后缩小再扩大。

假说 4.1b：人工智能对技能劳动收入差距的影响具有滞后性，技能劳动收入差距在时间上表现为先扩大后缩小再继续缩小。

（三）收入效应下人工智能对经济增长的影响

人工智能能够通过智能渗透效应和边界延展效应影响劳动收入水平，那么，人工智能是否能够通过作用于劳动收入水平进而影响经济增长呢？通过分析发现，劳动力收入水平和技能劳动收入差距能够通过投资、人力资本积累和消费等渠道影响经济增长。

从投资角度来看，人工智能向经济社会渗透的过程首先带来的是劳动收入水平呈下降趋势，且低技能劳动收入下降幅度大于高技能劳动收入下降幅度，其中，高技能劳动力由于收入水平较高，收入变动对其投资需求影响相对不大，而占社会比例较大的低技能劳动力相对工资水平的下降对投资需求的影响较大。由于中国的信贷市场尚不完善，高低技能劳动力收入差距的扩大会使低技能劳动力受到资本市场的约束，再加上可用资金受限而减少所能选择的投资机会，难以进行有效的投资，进而抑制经济增长。随着人工智能渗透的加深，高技能劳动收入水平均呈现上升趋势，居民收入水平的提升将带来个人投资水平的提升，拉动经济增长。在劳动力受教育程度不断提升的影响下，技能劳动收入差距逐渐缩小，其中，占社会比例较大的低技能劳动力相对工资水平的上升意味着可用资金增加进而所能选择的投资机会增加，整个社会投资需求将大幅增加，进而推动经济增长。随着人工智能进入拓展期，技能劳动收入差距的变动方向尚存在不确定性，但通过上述分析可知，当技能劳动收入差距扩大，将抑制经济增长；反之，将促进经济增长。

从人力资本角度来看，目前，中国正处于教育费用支出比例大幅高于收入水平的阶段，且教育贷款市场发育不完善，收入成为影响父母对子女教育费用支出的重要因素。低收入家庭往往对教育的投资更少，甚至有研究指出，受风险规避和信贷约束的影响，即使教育的收益率很高，低收入家庭的教育费用支出仍然处于较低水平。就劳动收入水平而言，人工智能的智能渗透带来劳动收入水平先降后升，在人工智能导入期，劳动收入水平降低，通过影响人力资本积累抑制经济增长；随着人工智能进而拓展期，劳动收入水平上升，通过促进人力资本积累促进经济增长。就技能劳动收入差距而言，低技能劳动力往往拥有比高技能劳动力低得多的收入，且失业风险相对更大。人工智能导入初期，技能劳动收入差距扩大，低技能劳动力相对工资水平下降，受收入水平和信贷约束的限制，他们会率先将获得的有限收入用于维持生活最基本的衣、食、住、行，而用于子女教育和自身素质、技能提升的教育资金受到约束，因此，技能劳动收入差距扩大会降低社会平均受教育程度和人力资本积累，不利于经济增长。随着人工智能在经济社会渗透融合加深，并进入导入时期的中后期，技能收入差距缩小，低技能劳动绝对工资水平和相对工资水平均上升，除了用于维持生活最基本的衣、食、住、行外，还有剩余的资金用于子女教育和自身素质、技能提升，因此，技能劳动收入差距缩小能够提升社会平均受教育程度和人力资本积累，进而促进经济增长。在人工智能的拓展期，技能劳动收入差距的变动方向存在不确定性，但通过上述分析可知，从人力资本角度而言，当技能劳动收入差距扩大，将抑制经济增长；反之，将促进经济增长。

从消费角度而言，居民部门收入水平不仅决定了消费的绝对水平，也决定了其风险承受程度（何青等，2014），会对消费者的消费和储蓄行为产生影响，从而对经济增长产生影响。纵观消费理论的各个阶段，受收入水平影响的消费者储蓄行为主要有遗赠储蓄和预防性储蓄。高收入阶层收入水平高，对整个社会的消费贡献较大，这个阶层面临的风险相对较小，预防性储蓄比例小，而遗赠储蓄比例较大。根据广义生命周期假说的观点，遗赠储蓄占比越高，消费倾向越低。高技能劳动力更多的是高收入阶层，高技能劳动力较高的遗赠储蓄带来较低的消费欲，进而不利于经济增长。低技能劳动力对应中等收入和低收入阶层，其中，中等收入群体具有储蓄倾向低、消费倾向高的特征，在整个社会中比例最大，但财富的不足制约了他们的实际消费欲（高志仁等，2007）；低收入群体会将大部分收入用于预防性储蓄以应对收入风险，导致储蓄倾向高而消费倾向低。在人工智能导入初期，劳动收入水平下降，整个社会消费需求下降，呈现技能劳动收入差距拉大，以及社会收入逐渐流向少数高收入人群，导致整个社会的边际消费倾向降低，出现有效需求不足的情况，进而抑制经济增长。随着人工智能进入导入中后期，劳动收入水平上升，呈现技能劳动收入差距缩小，整个社会消费需求上升，进而促进经济增长。因此，在人工智能的拓展期，技能劳动收入差距的变动方向存在不确定性，但通过上述分析可知，从消费角度而言，技能劳动收入差距对经济增长具有负面效应。基于此，得到结论4.6。

结论4.6：人工智能通过作用于劳动收入使经济增长先下降后上升。

结合结论4.5以及假说4.1a和假说4.1b，得到结论4.7以及待检验假说4.2a和假说4.2b。

结论4.7：就目前而言，人工智能通过作用于劳动收入差距使经济增长先下降后上升。

假说4.2a：人工智能通过作用于劳动收入差距使经济增长先下降后上升

再下降。

假说 4.2b：人工智能通过作用于劳动收入差距使经济增长先下降后上升。

四、劳动就业和劳动收入路径的实证检验

笔者选取 2003—2020 年行业面板数据对本章理论分析得到的结论和待检验假说进行实证检验。由于在实证检验过程中涉及对变量之间影响的过程和机制进行分析，这里对要用到中介效应分析方法做详细的介绍，本书第五章和第六章也将用到中介效应分析法，但不再赘述。

Baron 和 Kenny 的逐步法是目前检验中介效应最流行的方法。面对几乎一边倒的批评和质疑，温忠麟和叶宝娟（2014）通过介绍中介效应分析法，对学者的批评和质疑进行逐一辨析。其中，针对学者质疑是否有必要对总效应进行检验，Baron（1986）、MacKinnon 和 Fairchild（2009）指出中介效应以总效应存在为前提，中介过程提供了自变量对因变量的作用机制。而针对部分学者对依次检验的质疑，他们认为学者质疑依次检验的原因在于不容易检验到中介效应显著的结果，但如果已经得到显著的结果，检验力低的问题便不再是问题。基于此，本书参考温忠麟等（2004）的做法，结合 Baron 和 Kenny 的逐步法检验中介效应，并设定以下三个模型对中介效应进行检验。

$$lgdp_{it} = \alpha_0 + \alpha_1 AI_{it} + \alpha_2 L.AI_{it} + \alpha_3 controls_{it} + \chi_{i1} + \gamma_{t1} + \varepsilon_{it1}$$

Path A

$$Z_{it} = \beta_0 + \sum_{j=0}^{n} \beta_{j+1} L_j.AI_{it} + \beta_{j+2} X_{it} + \chi_{i2} + \gamma_{t2} + \varepsilon_{it2} \qquad \text{Path B}$$

$$lgdp_{it} = \lambda_0 + \sum_{j=0}^{n} \lambda_{j+1} AI_{it-j} + \lambda_{j+2} Z_{it} + \lambda_{j+3} controls_{it} + \chi_{i3} + \gamma_{t3} + \varepsilon_{it3}$$

Path C

其中，$lgdp$ 表示经济增长水平，本书采用的是行业面板数据，由于行业增加值是一个行业发展状况和国民经济增长情况的最直接反映，因此，选取行业增加值衡量经济增长水平。另外，取自然对数可降低异方差的干扰，还可表征增长率（毛捷等，2015；王维国等，2019）。故本书以行业增加值取自然对数作为经济增长的代理变量。AI 表示人工智能发展水平；Z_{it} 为中介变量，i 表示行业，t 表示年份；n 为自变量人工智能发展水平（AI）的滞后阶数；$L.AI$ 表示人工智能发展水平的滞后一期，$L_j.AI$ 表示人工智能发展水平滞后 j 期，其中 $j = 0,1,2$，X_{it} 和 $controls_{it}$ 分别为控制变量集合；α_0、β_0 和 λ_0 为截距项；

χ 为个体效应；γ 为年份固定效应；ε 为随机误差项。而且，Path A 是在不加入中介变量情况下，考察人工智能技术创新对经济增长的影响，如果人工智能的系数 α_1 或 α_2 显著，表明人工智能对经济增长具有总效应，则继续后续分析，否则终止。Path B 是判断人工智能技术创新对中介变量的影响，如果 Path B 中 β_1，β_2，…，β_{j+1} 至少一个显著，则表明人工智能对中介效应具有显著的影响。Path C 是在控制了人工智能对经济增长的影响后，检验中介变量对经济增长的影响，如果 Path B 中 β_1，β_2，…，β_{j+1} 至少一个显著，且 Path C 中的 λ_{j+2} 显著，则表明中介效应存在，此时若 Path C 中 λ_1，λ_2，…，λ_{j+1} 至少有一个显著，说明中介变量具有部分中介效应，若 λ_1，λ_2，…，λ_{j+1} 均不显著，则说明中介变量具有完全中介效应。

（一）研究设计

1. 样本选择与数据来源

纵观人工智能的发展历程，人工智能技术创新一直沿着结构上、功能上和行为上模拟三个方向发展，2003 年前后并无实质差异，鉴于 2003 年国家统计局公布 GB/T 4754—2002 分类标准，将国民经济的行业分类由 15 个细化为 19 个，出于数据可比性考虑，本书将数据的起始时间选定为 2003 年。同时，由于 2021 年部分数据缺失，故本书的数据更新至 2020 年，因此，笔者选取 2003—2020 年行业面板数据进行实证分析。本书的人工智能相关专利数据来自 Patenthub 专利汇全球专利数据库，其余数据来自《中国统计年鉴》《中国人口与就业统计年鉴》以及《中国劳动统计年鉴》。

2. 计量模型构建

参考刘浩和李香菊（2014）、孙早和侯玉琳（2019）关于劳动力就业和工资收入差距的计量模型，引入人工智能因素，并考虑人工智能对劳动力就业和工资水平产生影响的滞后效应，根据赤池信息准则和贝叶斯信息准则确定解释变量的滞后阶数为 2，结合 Path B，建立计量模型如下：

$$Z_{it} = \beta_0 + \beta_1 AI_{it} + \beta_2 L.AI_{it} + \beta_3 L2.AI_{it} + \beta_4 X_{it} + \chi_{i2} + \gamma_{t2} + \varepsilon_{it2}$$

$$(4-1)$$

式中，i 表示行业；t 表示年份；Z 表示被解释变量，包括劳动力就业水平（$worker$）和劳动力收入水平（$lwage$）；AI 表示人工智能，AI 及其滞后项 $L.AI$ 和 $L2.AI$ 为本书的主要解释变量；X 表示控制变量集合，包括劳动力就业水平（$worker$）和劳动力收入水平（$lwage$）；β_0 为截距项；χ_{i2} 为个体效应；γ_{t2} 为年份固定效应；ε_{it2} 为随机误差项。

3. 变量说明

（1）被解释变量。

基于劳动效应的理论分析，这里选取了劳动力就业水平和劳动力收入水平两个被解释变量，分别对人工智能的劳动就业效应和劳动收入效应进行实证检验。

劳动力就业水平（$lworker$）：参照吕延方和王冬（2011）的做法，用行业城镇单位就业人员数取自然对数来衡量。

劳动力收入水平（$lwage$）：鉴于前文理论分析过程中用 $\ln W_H$ 和 $\ln W_L$ 表示劳动收入，为与理论分析保持一致，在实证检验部分采用行业劳动力平均工资水平取自然对数来衡量劳动力收入水平。

（2）核心解释变量。计量模型中的解释变量仍然为人工智能发展水平，用人工智能相关专利申请量作为代理变量，变量的测算详见本书第三章，此处不再赘述。

（3）行业劳动力就业的控制变量。

行业生产效率（$product$）：计量模型采用剔除工作时间影响后的行业相对人均增加值来衡量。测算方法为行业人均增加值除以行业周平均工作时间与全国人均增加值除以全国周平均工作时间之比（刘浩和李香菊，2014）。

行业增加值（$lgdp$）：采用行业增加值取自然对数表示。由于后文将考虑劳动就业对经济增长的影响，为避免内生性，计量模型的行业增加值取滞后一期 $L. lgdp$。

劳动力就业年龄（age）：年龄是影响劳动力就业的重要因素，基于此，本书参照顾和军和刘云平（2013）计算受教育水平的方法，用劳动力平均就业年龄衡量就业年龄，并控制其对劳动力就业水平的影响。

行业工作强度（$spent$）：采用行业周平均工作时间来衡量行业工作强度。

国有化程度（own）：国有化程度不同的企业吸纳劳动力就业的水平存在差异。采用行业中国有单位就业人员数与该行业总就业人数之比来衡量国有化程度，并作为控制变量。

产业规模（$lscale$）：采用行业法人单位数量取自然对数表示产业规模。

固定资产投资（$rinv$）：固定资产投资能够增加企业资金投入，创造劳动就业需求。这里控制了固定资产投资的影响，用行业人均固定资产投资额来衡量。

外商直接投资（$lfdi$）：外商直接投资同样能够扩大企业资金规模，创造就业岗位，这里控制外商直接投资的影响，用各行业外商直接投资额进行度量，且为避免共线性，对外商直接投资额取自然对数。

（4）劳动收入水平的控制变量。

行业劳动生产率（$lproduct$）：劳动生产率是决定劳动工资上升的基本前提（李文溥和熊英，2015）。本书为了控制劳动生产率的影响，采用行业增加值除以行业就业人数的人均增加值并取自然对数来衡量。

行业失业水平（$lunemp$）：行业失业水平反映了行业劳动力投入水平，将对平均工资水平产生影响。计量模型中采用行业绝对失业人数的自然对数来衡量。

高技能劳动力就业水平（$lskill$）：参考李红阳和邵敏（2017）、孙早和侯玉琳（2019）的研究，将劳动力受教育程度作为高低技能劳动力的划分标准，将受教育程度为本科及以上的劳动力视为高技能劳动力，高技能劳动力就业水平采用行业高技能劳动力就业人数取自然对数表示。

人力资本水平（edu）：受教育程度的提升能够提高劳动者的生产效率，提升对各种信息和机会的分析判断能力，是影响收入的重要因素（顾和军和刘云平，2013），计量模型采用行业劳动力平均受教育年限来衡量，并控制其对收入水平的影响。

劳动力就业年龄（age）：就业年龄是影响工资收入的重要因素（罗楚亮，2006）。采用劳动力平均就业年龄衡量，并控制其对行业收入水平的影响。

女性就业水平（$female$）：性别是影响工资水平的一个重要原因（Petrongolo and Ngai，2012）。计量模型本书用行业城镇女性就业人数占当年该行业城镇总就业人数的比例来衡量，并控制其对行业收入水平的影响。

行业工作强度（$spent$）：过度劳动是增加劳动收入的主要手段（张文胜，2009），计量模型用行业周平均工作时间对工作强度进行衡量。

固定资产投资（$ginv$）和外商直接投资（$lfdi$）。投资是工资水平的重要影响因素（黄旭平和张明之，2007），故本书控制了固定资产投资和外商直接投资对劳动收入水平的影响。其中，固定资产投资用行业固定资产投资额的增长率来衡量；外商直接投资用各行业外商直接投资额的自然对数来衡量。

最后，控制时间变量 t，考虑到样本最早时间为 2003 年，故时间 t 取值为年份减去 2002。

（二）人工智能影响劳动就业和劳动收入的实证检验

1. 人工智能影响劳动就业的基准回归结果

利用 Hausman 检验对样本进行检验，P 值为 0.0000，说明在 1% 的水平上强烈拒绝随机效应模型，故采用固定效应模型。为了避免自相关和异方差等问题对统计检验的影响，这里仍对标准误差在个体和时间上进行双重聚类调整，并采用逐步增加控制变量的方法对计量模型式（4—1）进行估计。表 4—2 报告了 2006—2020 年人工智能影响劳动力就业的估计结果。其中，第 1~3 列展示了人工智能影响劳动力就业水平（$lworker$）的估计结果；第 4~6 列展示了人工智能影响高技能劳动力就业水平（$lskill$）的估计结果。

表 4—2　人工智能影响劳动就业的基准回归结果

变量名	$lworker$	$lworker$	$lworker$	$lskill$	$lskill$	$lskill$
AI	0.0246 (0.0304)	0.0227 (0.0326)	−0.0024 (0.0340)	−0.5574 (0.7248)	−0.4856 (0.5876)	−0.7985 (0.6789)
$L.AI$	−0.0219 (0.0328)	−0.0396 (0.0366)	−0.0598* (0.0381)	−0.6385 (0.8258)	0.3842 (0.7372)	−0.2942 (0.8438)
$L2.AI$	0.0302 (0.0253)	0.0348 (0.0279)	0.0876** (0.0282)	1.8541*** (0.3245)	1.4551*** (0.3792)	1.0769*** (0.6475)
$product$	−0.0061*** (0.0015)	−0.0081*** (0.0018)	−0.0082*** (0.0019)	−0.1422*** (0.0260)	−0.0959*** (0.0258)	−0.0951*** (0.0397)
$L.lgdp$	0.0274*** (0.0048)	0.0349** (0.0068)	0.0687*** (0.0076)	1.1283*** (0.1134)	0.8918*** (0.0868)	1.1784*** (0.0933)
age		0.0008 (0.0009)	0.0006 (0.0007)		−0.0240 (0.0133)	−0.0044 (0.0129)
$spent$		0.0015 (0.0016)	0.0016 (0.0014)		−0.0671** (0.0303)	−0.0665** (0.0302)
own		−0.0288*** (0.0078)	−0.0322*** (0.0084)		0.8786*** (0.1651)	0.7827*** (0.1556)
$rinv$			−0.0350*** (0.0065)			−0.7263*** (0.1512)
$lfdi$			−0.3670*** (0.0361)			−4.5546*** (1.2137)
$lscale$			0.2684 (0.246)			−4.5244 (3.1053)
$constant$	−0.3678*** (0.0529)	−0.3903*** (0.1001)	−0.4516*** (0.0969)	−5.8306*** (0.6512)	−3.4365** (1.6176)	−4.6044*** (1.5843)
观测值	285	285	285	285	285	285

续表

变量名	*lworker*	*lworker*	*lworker*	*lskill*	*lskill*	*lskill*
行业数	19	19	19	19	19	19
R^2	0.2999	0.3472	0.5614	0.5689	0.6720	0.7198

注：***、**和*分别表示1%、5%和10%的显著水平，括号中为双重聚类稳健标准误。所有回归均包含个体和年份固定效应。

结果显示，人工智能对劳动力就业的影响具有滞后效应。从人工智能影响劳动力就业水平的估计结果而言，AI对劳动力就业水平的影响不显著，$L.AI$与劳动力就业水平显著负相关，$L2.AI$与劳动就业水平显著正相关，故结论4.1得证。从人工智能影响高技能劳动力就业水平的估计结果而言，AI和$L.AI$对高技能劳动力就业均未出现显著性影响，$L2.AI$对高技能劳动力就业具有显著的促进作用，故结论4.2得证。

此外，各控制变量回归系数与前人研究结果基本一致。具体而言，行业劳动生产率与劳动力就业水平和高技能劳动力就业水平均显著负相关。原因在于，随着人工智能等新技术的应用，行业的发展可能不再主要依靠劳动生产效率提高，而是依靠技术进步拉动，进而导致行业生产效率越高，生产所需劳动力数量会减少，具体而言，在人工智能的智能渗透效应影响下，不仅总体劳动力就业水平在下降，高技能劳动力就业水平也呈下降趋势；经济增长水平与劳动就业水平呈显著的正相关关系，说明行业产出水平增长能够增加劳动力就业岗位，带动劳动就业水平提升，与已有研究结论一致。行业工作强度对劳动就业水平的影响不显著，但与高技能劳动力就业显著负相关，说明高强度工作对高技能劳动力吸引力较小。行业国有化程度与劳动就业水平显著负相关，与高技能劳动力就业显著正相关，说明国有化程度高的行业内部效率低，吸纳社会就业能力不强，企事业单位、政府机构和社会团体、社会组织之外的经营单位是就业的最主要渠道（胡鞍钢和杨韵新，2001），但我国国有企业具有人力资本优势，具体表现为行业国有化程度与高技能劳动力就业呈显著的正相关关系（张车伟和薛欣欣，2008）。固定资产投资和外商直接投资与劳动就业水平显著负相关，说明固定资产投资和外商直接投资增长并未带动劳动力就业，这并不难理解，因为随着人工智能等新兴技术迅速渗透，生产过程中机器等资本的投入加大，而智能机器表现出了对劳动力的强替代性，进而投资增长伴随着劳动力就业水平下降。另外，劳动就业年龄、产业规模对劳动力就业的影响不显著。

2. 人工智能影响劳动就业的稳健性检验

表 4-2 为逐步增加控制变量的估计结果，这在一定程度上检验了回归结果的稳健性。为进一步验证人工智能影响劳动就业的估计结果的有效性，笔者通过处理内生性、扩大样本容量和增加控制变量等方式进行稳健性检验。

首先，人工智能的发展会影响劳动就业水平；反之，劳动就业水平也可能影响当期人工智能发展水平，即两者之间可能存在反向因果关系。人工智能在行业的应用属于兼具专业性、操作性、技术性的工作，对劳动力的技能和素质要求很高。行业就业统计数据显示，男性在交通运输、仓储和邮政业，信息传输、计算机服务和软件业，科学研究、技术服务和地质勘查业等专业性、操作性、技术性较强的行业占比均超过 60%。另外，具有研究生学历的劳动力在学习能力、专业知识或操作技能等方面具有比较优势，对于技术的创新应用能够起到促进作用。基于此，笔者认为行业男性研究生就业水平与行业人工智能发展水平密切相关，男性研究生就业水平提高能够促进人工智能技术在行业的创新应用。结合上述分析，笔者将行业男性研究生就业水平（IVAI）作为工具变量，用行业男性研究生就业人数的自然对数来衡量。弱工具变量检验的 Cragg-Donald F 统计量均大于 15% 偏误下的临界值，即拒绝弱工具变量的假设，说明 IVAI 为有效工具变量。首先，采用面板工具变量法重新估计计量模型式（4-1），表 4-3 中第 1~4 列展示了估计结果。显然，估计结果与基准回归结果一致。其次，在基准回归的基础上增加 2003 年、2004 年和 2005 年的样本数据，将样本容量扩大至 2003—2020 年，并再次进行基准回归，表 4-3 中第 2~5 列展示了估计结果。最后，在基准回归的基础上，控制劳动收入水平对就业的影响，即将劳动收入水平的滞后一期（L.lwage）作为控制变量纳入计量模型，并对模型再次进行基准回归，表 4-3 中第 3~6 列展示了估计结果。

无论是处理内生性、扩大样本容量，还是增加控制变量所得到计量模型的估计结果均显示，人工智能技术创新对劳动就业的影响具有滞后性，劳动就业先下降后上升，与基准回归结果保持一致。

表 4－3　人工智能影响劳动就业的稳健性检验结果

变量名	*lworker*	*lworker*	*lworker*	*lskill*	*lskill*	*lskill*
AI	0.0032	−0.0042	−0.0057	−0.7848	−0.7643	−0.8349
	(0.0431)	(0.0422)	(0.0345)	(0.6374)	(0.6887)	(0.6765)
L. AI	−0.0567*	−0.0657*	−0.0692*	−0.2531	−0.1848	−0.1634
	(0.0386)	(0.0385)	(0.0383)	(0.8779)	(0.8573)	(0.8327)
L2. AI	0.0841*	0.0856**	0.0874**	1.0238***	0.9886***	1.0471***
	(0.0428)	(0.0256)	(0.0263)	(0.6345)	(0.6950)	(0.6271)
控制变量	YES	YES	YES	YES	YES	YES
观测值	300	300	300	300	300	300
行业数	19	19	19	19	19	19
R^2		0.5443	0.5386		0.7566	0.7665

注：***、**和*分别表示 1%、5%和 10%的显著水平，括号中为双重聚类稳健标准误。

3. 人工智能影响劳动收入的基准回归结果

下面将实证检验人工智能对劳动收入水平和收入差距的影响。其中，劳动收入水平用行业劳动力工资水平取自然对数来衡量。技能劳动收入差距尚未有直接的统计数据，李红阳和邵敏（2017）、孙早和侯玉琳（2019）将劳动力受教育程度作为高低技能的划分标准，但我国关于不同教育程度就业人员工资的高质量数据确实无法获得（孙早和侯玉琳，2019），因此，王林辉（2020）在分析技能劳动收入差距的过程中，以工业行业为研究对象，将行业分为高技能部门和低技能部门，并考察两个部门的收入差距，以间接分析技能劳动收入差距。基于此，本书将以行业劳动力平均受教育程度的 75%分位数为界将行业分为高技能部门和低技能部门两类，基于式（4－1）采用变系数个体固定效应进行估计，检验人工智能对技能收入差距的影响。

采用固定效应模型对计量模型进行估计，为了避免自相关和异方差等问题对统计推断的影响，笔者仍对标准误在个体和时间上进行双重聚类调整，并采用逐步增加控制变量的方法对模型进行估计。表 4－4 的第 1～3 列展示了2006—2020 年人工智能影响劳动力收入水平的估计结果；第 4～6 列展示了2003—2020 年人工智能影响劳动收入水平的变系数估计结果。

表 4—4　人工智能影响劳动收入的基准回归结果

变量名	*lwage*	*lwage*	*lwage*	*lwage*	*lwage*	*lwage*
AI	−0.5530*** (0.1845)	−0.4687*** (0.1668)	−0.5165*** (0.1420)			
L.AI	0.4443 (0.2836)	0.4460* (0.2542)	0.4696** (0.2285)			
L2.AI	0.8296** (0.3386)	0.4421 (0.2727)	0.4317* (0.2362)			
AI (低)				−1.4124 (0.9765)	−1.1238* (0.7684)	−1.6544** (0.8367)
AI (高)				−0.1365 (0.0512)	−0.2367** (0.0341)	−0.3834** (0.0680)
L.AI (低)				3.4463 (2.8682)	3.1034 (2.4793)	5.6530** (2.8688)
L.Ii (高)				0.1882*** (0.0570)	0.1959*** (0.0371)	0.3525*** (0.0874)
L2.AI (低)				−1.5389 (2.0424)	−1.6439 (1.3451)	2.0264* (2.1664)
L2.AI (高)				0.0370* (0.0529)	0.0761** (0.0467)	0.0403** (0.0390)
lproduct	0.5327*** (0.0506)	0.3961*** (0.0494)	0.3003*** (0.0476)	0.2582*** (0.0266)	0.2043*** (0.0382)	0.1866*** (0.0389)
lunemp	0.3243*** (0.0746)	0.1944*** (0.0732)	0.1381** (0.0687)	0.0266* (0.0147)	0.0388** (0.0149)	0.0464** (0.0146)
lskill	0.1096*** (0.0301)	0.1580*** (0.0297)	0.1619*** (0.0293)	0.0745*** (0.0264)	0.0848*** (0.0253)	0.0746*** (0.0259)
age	−0.0022 (0.0031)	−0.0027 (0.0028)	−0.0032 (0.0027)	0.0057** (0.0026)	0.0065* (0.0033)	0.0058** (0.0034)
female	−0.7845** (0.3475)	−0.8443** (0.3362)	−0.8538*** (0.3284)	−0.6765** (0.3549)	−0.7835** (0.3669)	−0.7979** (0.3236)
spent	0.0227** (0.0179)	0.0078** (0.0165)	0.0173** (0.0141)	0.0089** (0.0039)	0.0087** (0.0043)	0.0097*** (0.0037)
edu	0.1483 (0.0462)	0.0204* (0.0454)	0.0142** (0.0425)	0.1603 (0.1072)	0.1682 (0.1058)	0.1845* (0.1033)
edu^2	−0.0020* (0.0045)	−0.0082** (0.0041)	−0.0078** (0.0039)	−0.0065 (0.0042)	−0.0067* (0.0039)	−0.0069* (0.0038)
own		1.2691*** (0.2056)	0.6965*** (0.2328)		0.1576* (0.0657)	0.1686* (0.0887)
ginv		0.1466*** (0.0396)	0.1563*** (0.0399)		0.1269*** (0.0256)	0.1321*** (0.0278)
lfdi			0.0100 (0.0142)			0.0056 (0.0052)

续表

变量名	*lwage*	*lwage*	*lwage*	*lwage*	*lwage*	*lwage*
lscale			0.1868*** (0.0562)			0.0162 (0.0076)
t	0.0877*** (0.0153)	0.0892*** (0.0136)	0.0936*** (0.0245)	0.078*** (0.005)	0.089*** (0.006)	0.088*** (0.0059)
constant	−0.6920 (1.1888)	4.7687*** (1.2859)	4.2752*** (1.1864)	5.5663*** (0.8304)	5.946*** (0.8046)	5.928*** (0.8003)
观测值	285	285	281	300	300	300
行业数	19	19	19	19	19	19
R^2	0.7128	0.7519	0.7924	0.9676	0.9772	0.9883

注：***、** 和 * 分别表示 1%、5% 和 10% 的显著水平，括号中为双重聚类稳健标准误。所有回归均包含个体和年份固定效应。

结果表明，人工智能对劳动收入的影响具有滞后效应。从劳动收入水平来看，人工智能与当期劳动收入水平显著负相关，$L.AI$ 和 $L2.AI$ 与劳动收入水平显著正相关，说明人工智能向行业渗透会使劳动收入水平先下降后上升，故结论 4.4 得证。从行业技能劳动收入差距来看，关键解释变量 AI 的系数在高技能部门和低技能部门均显著为负，且低技能部门下降幅度大于高技能部门，即受人工智能的影响，当期技能劳动收入差距呈扩大趋势。$L.AI$ 的系数在高技能部门和低技能部门均显著为正，且低技能部门上升幅度大于高技能部门，说明人工智能将缩小下一期技能劳动收入差距。从高低技能部门 AI 和 $L.AI$ 的系数低技能部门和高技能部门 $L2.AI$ 的系数显著为正，且低技能部门上升幅度大于高技能部门，说明滞后两期人工智能将缩小技能收入差距。由此可见，人工智能对低技能劳动收入水平的冲击相对更大。综上，人工智能对技能劳动收入差距的影响具有持续性，技能收入差距在时间上表现出先扩大后缩小的趋势，故结论 4.5 得证。鉴于人工智能目前所处的阶段性特征，无法基于相关数据对拓展中后期人工智能如何影响劳动收入进行实证检验，故研究假说 4.1a 和 4.1b 还有待进一步检验，但人工智能仍然存在扩大收入差距的风险。

此外，各控制变量对劳动收入水平也存在显著影响。行业劳动生产率与劳动力收入水平显著正相关，说明行业劳动生产率提高对劳动力收入水平具有拉动作用，与已有研究结果一致。失业水平对劳动收入水平的影响显著为正，这并不难理解，因为随着人工智能技术创新在行业渗透，低技能劳动力失业增加，而高技能劳动力就业增加，总体而言，尽管行业失业率增加，但平均工资水平上升。高技能劳动力就业水平的系数均显著为正，说明受教育程度是人力资本的重要表现，是衡量劳动力质量的指标之一，因此，高技能劳动力就业水平越高，行业劳动收入水平越高。劳动力平均年龄对劳动收入水平影响不显著。行业女性就业比例与劳动收入水平显著负相关，说明行业女性就业越多劳动收入水平越低，说明在不同性别的劳动力在不同行业存在一定的工资差异（王湘红等，2016）。劳动投入强度与劳动力收入水平显著正相关，说明工作强度增加是提升劳动力收入水平的重要因素，与已有研究结论一致。劳动力受教育水平与劳动力收入水平显著正相关，二次项（edu^2）与劳动力收入水平显著负相关，说明人力资本对工资增长的边际效益递减（贺霞旭和张东，2016），随着行业劳动力受教育水平不断提高，劳动收入水平将经历先上升后下降的过程。国有化程度与劳动力收入水平显著正相关，这一正相关关系可能与国有部门就业结构有关，我国国有部门具有人力资本的优势（张车伟和薛欣欣，2008），表现为国有化程度提高会提升劳动收入水平。固定资产投资能够提升劳动力收入水平，而外商直接投资和行业规模的影响均不显著。

4. 稳健性检验

（1）人工智能影响劳动收入的稳健性检验。

表 4-4 为逐步增加控制变量的估计结果，这在一定程度上检验了回归结果的稳健性。为进一步验证人工智能影响劳动收入的估计结果的有效性，笔者通过内生性讨论、扩大样本容量和更换被解释变量等方法进行稳健性检验，为方便估计结果的比较，表 4-5 的第 1 列为基准回归结果，第 2~4 列分别展示了内生性处理、扩大样本容量和更换被解释变量的稳健性检验结果。

以行业男性研究生就业水平（IVAI）作为工具变量，弱工具变量检验的 Cragg-Donald F 统计量为 8.692，大于 15% 偏误下的临界值 6.03，即拒绝弱工具变量的假设，说明 IVAI 为有效工具变量。首先，采用面板工具变量法重新对模型进行估计，表 4-5 的第 2 列展示了估计结果。其次，采用扩大样本容量的方法进行稳健性检验，第 3 列在基准回归的基础上增加 2003 年、2004 年和 2005 年的样本数据。最后，在基准回归的基础上，采用劳动收入的增长率替代劳动收入水平，并对模型再次进行基准回归，第 4 列展示了估计结果。无论是内生性处理、扩大样本容量，还是更换被解释变量的估计结果均显示，人工智能与当期劳动收入水平显著负相关，与下一期劳动收入水平显著正相关，对滞后两期劳动收入水平的影响不显著，说明人工智能对劳动收入的影响具有滞后性，使劳动收入水平先下降后上升，估计结果与基准回归结果一致。

表 4-5　人工智能影响劳动收入的稳健性检验结果

变量名	*lwage*	*lwage*	*lwage*	*lwage*
AI	-0.5165^{***} (0.1420)	-0.0784^{*} (0.0823)	-0.0765^{*} (0.0278)	-0.0155^{*} (0.0486)
$L.AI$	0.4696^{**} (0.2285)	0.2537^{**} (0.1448)	0.2439^{***} (0.0763)	0.1534^{*} (0.07314)
$L2.AI$	0.4317^{*} (0.2362)	-0.0810 (0.1195)	-0.0566 (0.0494)	0.0364 (0.0782)
控制变量	YES	YES	YES	YES
观测值	281	300	300	300
行业数	19	19	19	19
R^2	0.7924		0.9753	0.2841

注：***、**和*分别表示1%、5%和10%的显著水平，括号中为双重聚类稳健标准误。

（2）人工智能影响技能收入差距的稳健性检验。

首先，在基准回归分析的基础上，基于计量模型（1）对两个部门分别进行估计，表4-6第1、2列展示了估计结果。其次，以行业男性研究生就业水平作为工具变量，采用面板工具变量法对高技能部门和低技能部门分别进行估计。低技能部门和高技能部门的弱工具变量检验的Cragg-Donald F统计量分别为10.235和6.351，大于15%偏误下的临界值824和4.033，即拒绝弱工具变量的假设，说明 $IVAI$ 为有效工具变量。表4-6第3、4列展示了估计结果。最后，对部门进行重新分类。不同行业所需的专业知识程度和任务的重复性或可预测性存在差异，而工作任务重复性高、所需专业知识程度低的行业低技能劳动力相对集中，工作任务重复性低、所需专业知识程度高的行业高技能劳动力则相对集中。基于此并参照Sachs（2018）的方法，将我国19大行业按工作任务难度分为低技能要求的行业（产品生产＋基本服务业）和高技能要求的行业（专业服务业）①，并再次进行估计，表4-6第5列展示了估计结果。估计结果均与基准回归结果一致，说明结果稳健。

---

① 专业服务业包括7个行业：信息传输、计算机服务和软件业，金融业，科学研究和技术服务业，教育，卫生、社会保障和社会福利业，文化、体育和娱乐业，公共管理和社会组织。其余行业为产品生产＋基本服务业，详见第六章。

表4—6　人工智能影响收入差距的稳健性检验结果

变量名	*lwage*（低）	*lwage*（高）	*lwage*（低）	*lwage*（高）	*lwage*
AI	−0.8397** (0.6829)	−0.0985* (0.0636)	−0.6892* (1.1778)	−0.2199*** (0.1291)	
L.AI	2.5641** (1.8473)	0.1194* (0.0682)	2.4319* (3.8473)	0.4031* (0.2324)	
L2.AI	1.3158* (1.4882)	0.0295* (0.0682)	0.7609* (2.6442)	0.1299** (0.1864)	
AI（低）					−1.1564* (0.6875)
AI（高）					−0.0554 (0.0345)
L.AI（低）					2.7781* (2.0273)
L.AI（高）					0.2089** (0.0438)
L2.AI（低）					1.2722* (1.4525)
L2.AI（高）					0.0817* (0.0422)
控制变量	YES	YES	YES	YES	YES
观测值	192	108	192	108	300
行业数	12	7	12	7	19
R^2	0.9678	0.9887			0.9885

注：***、**和*分别表示1%、5%和10%的显著水平，括号中为双重聚类稳健标准误。

（三）人工智能、劳动就业和劳动收入影响经济增长的效应分析

1. 人工智能影响经济增长的总效应分析

这里主要检验人工智能影响经济增长的就业渠道，而作用渠道的存在性是以总效应存在为前提的，因此，需要先检验人工智能对经济增长的总效应。

（1）模型设计。

这里以经济增长水平为被解释变量，以人工智能发展水平为解释变量，并选取了以下控制变量，对计量模型Path A进行估计。

财政政策（*lgspd*）：财政政策是经济调控的重要手段，主要通过税收、转移支付等手段对微观经济主体的经济行为产生影响，进而影响经济增长（严

成樑和龚六堂，2009；牟俊霖和闫里鹏，2017）。为此，本书用当年财政支出取自然对数来衡量财政政策，并控制财政政策对经济增长的影响。

货币政策（mp）：货币政策是经济调控的又一重要手段，通过调节市场上的货币量间接作用于微观经济活动（牟俊霖和闫里鹏，2017）。参考陆正飞和杨德明（2011）的做法，采用 mp（$mp = M2$ 增长率$-GDP$ 增长率$-CPI$ 增长率）对货币政策松紧程度进行估算，并选取货币政策的滞后一期 $L.mp$ 作为控制变量。由于财政政策和货币政策松紧程度为宏观变量，因此，同一年不同行业的财政政策和货币政策相同。

固定资产投资（$rinv$）：固定资产投资能够通过作用于行业资本投资进而影响行业的产出水平。因此，本书用行业人均固定资产投资额对行业固定资产投资进行衡量（毛捷等，2015），并控制行业固定资产投资对经济增长的影响。

外商直接投资（$lfdi$）：王新华（2007）、李小光和邓贵川（2018）等的大量研究发现，外商直接投资对经济增长具有显著的影响。基于此，本书为了控制外商直接投资对经济增长的影响，选取各行业外商直接投资额进行衡量。为避免共线性，对外商直接投资额取自然对数。

产业规模（$lscale$）：由规模经济理论可知，行业的规模是影响经济增长的重要因素（雷平和施祖麟，2008），因此，本书为了控制行业规模对经济增长的影响，采用行业法人单位数量取自然对数来衡量。

行业劳动生产率（$product$）：由于后文的实证检验将涉及全要素生产率，为避免共线性，这里采用剔除工作时间影响后的行业相对人均增加值来衡量。测算方法为行业人均增加值除以行业周平均工作时间与全国人均增加值除以全国周平均工作时间之比（刘浩和李香菊，2014）。

劳动投入强度（$spent$）：劳动力是生产过程中不可或缺的要素投入，而劳动要素投入强度的变化必然影响行业产出水平。因此，本书将劳动投入强度作为控制变量，采用行业周平均工作时间来衡量。

国有化程度（own）：所有制结构是影响经济增长的直接原因（宋静，2013），基于此，本书控制所有制结构对经济增长的影响，采用国有参与度来衡量，即行业国有单位就业人员数与该行业总就业人数之比（Chen and Feng，2000）。

人力资本水平（edu）：人力资本水平与经济产出水平密切相关，王维国等（2019）等在研究过程中控制了人力资本水平对经济增长的影响，鉴于此，本书也将人力资本水平纳入控制变量中，同时，参照 Mincer 和 Polachek

（1974）的测算方法，用平均受教育年限表示①。

劳动力就业年龄（*age*）：劳动年龄能够通过影响劳动供给和人力资本投资进而对生产能力产生间接影响（王云多，2014）。因此，本书为了控制劳动就业年龄对经济增长的影响，参照受教育年限的计算方法，测算劳动力平均就业年龄，并控制其对行业产出水平的影响。

（2）基准回归结果。

利用 Hausman 检验对样本进行检验，结果显示，$P < 0.0001$，说明在 1% 的水平上强烈拒绝随机效应模型（RE），故采用固定效应模型（FE）。解释变量采用的是滞后一期，能尽量减轻可能存在的内生性问题。为避免自相关和异方差等问题对统计推断的影响，本书参考 Petersen（2009）的做法，对标准误在个体和时间上进行双重聚类调整，并采用逐步增加控制变量的方法对计量模型 Path A 进行估计，表 4-7 报告了 2005—2020 年的估计结果。

表 4-7　人工智能影响经济增长的基准回归结果

变量名	*lgdp*	*lgdp*	*lgdp*	*lgdp*	*lgdp*	*lgdp*
AI	1.4547***	−0.3458	−0.3755*	−0.4345*	−0.4956*	−0.5168*
	(0.4628)	(0.2352)	(0.2153)	(0.2370)	(0.2652)	(0.2863)
L.AI	−0.1079	0.2988	0.3229	0.4581*	0.7682**	0.7345**
	(0.4536)	(0.2355)	(0.2428)	(0.2877)	(0.3067)	(0.3169)
lgspd		0.0882***	0.0817***	0.0763***	0.0687***	0.0683***
		(0.0036)	(0.0036)	(0.0048)	(0.0044)	(0.0038)
L.mp		0.3215***	0.2783***	0.2538**	0.2645***	0.2791***
		(0.1061)	(0.1343)	(0.0973)	(0.0914)	(0.0733)
rinv			0.0827*	0.0758	0.0578	0.0565
			(0.0442)	(0.0412)	(0.0371)	(0.0403)
lfdi			0.0683**	0.0472**	0.0414*	0.0437*
			(0.0256)	(0.0231)	(0.0262)	(0.0345)
lscale				−2.3540	2.3397	2.5728
				(2.4554)	(3.0652)	(3.1853)
product				0.0543***	0.0658***	0.0706***
				(0.0125)	(0.0134)	(0.0137)
spent					0.0144*	0.0143*
					(0.00791)	(0.00866)
own					0.3083***	0.3074***
					(0.0687)	(0.0703)

① 分别把未上过学、小学、初中、高中、大专、本科和研究生的教育年限设定为 0、6、9、12、15、16 和 19，并按各类受教育年限的人口数占比加权求得。

续表

变量名	lgdp	lgdp	lgdp	lgdp	lgdp	lgdp
edu						0.0012
						(0.0068)
age						−0.0087
						(0.0363)
constant	9.4841***	8.5924***	7.8508***	7.8774***	7.0058***	7.0809***
	(0.0367)	(0.0310)	(0.2789)	(0.2469)	(0.4478)	(0.7083)
观测值	300	300	281	281	281	281
行业数	19	19	19	19	19	19
R^2	0.0975	0.8924	0.8996	0.9089	0.9121	0.9254

注：***、**和*分别表示1%、5%和10%的显著水平，括号中为双重聚类稳健标准误。所有回归均包含个体和年份固定效应。

结果显示，随着控制变量的增加，当期人工智能发展水平的系数显著为负，滞后一期的系数则显著为正，说明人工智能对经济增长的影响存在滞后性，经济增长呈先下降后上升的趋势。

此外，各控制变量回归系数与前人研究结果基本一致。具体而言，财政政策系数显著为正，说明财政政策通过转移支付、政府购买等手段直接调节社会经济结构促进国民经济的增长，表现为扩张型财政政策显著提高当期经济增长水平。货币政策滞后一期的系数显著为正，说明货币政策通过影响市场货币量间接调节经济结构，对经济增长的影响具有滞后性，表现为宽松型货币政策能够显著促进下一期经济增长。外商直接投资、行业劳动生产率和劳动投入强度均与经济增长水平呈显著正相关关系，说明外商直接投资对经济增长具有拉动作用，行业劳动生产率的提升能够显著提升行业产出水平；劳动投入强度对经济增长具有促进作用，均与已有研究结论一致。行业国有化程度的系数为正，这一结果可能与劳动力就业结构相关，中国国有部门具有人力资本的优势（张车伟和薛欣欣，2008），而高技能劳动力就业对经济增长具有正向效应，这一效应将在"作用渠道检验"中得以检验。固定资产投资、产业规模、人力资本水平以及劳动就业年龄对经济增长的影响不显著。

（3）稳健性检验。

表4-7中第1~6列为逐步增加控制变量的估计结果，其中第4~6列的估计结果均显示，在人工智能的影响下，经济增长将呈先下降后上升的趋势，这在一定程度上检验了回归结果的稳健性。为进一步保证估计结果的有效性，本书通过更换估计方法、扩大样本容量和增加解释变量的滞后期等方式进行稳健

性检验。为方便对比分析，表 4-8 中第 1 列为基准回归结果，第 2~4 列分别为更换估计方法、扩大样本容量和增加解释变量的滞后期的稳健性检验结果。

（1）更换估计方法。

在估计动态方程的过程中，差分广义矩估计方法（Generalized Method of Moments，GMM）能够有效克服解释变量内生性以及残差的异方差问题，但会导致一部分样本信息的损失，当解释变量在时间上的连续性较长时，工具变量的有效性将减弱从而影响估计结果的有效性，小样本情况下尤为明显。系统 GMM 在差分 GMM 的基础上引入了水平方程，增加了滞后的差分变量作为水平方程相应变量的工具变量，因此，系统 GMM 估计结果的有效性和一致性更高。基于此，本书采用系统 GMM 进行估计，结果表明，人工智能的当期值 AI 与经济增长水平负相关，人工智能的滞后一期 $L.AI$ 与经济增长水平在 10% 的显著性水平上呈显著正相关，表明人工智能对经济增长的影响存在滞后性，随着人工智能技术与行业渗透融合，经济增长先下降后上升，回归结果与基准回归结果基本一致，说明基准回归结果稳健。

（2）增加样本容量。

在基准回归的基础上增加 2003 年和 2004 年的样本数据，将样本容量扩大至 2003—2020 年的样本数据，并再次进行回归。结果显示，AI 的系数显著为负，$L.AI$ 的系数显著为正，同样说明人工智能对经济增长水平的影响存在滞后性，人工智能技术创新使经济增长先下降后上升，回归结果与基准回归结果基本一致。

（3）增加解释变量的滞后期。

在基准回归的基础上增加解释变量人工智能发展水平的滞后两期 $L2.AI$ 和滞后三期 $L3.AI$，并对模型再次进行回归。结果显示，AI 的系数显著为负，$L.AI$ 的系数显著为正，滞后两期 $L2.AI$ 和滞后三期 $L3.AI$ 的系数正负性不显著，说明随着人工智能技术在行业的渗透，经济增长水平呈先下降后上升的趋势。回归结果与基准回归结果基本一致。

表 4-8　人工智能影响经济增长的稳健性检验

变量名	$lgdp$	$lgdp$	$lgdp$	$lgdp$
$L.lgdp$		0.9876*** (0.0236)		
AI	−0.5168* (0.2863)	−0.7341 (0.5524)	−0.5743** (0.2837)	−0.4180* (0.2392)
$L.AI$	0.7345** (0.3169)	1.2794* (0.7335)	0.9369*** (0.3274)	0.5635* (0.3343)
$L2.AI$				0.0683 (0.2262)
$L3.AI$				−0.0165 (0.1853)
控制变量	YES	YES	YES	YES
观测值	281	300	300	281
行业数	19	19	19	19
AR（1）		0.043		
AR（2）		0.300		
R^2	0.9236		0.9334	0.9293

注：***、** 和 * 分别表示 1%、5% 和 10% 的显著水平，括号中为双重聚类稳健标准误。

综上所述，通过更换估计方法、扩大样本容量和增加解释变量的滞后期等方法进行稳健性检验，回归结果均与基准回归结果保持一致，基准回归结果稳健。说明人工智能对经济增长的影响确实存在滞后效应，经济增长在时间上呈先下降后上升的趋势。

2. 人工智能、劳动就业和劳动收入对经济增长的影响效应

劳动就业和劳动收入是影响经济增长的重要因素，基于此，在计量模型 Path A 的基础上，参考白俊红等（2017）的做法，考虑劳动就业水平（$worker$）和劳动收入水平（$lwage$）对经济增长的影响，Path C 的计量模型可表示如下：

$$lgdp_{it} = \lambda_0 + \lambda_1 AI_{it} + \lambda_2 * L.AI_{it} + \lambda_3 lworker_{it} + \lambda_4 lwage_{it} + \lambda_5 controls_{it} + \chi_{i3} + \gamma_{t3} + \varepsilon_{it3} \quad (4-2)$$

式中，$lworker$ 表示劳动就业水平；$lwage$ 表示劳动收入水平；λ_0 为截距项；χ_{i3} 为个体效应；γ_{t3} 为年份固定效应；ε_{it3} 为随机误差项。

表 4-9 的第 1 列展示了加入劳动就业水平和劳动收入水平的估计结果；

为分析劳动技能对经济增长的影响，第 2 列用高技能劳动就业水平替换劳动力就业水平；为进一步检验劳动收入差距对经济增长的影响，用行业相对工资水平替换劳动收入水平，进行再次回归，第 3、4 列展示了估计结果。此外，本书采用剔除工作时间对行业工资水平的影响后的行业相对平均工资作为行业收入差距的代理变量，再次进行更换被解释变量的稳健性检验，第 5、6 列展示了回归结果。

表 4-9　考虑劳动变量的总效应估计结果

变量名	lgdp	lgdp	lgdp	lgdp	lgdp	lgdp
AI	−0.5720** (0.2868)	−0.2877* (0.2633)	−0.5342 (0.3852)	−0.4113 (0.3539)	−0.4988 (0.3971)	−0.3967 (0.3849)
L.AI	0.5858* (0.3431)	0.3565 (0.3433)	0.8767** (0.4580)	0.5669 (0.4320)	0.8548** (0.4286)	0.5558 (0.3463)
lworker	2.1259*** (0.4537)		1.4553*** (0.4323)		1.4241*** (0.4328)	
lskill		0.1168*** (0.0233)		0.1244*** (0.0234)		0.1301*** (0.0223)
lwage	0.1245*** (0.0187)	0.0947*** (0.0232)				
dwage			−0.5814*** (0.1832)	−0.5432*** (0.1756)		
revenue					0.6470*** (0.2013)	0.6335*** (0.1845)
控制变量	YES	YES	YES	YES	YES	YES
观测值	300	300	300	300	300	300
行业数	19	19	19	19	19	19
R^2	0.9412	0.9373	0.9422	0.9370	0.9436	0.9378

注：***、** 和 * 分别表示 1%、5% 和 10% 的显著水平，括号中为双重聚类稳健标准误。所有回归均包含个体和年份固定效应。

结果显示，劳动就业水平和劳动收入水平均对经济增长具有正向效应。当控制了劳动就业水平和劳动收入水平对经济增长的影响后，人工智能对当期经济增长具有显著的负向效应；但从滞后一期来看，人工智能能显著促进下一期经济增长。用高技能劳动力就业水平替换劳动力就业水平后，经济增长仍然先下降后上升。用劳动力收入差距替换劳动力收入水平后，人工智能对当期经济增长的负向效应不再显著；但从滞后一期来看，人工智能能显著促进下一期经济增长。上述情况不难理解，理论分析发现，人工智能能够通过作用于劳动就业和劳动收入进而影响经济增长，而人工智能对当期经济增长产生负向效应的一个重要原因是智能机器对劳动就业尤其是低技能劳动就业具有挤出效应，导致技能劳动收入差距拉大，进而抑制经济增长，这一推论将在渠道分析中进行验证。另外，劳动力是生产过程中不可或缺的要素投入，对经济增长具有显著的正向效应，同时，高技能劳动就业水平与行业产出呈正相关关系，说明高技能劳动力为经济增长奠定了坚实的人力资本基础，而后者能够显著促进经济增长。劳动收入水平提升能够显著促进经济增长，而劳动收入差距扩大将抑制经济增长。

（四）长期效应分析

在 AI 具有滞后效应的情况下，借鉴 Wooldridge（2010）的方法进行长期效应估计。令长期效应 $\theta = \beta_1 + \beta_2 + \beta_3$，即 $\beta_1 = \theta - \beta_2 - \beta_3$，计量模型式（4-1）则变形为：

$$Z_{it} = \beta_0 + \theta AI_{it} + \beta_2(L.AI_{it} - AI_{it}) + \beta_3(L2.AI_{it} - AI_{it}) + \beta_4 X_{it} + \chi_{i2} + \gamma_{t2} + \varepsilon_{it2} \tag{4-3}$$

对计量模型式（4-3）再次进行估计，可得到人工智能对劳动力就业和劳动收入的长期效应，表 4-10 展示了估计结果。第 1 列说明了人工智能影响总劳动就业的长期效应；第 2 列说明了人工智能影响高技能劳动力就业的长期效应；第 3 列说明了人工智能影响劳动力收入水平的长期效应；为检验人工智能影响技能劳动收入差距的长期效应，采用变系数个体固定效应再次进行估计，第 4 列说明了人工智能影响技能劳动收入差距的长期效应。为进一步明晰人工智能对不同技能劳动收入产生长期影响的差异性，第 5、6 列分别说明了人工智能影响低技能部门和高技能部门劳动收入水平的长期效应。

表 4-10　人工智能对劳动力就业和劳动收入的长期效应

变量名	lworker	lskill	lwage	lwage	lwage（低）	lwage（高）
AI	0.0157*	0.0395***	0.1108**		3.0402**	0.0504*
	(0.0164)	(0.3438)	(0.0326)		(0.2831)	(0.0523)
AI（低）				6.0250*		
				(0.2208)		
AI（高）				0.0094**		
				(0.0303)		
L.AI - AI	-0.0657*	-0.1848	0.2439***		2.5641**	0.1194*
	(0.0385)	(0.8573)	(0.0763)		(1.8473)	(0.0682)

变量名	$lworker$	$lskill$	$lwage$	$lwage$	$lwage$（低）	$lwage$（高）
$L2.AI-AI$	0.0856**	0.9886***	—0.0566		1.3158*	0.0295*
	(0.0256)	(0.6950)	(0.0494)		(1.4882)	(0.0682)
$L.AI-AI$（低）				5.6530**		
				(2.8688)		
$L.AI-AI$（高）				0.3525***		
				(0.0874)		
$L2.AI-AI$（低）				—2.0264		
				(2.1664)		
$L2.AI-AI$（高）				0.0403**		
				(0.0390)		
控制变量	YES	YES	YES	YES	YES	YES
观测值	300	300	300	300	192	108
行业数	19	19	19	19	12	7
R^2	0.5443	0.7566	0.9759	0.9883	0.9678	0.9887

注：***、** 和 * 分别表示 1%、5% 和 10% 的显著水平，括号中为双重聚类稳健标准误差。

结果显示，第 1、2 列 AI 的系数均显著为正，说明现阶段人工智能对就业的创造效应大于替代效应，劳动就业呈现上升趋势，高技能劳动就业也表现出上升趋势；人工智能对劳动总就业的长期效应大于对高技能劳动就业的长期效应，说明人工智能同样能够增加低技能劳动就业，且低技能劳动就业与劳动总就业和高技能劳动就业相似，将表现出阶段差异性。第 3 列 AI 的系数显著为正，结合第 4 列来看，关键解释变量 AI 的系数在高技能部门和低技能部门均显著为正，且低技能部门的长期效应大于高技能部门，说明就目前而言，人工智能对技能劳动收入差距的缓解效应大于扩大效应，技能劳动收入差距缩小，但不容忽视的是，目前人工智能与经济社会渗透融合尚处于拓展初期，边界延展对技能劳动收入差距的扩大效应并未得到完全释放，未来仍然存在技能劳动收入差距扩大的潜在风险。从第 5、6 列看，人工智能对低技能部门的长期效应大于高技能部门，再次说明现阶段人工智能并未表现出扩大技能劳动收入差距的趋势，与基准回归结果一致。

（五）作用渠道检验

1. 人工智能影响经济增长的劳动就业渠道检验

我国正处于人工智能的拓展初期，虽然人工智能带来劳动力就业呈先下降后上升的趋势，但在降低低技能劳动力就业的同时，也催生了大量的与人工智能技术的开发、应用、维护相关工作岗位，包括数据分析师、软件和应用程序开发、人工智能产品生产以及人工智能应用培训等，而这些岗位表现出高技能需求，直接影响高技能劳动就业。劳动是经济增长不可或缺的要素投入，因此，人工智能可能通过影响劳动就业进而影响经济增长。结合本书的实证估计结果能够证实人工智能影响经济增长的劳动就业路径。将劳动力就业水平和高技能劳动力就业水平作为中介变量，结合前文的实证检验结果，可得到表4—11的中介效应检验结果。为观测人工智能通过劳动力就业渠道影响经济增长的长期效应，表4—11同时展示了人工智能产生影响的长期效应估计结果。

表4—11　劳动力就业水平的作用渠道检验结果

变量名	Path A $lgdp$	Path B $lworker$	Path C $lgdp$	Path B $lskill$	Path C $lgdp$
AI	−0.5168* (0.2863)	−0.0042 (0.0422)	−0.5720** (0.2868)	−0.7643 (0.6887)	−0.2877* (0.2633)
AI （长期效应）	0.2177*** (0.1236)	0.0157* (0.0164)	0.0138* (0.1134)	0.0395*** (0.3438)	0.0688 (0.0987)
$L.AI$	0.7345** (0.3169)	−0.0657* (0.0385)	0.5858* (0.3431)	−0.1848 (0.8573)	0.3565 (0.3433)
$L2.AI$		0.0856** (0.0256)		0.9886*** (0.6950)	
$L3.AI$					
$lworker$			2.1259*** (0.4537)		
$lskill$					0.1168*** (0.0233)
控制变量	YES	YES	YES	YES	YES
观测值	281	300	300	300	300
行业数	19	19	19	19	19

变量名	Path A $lgdp$	Path B $lworker$	Path C $lgdp$	Path B $lskill$	Path C $lgdp$
R^2	0.9254	0.5443	0.9412	0.7566	0.9373

注：***、** 和 * 分别表示 1%、5% 和 10% 的显著水平，括号中为双重聚类稳健标准误。

结果显示，在人工智能影响经济增长的过程中，劳动就业水平和高技能劳动就业水平均存在部分中介效应。就劳动就业水平而言，Path A 中人工智能的系数 α_1 和 α_2 均显著，说明人工智能影响经济增速的总效用存在，长期效应显著为正，说明人工智能能够促进经济增长；Path B 中的 β_2 和 β_3 均显著，说明人工智能对劳动就业的影响具有滞后性，在时间上表现为先下降后上升，与理论分析一致；从长期效应看，人工智能会增加劳动就业；Path C 中的 λ_3 显著，表明行业劳动就业水平的中介效应存在；且 Path C 中的 λ_2 也显著，说明劳动就业水平作为中介变量起到了部分中介效应，说明人工智能技术创新能够通过作用于行业劳动就业水平使经济增长先下降后上升，故结论 4.3 得证。由长期效应可知，人工智能能够通过影响劳动力，就业影响经济增长，具体表现为人工智能会提高劳动就业水平以促进经济增长。

从高技能劳动就业水平来看，Path B 中的 β_3 显著，说明人工智能在行业的应用能够使高技能劳动就业水平上升，与理论分析一致；从长期效应为正来看，说明人工智能能够拉动高技能劳动就业。Path C 中的 λ_3 显著，表明行业高技能劳动就业的中介效应存在；且 Path C 中的 λ_2 也显著，说明高技能劳动就业水平（$lskill$）作为中介变量起到了部分中介效应，说明人工智能技术创新能够通过提高高技能劳动就业水平进而实现经济增长。

2. 人工智能影响经济增长的劳动收入渠道检验

前文从理论上分析了人工智能通过影响劳动收入对经济增长的作用效应，为进一步检验这一作用机制，这里将劳动收入水平和劳动收入差距分别作为中介变量进行检验。

行业工资差距是不同行业对高低技能劳动力需求的差异所致，即行业收入差距本质为技能劳动收入差距，进而用行业收入差距代替技能劳动收入差距分析人工智能对劳动收入差距的影响。为剔除价格对工资水平的影响，借鉴刘浩和李香菊（2014）的做法，选用行业相对工资（$dwage$）作为衡量行业收入差距的代理变量，用行业平均工资除以当年全国平均工资衡量。

在前面理论分析的基础上，参考周云波等（2017）关于技术进步与劳动收入差距的计量模型，引入人工智能技术创新对劳动收入差距的影响，根据赤池信息准则和贝叶斯信息准则确定解释变量的滞后期为 3，本书建构的计量模型如下：

$$dwage_{it} = \beta_0 + \beta_{i+1}\sum_{i=0}^{3} Li.AI_{it} + \beta_5 X_{it} + \chi_{i2} + \gamma_{t2} + \varepsilon_{it2} \qquad (4-4)$$

式中，i 表示行业；t 表示年份；$dwage$ 表示劳动收入差距。

AI、$L.AI$、$L2.AI$ 和 $L3.AI$ 分别表示人工智能的当期和滞后期，为该计量模型的核心解释变量。其余变量的设定与计量模型式（4-1）一致。采用固定效应模型对计量模型式（4-4）进行估计，表 4-12 的第 4 列展示了估计结果，结合前文的实证检验结果，可得到表 4-12 的中介效应检验结果。

表 4-12　劳动收入水平的作用渠道检验结果

变量	Path A $lgdp$	Path B $lwage$	Path C $lgdp$	Path B $dwage$	Path C $lgdp$
AI	−0.5168* (0.2863)	−0.0765* (0.0278)	−0.5720** (0.2868)	−0.1834 (0.0638)	−0.5342 (0.3852)
AI （长期效应）	0.2177*** (0.1236)	0.1108** (0.0334)	0.0138* (0.1134)	−0.0094** (0.0567)	0.3425*** (0.1263)
$L.AI$	0.7345** (0.3169)	0.2439*** (0.0763)	0.5858* (0.3431)	0.1354*** (0.0421)	0.8767** (0.4580)
$L2.AI$		−0.0566 (0.0494)		−0.0587*** (0.0164)	
$L3.AI$				0.0978 (0.0654)	
$lwage$			0.1245*** (0.0187)		
$dwage$					−0.5814*** (0.1832)
控制变量	YES	YES	YES	YES	YES
观测值	281	300	300	244	300
行业数	19	19	19	19	19
R^2	0.9254	0.9753	0.9412	0.5296	0.9422

注：***、** 和 * 分别表示 1%、5% 和 10% 的显著水平，括号中为双重聚类稳健标准误。

结果显示，劳动收入水平和劳动收入差距均存在部分中介效应。就劳动收入水平而言，Path A 中人工智能的系数 α_1 和 α_2 均显著，人工智能影响下经济增速先下降后上升，说明总效用存在；Path B 中的 β_1 和 β_2 均显著，说明人工智能在行业的应用能够使劳动收入水平先下降后上升，与理论分析一致；长期效应为正，说明人工智能能够提升劳动收入水平；Path C 中的劳动收入水平系数显著为正，表明劳动收入水平的中介效应存在；且 Path C 中的 λ_1 和 λ_2 也显著，说明劳动收入水平作为中介变量起到了部分中介效应，人工智能技术创新能够通过影响劳动收入水平进而使经济增长先下降后上升，故结论 4.6 得证；结合长期效应看，人工智能能够通过提升劳动收入水平促进经济增长。从劳动收入差距而言，Path B 中的 β_2 和 β_3 均显著，说明人工智能渗透能够使行业劳动收入差距先扩大后缩小，与理论分析一致；其长期效应为负，说明人工智能能够缩小技能劳动收入差距；Path C 中劳动收入差距系数显著为负，表明行业劳动收入差距的中介效应存在；且 Path C 中的 λ_2 显著，说明劳动收入差距作为中介变量起到了部分中介效应，说明人工智能技术创新能够通过作用于行业收入差距进而使经济增长先下降后上升，故结论 4.7 得证。目前，人工智能所处的阶段性特征，无法基于相关数据对拓展中后期人工智能如何影响劳动收入进行实证检验，故研究假说 4.2a 和 4.2b 有待进一步检验。就长期效应而言，人工智能能够提高劳动收入水平，但对低技能劳动收入的提升作用大于高技能劳动力，进而缩小技能劳动收入差距，促进经济增长。

第五章　人工智能影响经济增长的资本渠道

资本是经济增长的又一关键要素，本章将重点分析人工智能借助资本积累和资本结构从而对经济增长的作用效应，并采用 2003—2020 年行业面板数据实证检验人工智能影响经济增长的资本渠道。

一、资本渠道分析基础

（一）资本积累与资本结构的概述

资本积累包括人力资本积累、社会资本积累以及物质资本积累三个部分。其中，"人力资本"一词最早由舒尔茨提出，是指凝结在劳动者身上的知识、技能及其所表现出来的劳动能力。之后，相关研究对这一概念进行了深化，埃德文森（1997）认为人力资本是劳动力所附着的技能与素质，是智力资本产生的源泉。这一定义更为深刻地揭示了人力资本的真正内涵。徐鸣（2010）对人力资本的定义作了进一步阐述，认为人力资本是能够提升效率并带来收益的无形资源，是蕴藏于每个人身上具有异质性和边际收益递增性的有用价值的总和。

"社会资本"最早由 Bourdieu 于 1980 年提出，在 1988 年后逐渐成为社会科学各领域研究的焦点。学者从不同角度解释了"社会资本"的内涵，Putnam（1993）认为社会资本包括三个主要方面，即信任、共同的规范准则和习俗、协会；万建香（2012）结合中国经济的发展背景，将社会资本定义为人们相互信赖，公众参与热情的逐渐提升以及社会关系中透出的和谐氛围。鉴于本书劳动效应分析部分对人力资本积累已有涉及，而社会资本并非本书研究的内容，故本书的资本积累主要是指物质资本积累。

物质资本即为大量存在于生产过程中的物资。马克思的资本积累理论对资本积累作了详尽的分析，指出资本积累的实质就是资本家不断用无偿占有的剩余价值来增加资本，扩大生产规模，即"把剩余价值转化为资本"。这一阐述揭示了物质资本积累的本质。随着人类社会进入智能时代，人工智能作为人在一定社会历史条件下的创造性产物，具有同资本类似的社会历史效应。人工智能技术创新对劳动力和传统资本的替代正是"人工智能资本"作为一种独立要素不断积累并替代劳动要素和传统资本要素的过程。因此，随着人工智能技术创新的不断发展，物质资本的内涵也随之不断扩大，除传统机器、设备、交通运输设施等传统物质资本外，还包括有形的智能机器和无形的算法、系统等人工智能资本。

从资本结构来看，已有的相关研究大多从微观角度出发，分析了企业层面的资本结构，本书的资本结构可以从两个方面进行理解：一是资本行业结构。资本行业结构的变化即资本在不同行业流动带来的行业相对资本存量的变动，主要着眼于资本数量层面。二是资本类型结构。本书主要涉及两类资本，即人工智能资本和传统物质资本，其中，人工智能资本主要表现为智能机器、算法、系统等，传统物质资本主要表现为传统的机器设备、建筑物等。资本类型结构的变化主要表现为，在人工智能技术创新与行业渗透融合的过程中，两种类型资本在行业的分布发生变化，主要着眼于资本质量层面。两种资本结构相互联系，资本行业结构的变化是资本类型结构变化的结果和外在表现，资本类型结构的变化是资本行业结构变化的原因。因此，本章提及的资本结构变化既涉及资本行业结构的变化，也涉及资本类型结构的变化；资本行业结构的变动过程是由资本类型结构的变动推动的，故在理论分析的过程中并未单独分析人工智能对两类资本结构的影响，而是综合分析人工智能对资本结构的影响；由于目前的统计数据并未对传统资本和人工智能资本进行清晰的划分，故在实证检验过程中并不涉及资本类型结构。

（二）智能渗透的行业差异

本书涉及的行业是 2017 年国家统计局公布的《国民经济行业分类与代码（GB/T 4754—2017）》分类标准的 19 个行业。基于人工智能影响经济增长的资本渠道的分析涉及行业异质性，本部分将围绕智能渗透的行业差异进行探讨。

智能渗透的结果是工作任务实现智能自动化，而工作任务智能自动化的难易程度主要取决于两个关键维度：一是所需的专业知识程度，二是任务的重复性或可预测性。其中，需要高专业知识的任务和具有低可预测性/重复性的任务都不太容易实现自动化。基于此，笔者考虑我国行业工作任务的实际情况，借鉴 Sachs（2018）基于行业所需知识程度和任务复杂性的分类，将国民经济

19个行业分为三个行业大类,具体分类情况见表5-1。

表5-1 基于工作任务的专业知识程度和任务重复性的行业分类

行业大类	行业	工作任务特征
产品生产	A. 农林牧渔业 B. 采矿业 C. 制造业 D. 电力、燃气及水的生产和供应业 E. 建筑业	低专业知识程度 高重复性
基本服务	F. 批发和零售业 G. 交通运输、仓储和邮政业 H. 住宿和餐饮业 K. 房地产业 L. 租赁和商务服务业 N. 水利、环境和公共设施管理业 O. 居民服务和其他服务业	中等专业知识程度 中等重复性
专业服务	I. 信息传输、计算机服务和软件业 J. 金融业 M. 科学研究和技术服务业 P. 教育 Q. 卫生、社会保障和社会福利业 R. 文化、体育和娱乐业 S. 公共管理和社会组织	高专业知识程度 低重复性

注:19大行业代码参照《国民经济行业分类与代码》(GB/T 4754—2017)。

由表5-1可知,产品生产部门由于工作任务重复性高、所需专业知识程度低而最容易实现智能自动化,而专业服务部门最困难,其他部门则处于中间位置,行业内部具体的自动化难易程度取决于所涉及的子部门的工作任务特征。基于此,本章后文在分析人工智能对资本结构产生影响的过程中,考虑行业异质性,将行业基于智能渗透的难易程度简化为两类:工作重复性高、专业知识要求低的产品生产部门(行业1)和工作重复性低、专业知识要求高的服务部门(行业2)。在实证分析过程中,首先基于产品生产部门和服务部门进行基准回归分析,在此基础上,采用表5-1的分类方式,将行业分为产品生产部门、基本服务部门和专业服务部门进行稳健性检验。

二、人工智能影响经济增长的资本积累路径

(一) 智能渗透对资本积累的影响

1. 基本假设

这里主要分析人工智能通过作用于资本积累对经济增长的作用机理，且在人工智能影响经济增长的资本积累路径的分析过程中，不再假设劳动力具有异质性，并沿用第四章对生产函数和效用函数的研究假设。

假设 5.1：在封闭经济中，仅有厂商和家庭两个部门。生产部门处于完全竞争市场，且整个社会仅存在一个生产最终产品的厂商，参考 Acemoglu 和 Restrepo（2018）对生产函数的设定，本书将生产函数设定为以下形式：

$$Y = A \left(\int_{N-1}^{N} y\,(x)^{\frac{\sigma-1}{\sigma}}\,\mathrm{d}x \right)^{\frac{\sigma}{\sigma-1}} \tag{5.1}$$

式中，x 为工作任务，$x \in [N-1, N]$ 表示经济社会中的标准化为 1 的工作任务量，从生产任务 $N-1$ 到 N 生产难度越来越大；$y(x)$ 为工作任务 x 的产出。

为简化分析，假设最终产品价格标准化为 1。在静态模型下，家庭的效用偏好为：

$$u(t) = \frac{(Ce^{-v(L)})^{1-\theta} - 1}{1-\theta} \tag{5.2}$$

式中，C 表示消费；$v(L)$ 代表劳动供给的效用损失，θ 表示替代弹性的倒数，劳动供给满足条件 $v'(L) = W/C > 0$ 且 $v''(L) > 0$，消费水平 $C = RK + WL$，K 表示家庭部门提供的资本；L 为家庭部门的劳动供给。

均衡劳动供给满足下式：

$$L = L^s \left(\frac{W}{RK} \right) \tag{5.3}$$

假设 5.2：在经济社会中，智能机器替代劳动力的情况存在差异性，有些工作任务可由智能机器和劳动力完成，有些工作任务仅能由劳动力完成。因此，设 $I \in [N-1, N]$，当 $x \leqslant I$ 时，工作任务既可以由智能机器完成，也可以由劳动力完成；当 $x > I$ 时，工作任务只能靠劳动力完成。

假设 5.3：参照 Acemoglu 的做法，假设行业的劳动力在新任务上均具有比较优势；劳动生产率 $\gamma(x)$ 和智能机器生产率 $\gamma_M(x)$ 关于 x 均为严格单调递增。

假设 5.4：与假设 4.6 一致，鉴于人工智能在经济社会中的智能渗透尚处于起步阶段。因此，采用人工智能均会提高劳动生产率。

2. 基本模型构建

首先考虑人工智能的智能渗透性对相对要素回报的影响，故不再考虑劳动力异质性，工作任务 x 的产出 $y(x)$ 具有以下函数形式：

$$y(x) = \begin{cases} \gamma(x)l(x) + \gamma_M(x)k(x), & x \in [N-1, I] \\ \gamma(x)l(x), & x \in [I, N] \end{cases} \tag{5.4}$$

式中，$l(x)$ 和 $k(x)$ 分别为工作任务所需劳动和资本数量；$\gamma(x)$ 和 $\gamma_M(x)$ 分别为劳动力和智能机器的生产效率。令 $p(x)$ 为产出 $y(x)$ 的价格，则式（5.4）可变形为：

$$p(x) = \begin{cases} \min\left\{\dfrac{R}{\gamma_M(x)}, \dfrac{W}{\gamma(x)}\right\}, & x \in [N-1, I] \\ \dfrac{W}{\gamma(x)}, & x \in [I, N] \end{cases} \tag{5.5}$$

式（5.5）中，$\dfrac{R}{\gamma_M(x)}$ 和 $\dfrac{W}{\gamma(x)}$ 中的 R 和 W 是由模型产生确定的，故 $\dfrac{R}{\gamma_M(x)}$ 和 $\dfrac{W}{\gamma(x)}$ 的大小取决于 x，所以两个行业均存在一个门槛值 $\tilde{I}$，且 $\tilde{I} \in [N-1, N]$，当 $x = \tilde{I}$ 时，则有

$$\frac{R}{\gamma_M(\tilde{I})} = \frac{W}{\gamma(\tilde{I})} \tag{5.6}$$

由假设 5.3 知，劳动生产率 $\gamma(x)$ 关于 x 严格单调递增。当 $x < \tilde{I}$ 时，使用智能机器比劳动力成本更低；反之，使用劳动力成本更低。结合假设 5.2，可知：

$$I^* = \min\{I, \tilde{I}\} \tag{5.7}$$

当 $x \leqslant I^*$ 时，工作任务由智能机器完成；当 $x > I^*$ 时，工作任务由劳动力完成。在社会总价格标准化为 1 的情况下，经济社会对两个行业代表性企业的工作任务 x 产出的需求量：

$$y(x) = A^{\sigma-1} Y p(x)^{-\sigma} \tag{5.8}$$

式中，Y 为总需求；$p(x)$ 为代表性企业对工作任务 x 产出的定价。厂商的利润函数为：

$$\pi = Y - \int_{N-1}^{N} p(x)y(x)\,\mathrm{d}x \tag{5.9}$$

根据假设 5.1 和假设 5.2 可知，由式（5.1）、式（5.5）和式（5.8）可得

厂商利润最大化条件下劳动力和资本需求量满足：

$$K = A^{\sigma-1} \frac{Y}{R^\sigma} \int_{N-1}^{I} \gamma_M (x)^{\sigma-1} \mathrm{d}x \qquad (5.10)$$

$$L = A^{\sigma-1} \frac{Y}{W^\sigma} \int_{I}^{N} \gamma (x)^{\sigma-1} \mathrm{d}x \qquad (5.11)$$

由式（5.10）和式（5.11）可知，要素价格满足最优价格指数条件如下：

$$R^{1-\sigma} \int_{N-1}^{I} \gamma_M (x)^{\sigma-1} \mathrm{d}x + W^{1-\sigma} \int_{I}^{N} \gamma (x)^{\sigma-1} \mathrm{d}x = A^{1-\sigma} \qquad (5.12)$$

由假设 5.4 可知，由于人工智能在经济社会中的智能渗透尚处于起步阶段，因此，人工智能的应用能够提高劳动生产率，即 $I < \tilde{I}$，有 $I^* = I$，工作岗位在资本和劳动力之间分配受到自动化技术水平的限制。结合假设 5.1 和假设 5.2，将式（5.10）和式（5.11）代入式（5.12）计算整理可得生产函数：

$$Y = A \left[\left(\int_{N-1}^{I} \gamma_M (x)^{\sigma-1} \mathrm{d}x \right)^{\frac{1}{\sigma}} K^{\frac{\sigma-1}{\sigma}} + \left(\int_{I}^{N} \gamma (x)^{\sigma-1} \mathrm{d}x \right)^{\frac{1}{\sigma}} L^{\frac{\sigma-1}{\sigma}} \right]^{\frac{\sigma}{\sigma-1}} \qquad (5.13)$$

3. 模型分析

由假设 5.1 和假设 5.2 可知，经济体仅有一个最终品厂商，唯一的厂商将对智能渗透 I 和边界延展水平 N 进行决策，以实现利润最大化，式（5.13）即为均衡时的产出水平。结合式（5.6）和假设 5.4 可知，厂商采用人工智能替代劳动力能够使单位生产成本更低，一旦某项生产任务实现自动化，厂商将立即采用智能机器进行生产，由此可见，厂商选择的智能自动化水平受整个社会的智能自动化水平的限制。之所以优先考虑整个社会的智能自动化水平提升，是因为厂商对智能渗透水平 I 的抉择决定了资本回报率。令 $w = RK/W$，表示资本的相对要素回报，对式（5.10）和式（5.11）整理可得：

$$w = \frac{\left(\int_{N-1}^{I} \gamma_M (x)^{\sigma-1} \mathrm{d}x \right)^{\frac{1}{\sigma}} K^{\frac{\sigma-1}{\sigma}}}{\left(\int_{I}^{N} \gamma (x)^{\sigma-1} \mathrm{d}x \right)^{\frac{1}{\sigma}} L^{-\frac{1}{\sigma}}} \qquad (5.14)$$

对式（5.14）进行对数线性化可得：

$$-\ln w + \frac{1}{\sigma}\ln L(w) = \left(\frac{1}{\sigma}-1\right)\ln K + \frac{1}{\sigma}\ln \frac{\int_{I}^{N} \gamma (x)^{\sigma-1} \mathrm{d}x}{\int_{N-1}^{I} \gamma_M (x)^{\sigma-1} \mathrm{d}x} \qquad (5.15)$$

令 $\varepsilon = \frac{\mathrm{d}L(w)}{\mathrm{d}w} \cdot \frac{w}{L} < 0$，表示劳动供给弹性。令 $\varphi = \frac{\mathrm{d}L}{\mathrm{d}K} \cdot \frac{K}{L}$，由式（5.13）

可知，$\varphi = \left[\dfrac{\int_{N-1}^{I} \gamma_M(x)^{\sigma-1}\mathrm{d}x}{\int_{I}^{N} \gamma(x)^{\sigma-1}\mathrm{d}x} \right]^{\frac{1}{\sigma}} \left(\dfrac{K}{L} \right)^{1-\frac{1}{\sigma}}$，且 $\varphi > 0$。对式（5.15）求 $\ln K$ 的微

分整理可得到相对要素价格对资本积累的影响：

$$\frac{\mathrm{dln}K}{\mathrm{dln}w} = \frac{1}{\dfrac{\mathrm{dln}w}{\mathrm{dln}K}} = \frac{\varepsilon - \sigma}{1 - \sigma} \tag{5.16}$$

由上述可知，要素替代弹性 $\sigma \in (1, \infty)$，且 $\varepsilon < 0$，因此，$\dfrac{\mathrm{dln}K}{\mathrm{dln}w} > 0$。不难理

解，当资本的相对回报率上升，资本积累随之增加，原因是行业之间的资本收益率差异会导致资本存量从收益率较低的行业流动到资本收益率较高的行业（张伯超等，2018）。对式（5.15）关于智能渗透水平 I 可得智能渗透水平对资本相对要素回报的影响，结合式（5.3），并代入式（5.16）整理可得：

$$\frac{\mathrm{dln}w}{\mathrm{d}I} = -\frac{\varphi(\varepsilon - \sigma)}{1-\sigma} \cdot \frac{\gamma(I)^{\sigma-1}}{\int_{I}^{N} \gamma(x)^{\sigma-1}\mathrm{d}x} - \frac{\varphi(\varepsilon - \sigma)}{1-\sigma} \cdot \frac{\gamma_M(I)^{\sigma-1}}{\int_{N-1}^{I} \gamma_M(x)^{\sigma-1}\mathrm{d}x}$$

$$\tag{5.17}$$

式（5.17）表示智能渗透对资本相对要素价格的作用效应。由于 $\dfrac{\varepsilon - \sigma}{1-\sigma} >$

0，$\varphi > 0$，且 $\gamma(x)$ 和 $\gamma_M(x)$ 均为正，有 $\dfrac{\mathrm{dln}w}{\mathrm{d}I} < 0$，即智能渗透会降低资本相

对要素价格。不难理解，随着智能渗透水平提升，资本相对回报率上升吸引人工智能资本投资的同时会挤出传统资本投资，而人工智能资本相对于劳动和传统资本具有成本优势，进而导致资本的相对回报率的增长率下降。

智能渗透效应对资本相对要素价格的影响主要通过以下两个方面起作用：一是通过作用于劳动力进而对资本相对回报率产生影响，智能渗透会带来劳动力就业水平下降，进而对产出水平产生负向效应，这一负向效应对资本相对回

报率也会产生负面效应，即式（5.17）的第一项 $-\dfrac{\varphi(\varepsilon - \sigma)}{1-\sigma} \cdot \dfrac{\gamma(I)^{\sigma-1}}{\int_{I}^{N} \gamma(x)^{\sigma-1}\mathrm{d}x} <$

0；二是通过作用于智能机器带来资本收入的变化，进而对资本相对回报率产生负面效应。智能渗透水平提升的同时伴随着人工智能资本挤出传统资本，而人工智能资本相对于劳动和传统资本具有成本优势，进而导致资本相对回报率

下降，式（5.17）的第二项 $-\dfrac{\varphi(\varepsilon - \sigma)}{1-\sigma} \cdot \dfrac{\gamma_M(I)^{\sigma-1}}{\int_{N-1}^{I} \gamma_M(x)^{\sigma-1}\mathrm{d}x} < 0$。

结合式（5.16）和式（5.17）可得到人工智能向经济社会的智能渗透及其通过影响相对要素价格对资本积累的影响效应：

$$\frac{\mathrm{d}\ln K}{\mathrm{d}I} = \frac{\mathrm{d}\ln K}{\mathrm{d}\ln w}\frac{\mathrm{d}\ln w}{\mathrm{d}I} = -\frac{\varphi(\varepsilon-\sigma)^2}{(1-\sigma)^2}\left[\frac{\gamma(I)^{\sigma-1}}{\int_I^N \gamma(x)^{\sigma-1}\mathrm{d}x} + \frac{\gamma_M(I)^{\sigma-1}}{\int_{N-1}^I \gamma_M(x)^{\sigma-1}\mathrm{d}x}\right]$$

$$(5.18)$$

式（5.18）表示人工智能的智能渗透对资本积累的影响效应。由于 $\varphi > 0$，且 $\gamma(x)$ 和 $\gamma_M(x)$ 均为正，有 $\frac{\mathrm{d}\ln K}{\mathrm{d}I} < 0$，即智能渗透会降低行业的资本积累。结合式（5.16）可知，在人工智能的智能渗透效应影响下，人工智能资本投资增加的同时会挤出传统资本投资，当增加的人工智能资本难以弥补挤出的传统资本时，资本积累呈下降趋势。

（二）边界延展对资本积累的影响

随着人工智能带来的生产任务边界不断延展，代表性厂商能够决策是否生产新产品、采用新的商业模式，因此，这里考虑工作任务边界 N 变动对资本积累的影响，对式（5.15）求 N 的微分可得：

$$\frac{\mathrm{d}\ln w}{\mathrm{d}N} = \frac{\varphi(\varepsilon-\sigma)}{1-\sigma}\cdot\frac{\gamma(N)^{\sigma-1}}{\int_I^N \gamma(x)^{\sigma-1}\mathrm{d}x} + \frac{\varphi(\varepsilon-\sigma)}{1-\sigma}\cdot\frac{\gamma_M(N-1)^{\sigma-1}}{\int_{N-1}^I \gamma_M(x)^{\sigma-1}\mathrm{d}x}$$

$$(5.19)$$

式（5.19）表示人工智能的边界延展对资本相对回报率的影响效应。根据上文分析可知，$\frac{\mathrm{d}\ln w}{\mathrm{d}N} > 0$，即边界延展能够提高资本相对回报率。边界延展效应对资本相对回报率的影响同样是通过以下两个方面起作用：一是通过作用于劳动力进而对资本相对回报率带来正向效应。可能的原因是生产任务上界的拓展带来高技能劳动就业增加，而高技能劳动力生产效率相对较高会给整个产出水平带来正向效应，而这一正向效应能够提升资本相对回报率，即式（5.19）的第一项 $\frac{\varphi(\varepsilon-\sigma)}{1-\sigma}\cdot\frac{\gamma(N)^{\sigma-1}}{\int_I^N \gamma(x)^{\sigma-1}\mathrm{d}x} > 0$；二是通过作用于智能机器带来资本收入的变化，进而对资本相对回报率产生正面效应。具体而言，边界延展带来工作任务下界 $N-1$ 增加，即原来由智能机器进行生产的工作任务被淘汰，部分人工智能资本退出市场的同时并伴随着传统资本进入市场，增加资本收入，进而资本相对回报率增加，即式（5.19）的第二项 $\dfrac{\varphi(\varepsilon-\sigma)}{1-\sigma}\cdot\dfrac{\gamma_M(N-1)^{\sigma-1}}{\displaystyle\int_{N-1}^{I}\gamma_M(x)^{\sigma-1}\mathrm{d}x}$

>0。结合式（5.16）和式（5.19）可得到边界延展效应及其通过影响相对要素价格对资本积累的影响效应：

$$\frac{\mathrm{d}\ln K}{\mathrm{d}N}=\frac{\mathrm{d}\ln K}{\mathrm{d}\ln w}\frac{\mathrm{d}\ln w}{\mathrm{d}N}=\frac{\varphi(\varepsilon-\sigma)^2}{(1-\sigma)^2}\cdot\left[\frac{\gamma(N)^{\sigma-1}}{\displaystyle\int_I^N\gamma(x)^{\sigma-1}\mathrm{d}x}+\frac{\gamma_M(N-1)^{\sigma-1}}{\displaystyle\int_{N-1}^{I}\gamma_M(x)^{\sigma-1}\mathrm{d}x}\right]$$

$$(5.20)$$

根据上文分析可知，$\dfrac{\mathrm{d}\ln K}{\mathrm{d}N}>0$，结合式（5.19）和式（5.20）可知，在人工智能的边界延展效应作用下，资本相对回报率上升，资本积累呈上升趋势。

综上所述，在人工智能的智能渗透效应的影响下，资本积累呈下降趋势。在边界延展效应的影响下，资本积累呈上升趋势。根据上文分析可知，在人工智能导入期，智能渗透效应占主导地位，随着人工智能与行业的渗透融合进入拓展期，边界延展效应占主导地位，因此，智能渗透效应和边界延展效应对资本积累的影响具有时间差异，故人工智能技术创新能够使资本积累先下降后上升。基于此，得到结论 5.1。

结论 5.1：人工智能对资本积累的影响具有滞后性，能够使资本积累先下降后上升。

（三）资本积累效应下人工智能对经济增长的影响

随着人工智能不断向经济社会渗透融合，资本积累呈先下降后上升的趋势。那么，智能渗透效应和边界延展效应影响下的资本积累对经济增长的影响如何？

古典经济学将资本积累看作决定经济增长的首要因素，之后的增长理论并未像古典经济增长理论那样极端，但也并未否定资本对经济增长的作用。其中，根据新古典经济增长理论发现，资本积累与经济增长存在倒"U"形关系，但中国作为发展中国家，资本积累尚存在较大空间，通过增加资本积累能够促进经济增长。因此，尽管物质资本投资并非经济增长的源泉，却是经济增长至关重要的一种工具或是途径，是推进经济增长的重要动力。

从人工智能通过智能渗透效应对资本积累带来的负向效应来看，在生产过程中，无论是传统机器设备、人工智能机器，还是人力资本积累，都需要资本投入作为支撑，智能渗透带来的资本积累下降将减少投入生产的资本，进而抑制经济增长。加之资本积累具有累积效应，当期资本积累量将影响下一期资本积累，而资本积累的减少，也将减少下一期资本积累量，从而进一步减缓经济增长的速度。从人工智能通过边界延展效应对资本积累的促进作用来看，资本积累增加将增加生产过程中传统机器设备、人工智能机器等资本投入，在资本积累的累积效应作用下，资本积累增加能够加速资本积累，进一步促进经济增长。

综上所述，在人工智能技术创新的影响下，智能渗透效应和边界延展效应使资本积累呈先下降后上升的趋势，而资本积累是促进经济增长的重要因素之一，进而人工智能通过作用于资本积累能使经济增长先下降后上升。基于此，得到结论 5.2。

结论 5.2：人工智能通过作用于资本积累使经济增长先下降后上升。

三、人工智能影响经济增长的资本结构路径

(一) 智能渗透对资本结构的影响

1. 基本假设

笔者基于人工智能影响经济增长的资本积累路径，进一步探究人工智能影响经济增长的资本结构路径。这里所涉及的资本结构主要是指资本行业结构和资本类型结构，其中，资本行业结构的变化是资本类型结构变化的结果和外在表现，资本类型结构的变化是资本行业结构变化的原因。为探讨人工智能对不同行业资本的影响，笔者基于中国行业发展的实际，引入行业异质性，结合研究目标增加以下基本假设。

假设 5.5：整个经济社会只有两个行业，其中，$i = g$ 表示行业 1，$i = s$ 表示行业 2。两个行业均为完全竞争行业，且不考虑两个部门要素替代弹性系数的差异，生产函数和家庭部门的其余相关设定与假设 5.1 保持一致。

假设 5.6：由于人工智能在不同行业渗透的难度和速度存在差异，在工作重复性高、创造性低的行业，人工智能的智能渗透难度较小、速度较快，反之亦然。其中，行业 1 为工作重复性高、创造性低的行业，行业 2 为工作重复性低、专业知识要求高的行业；行业 2 的人工智能的智能渗透难度大于行业 1，人工智能在行业 1 的智能渗透范围高于行业 2，且人工智能在行业 1 的智能渗透速度快于行业 2。

假设5.7：假设不考虑两个行业的生产效率差异，且两个行业的劳动力在新任务上均具有比较优势，即劳动生产率 $\gamma(x)$ 关于 x 为严格递增函数；智能机器生产率 $\gamma_M(x)$ 在所有任务上取值恒为1。

假设5.8：由于人工智能在经济社会中的渗透尚处于起步阶段，因此，两个行业采用人工智能均会提高劳动生产率。

假设5.9：假定两个行业面临相同的劳动供给弹性。

2. 模型分析

这里的理论模型与Acemoglu（2018）的模型的差异主要表现在：笔者围绕研究目标，基于中国国民经济行业的特征，引入行业异质性，即将行业按照工作任务的重复性和创造性分为工作重复性高、创造性低的行业1和工作重复性低、专业知识要求高的行业2，考察了人工智能影响下，资本在行业的流动。根据式（5.18），结合上文增加的假设条件可知，两个部门智能渗透对资本积累的作用效应可以表示为：

$$\frac{\mathrm{d}\ln K_i}{\mathrm{d}I_i} = -\frac{\varphi_i(\varepsilon-\sigma)^2}{(1-\sigma)^2}\left[\frac{\gamma(I_i)^{\sigma-1}}{\int_{I_i}^{N_i}\gamma(x)^{\sigma-1}\mathrm{d}x} + \frac{\gamma_M(I_i)^{\sigma-1}}{\int_{N_i-1}^{I_i}\gamma_M(x)^{\sigma-1}\mathrm{d}x}\right] \quad (5.21)$$

根据假设5.7，智能机器生产率 $\gamma_M(x)$ 在所有任务上取值恒为1，则 $\gamma_M(I_i)=1$，则式（5.21）可变形为：

$$\frac{\mathrm{d}\ln K_i}{\mathrm{d}I_i} = -\frac{\varphi_i(\varepsilon-\sigma)^2}{(1-\sigma)^2}\left[\frac{\gamma(I_i)^{\sigma-1}}{\int_{I_i}^{N_i}\gamma(x)^{\sigma-1}\mathrm{d}x} + \frac{1}{I_i-N_i+1}\right] \quad (5.22)$$

由假设5.6知，人工智能在行业1的智能渗透范围高于行业2，故有

$$I_g - N_g + 1 > I_s - N_s + 1 \quad (5.23)$$

由假设5.6知，人工智能在行业1的智能渗透速度高于行业2，故有

$$\Delta I_g > \Delta I_s \quad (5.24)$$

根据假设5.7，不考虑两个行业的生产效率差异，劳动生产率 $\gamma(x)$ 关于 x 为严格递增函数，结合式（5.23）可得：

$$\gamma(I_g) > \gamma(I_s) \quad (5.25)$$

$$\int_{I_g}^{N_g}\gamma(x)^{\sigma-1}\mathrm{d}x < \int_{I_s}^{N_s}\gamma(x)^{\sigma-1}\mathrm{d}x \quad (5.26)$$

根据式（5.24）和式（5.25）可得：

$$\frac{\gamma(I_g)^{\sigma-1}}{\int_{I_g}^{N_g}\gamma(x)^{\sigma-1}\mathrm{d}x} > \frac{\gamma(I_s)^{\sigma-1}}{\int_{I_s}^{N_s}\gamma(x)^{\sigma-1}\mathrm{d}x} \quad (5.27)$$

结合式（5.23）可得：

$$\frac{1}{I_g - N_g + 1} < \frac{1}{I_s - N_s + 1} \tag{5.28}$$

根据上文分析可知，$\varphi_i = \left(\dfrac{\int_{N_i-1}^{I_i} \gamma_M(x)^{\sigma-1}\mathrm{d}x}{\int_{I_i}^{N_i} \gamma(x)^{\sigma-1}\mathrm{d}x}\right)^{\frac{1}{\sigma}}\left(\dfrac{K}{L}\right)^{1-\frac{1}{\sigma}}$，当不考虑两个行

业资本和劳动投入差异的情况下，结合上述分析可得 $\varphi_g > \varphi_s$。由假设 5.5 和假设 5.9 可知，不考虑两个部门要素替代弹性的差异，且两个行业面临相同的劳动供给弹性，因此可得：

$$\frac{\varphi_g(\varepsilon-\sigma)^2}{(1-\sigma)^2} > \frac{\varphi_s(\varepsilon-\sigma)^2}{(1-\sigma)^2} \tag{5.29}$$

根据式（5.28）可知，$\dfrac{1}{I_g - N_g + 1} < \dfrac{1}{I_s - N_s + 1}$，只要 $\Delta I_g - \Delta I_s$ 足够

大，也能得到 $\dfrac{1}{I_g - N_g + 1}\Delta I_g > \dfrac{1}{I_s - N_s + 1}\Delta I_s$。结合式（5.22）和式

（5.29）可知 $\left|\dfrac{\mathrm{d}\ln K_g}{\mathrm{d}I_g}\right| > \left|\dfrac{\mathrm{d}\ln K_s}{\mathrm{d}I_s}\right|$，即行业 1 在智能渗透效应的影响下，资本积累下降幅度大于行业 2。

在智能渗透效应的影响下，行业资本积累呈下降趋势。原因在于，资本相对回报率上升吸引人工智能资本投资的同时会挤出传统资本投资，当增加的人工智能资本投资难以弥补挤出的传统资本时，资本积累会下降。考虑行业异质性后发现，行业 1 的资本积累下降幅度大于行业 2，可以理解为，人工智能资本在行业 1 聚集速度大于行业 2，即大量人工智能资本向行业 1 聚集，而部分人工智能资本和大量传统资本流向行业 2，具体表现为行业 1 的资本积累下降幅度大于行业 2。结合前文关于行业的设定可知，在人工智能的智能渗透效应影响下，工作重复性高、专业知识要求低的产品生产部门资本积累下降幅度大于工作重复性低、专业知识要求高的服务部门，服务部门的相对资本存量增加。

（二）边界延展对资本结构的影响

根据式（5.20），结合本章的假设条件可知，两个部门的边界延展效应对资本积累的作用效应可以表示为：

$$\frac{\mathrm{d}\ln K_i}{\mathrm{d}N_i} = \frac{\varphi_i(\varepsilon-\sigma)^2}{(1-\sigma)^2} \cdot \left[\frac{\gamma(N_i)^{\sigma-1}}{\int_{I_i}^{N_i}\gamma(x)^{\sigma-1}\mathrm{d}x} + \frac{\gamma_M(N_i-1)^{\sigma-1}}{\int_{N_i-1}^{I_i}\gamma_M(x)^{\sigma-1}\mathrm{d}x}\right] \tag{5.30}$$

根据假设 5.7，智能机器生产率 $\gamma_M(x)$ 在所有任务上取值恒为 1，即 $\gamma_M(I_i)=1$，则式（5.30）可变形为：

$$\frac{\mathrm{d}\ln K_i}{\mathrm{d}N_i} = \frac{\varphi_i\,(\varepsilon-\sigma)^2}{(1-\sigma)^2}\Big[\frac{\gamma\,(N_i)^{\sigma-1}}{\int_{I_i}^{N_i}\gamma\,(x)^{\sigma-1}\mathrm{d}x} + \frac{1}{I_i-N_i+1}\Big] \tag{5.31}$$

根据假设 5.7，不考虑两个行业的生产效率差异，又由于劳动生产率 $\gamma(x)$ 关于 x 为严格递增的函数，结合式（5.23）可得：

$$\gamma(N_g) = \gamma(N_s) \tag{5.32}$$

根据式（5.26）和式（5.32）可知：

$$\frac{\gamma\,(N_g)^{\sigma-1}}{\int_{I_g}^{N_g}\gamma\,(x)^{\sigma-1}\mathrm{d}x} > \frac{\gamma\,(N_s)^{\sigma-1}}{\int_{I_s}^{N_s}\gamma\,(x)^{\sigma-1}\mathrm{d}x} \tag{5.33}$$

结合式（5.31）和式（5.33）可知，$\dfrac{\varphi_g\,(\varepsilon-\sigma)^2}{(1-\sigma)^2} > \dfrac{\varphi_s\,(\varepsilon-\sigma)^2}{(1-\sigma)^2}$，且

$\dfrac{\gamma\,(N_g)^{\sigma-1}}{\int_{I_g}^{N_g}\gamma\,(x)^{\sigma-1}dx} > \dfrac{\gamma\,(N_s)^{\sigma-1}}{\int_{I_s}^{N_s}\gamma\,(x)^{\sigma-1}dx}$。根据式（5.28）可得，$\dfrac{1}{I_g-N_g+1} <$

$\dfrac{1}{I_s-N_s+1}$，由于不能确定两个行业的边界延展速度，因此，在边界延展效应影响下，两个行业的资本积累上升幅度大小难以确定。

当行业 1 的资本积累上升幅度大于行业 2，表现为人工智能资本和传统资本继续向行业 1 渗透；当行业 2 的资本积累上升幅度大于行业 1，不难理解，以及行业 2 对知识技能要求相对更高，边界延展创造的高技能工作岗位更多地集中在行业 2，由于行业 2 的智能渗透难度较大，因此，人工智能在行业 2 的边界延展效应将吸引部分人工智能资本和大量传统资本流向行业 2，并与高技能劳动力相结合进行生产。

随着人工智能与经济社会的渗透融合，在人工智能导入期，智能渗透效应率先发挥作用，随着智能渗透加深并进入拓展阶段，边界延展效应发挥作用。在人工智能的导入期，以及智能渗透效应影响下，产品生产部门资本积累下降幅度大于服务部门，服务部门的相对资本存量增加。在人工智能的拓展期，以及边界延展效应的影响下，两个部门资本积累的上升幅度大小难以确定。从资本的类型结构而言，受智能渗透效应的影响，人工智能资本加速在产品生产部门聚集，部分人工智能资本和大量传统资本流向服务部门。受边界延展效应的影响，当产品生产部门的资本积累上升幅度大于服务部门，人工智能资本和传统资本在产品生产部门聚集，产品生产部门的相对资本存量上升；当服务部门

的资本积累上升幅度大于产品生产部门，则传统资本和部分人工智能资本流向服务部门，服务部门的相对资本存量上升。基于此，可得到待检验假说5.1和假说5.2。

假说5.1：在人工智能的影响下，经济社会将首先提升产品生产部门资本比例，然后提升服务部门相对资本存量。

假说5.2：人工智能将提升服务部门相对资本存量。

（三）资本结构效应下人工智能对经济增长的影响

人工智能的智能渗透效应能够使人工智能资本加速在产品生产部门积累。在这一积累过程中，具有生产效率和成本比较优势的人工智能资本替代传统资本。一方面，大量人工智能资本向产品生产部门聚集，能够提升产品生产部门的资本生产效率；另一方面，部分人工智能资本和大量传统资本向服务部门集中。总体而言，服务部门的相对资本存量上升。在边界延展效应的作用下，产品生产部门和服务部门的资本积累上升幅度大小不确定，因此，当产品生产部门的资本积累上升幅度大于服务业时，大量人工智能资本和部分传统资本继续向产品生产部门集中，产品生产部门的相对资本存量上升，将进一步提升传统生产部门的生产效率，扩大产业规模。当服务部门的资本积累增幅大于产品生产部门，大量资本不断向服务业转移，服务业的相对资本存量上升。服务业资本的增加部分包括大量传统资本和部分人工智能资本，由于服务业智能渗透相对比较困难，服务业资本的增加主要是由新增的高技能岗位对传统资本的吸引带来的，而服务部门传统资本和高技能劳动力的配合将提升资本配置效率。

在人工智能导入期，受智能渗透效应的影响，产品生产部门资本积累下降幅度大于服务部门，服务部门相对资本存量进而上升，但并不会带来产出水平的下降，作用机理是：由于产品生产部门和服务部门的生产任务存在差异，受人工智能智能渗透效应的影响，产品生产部门的智能渗透快于服务部门，人工智能资本对产品制造部门的传统资本挤出大于服务部门，最终导致资本的类型结构和资本的行业结构发生变化，主要表现为人工智能资本在产品生产部门聚集，大量传统资本和部分人工智能资本在服务部门聚集，服务部门相对资本存量上升。在这一变化过程中，无论是产品生产部门大量采用智能机器替代劳动力，还是服务部门部分采用智能机器替代劳动力，挤出传统资本，都将提升生产效率，降低生产成本，进而促进整个社会经济增长。本书第四章的模型分析证实了这一结论，当不考虑劳动异质性的情况下，由式（4.14）和（4.15）可知，$(\sigma-1)^{-1}(I-N+1+I'-M)^{\sigma^{-1}-1}K^{\sigma^{-1}(\sigma-1)}Y^{\sigma^{-1}}$ 即为生产成本和效率上具有比较优势的智能机器进行生产所增加的产出水平。

随着人工智能不断发展，逐渐进入拓展期，边界延展效应发挥作用，并占据主导地位。就产品生产部门而言，受边界延展效应的影响，部分新工作任务产生的同时，大量低端生产岗位被淘汰。新工作任务增加吸引大量传统资本流入产品生产部门，低端岗位消失带来人工智能资本退出产品生产部门。就服务部门而言，边界延展效应带来的大量新工作任务，部分低端服务岗位被淘汰，新工作任务能够增加服务部门高技能劳动力就业岗位，并吸引传统资本与之相结合，低端岗位消失带来部分人工智能资本退出服务部门。从整个国民经济产业部门而言，人工智能的边界延展效应带来的新兴部门壮大和低端部门消失，完全符合产业结构优化升级的方向。同样，从产业或部门层面来看，边界延展效应带来的新工作任务产生同时替代低端工作任务实属产业岗位调整升级。因此，在产业调整升级的过程中，无论是产品生产部门或服务部门人工智能资本退出，还是与高技能劳动力相结合的传统资本增加，都将大幅提升部门生产效率，无论产品生产部门的资本积累上升幅度更大还是服务部门的资本积累增幅更大，都将增加部门产出水平，进而实现整个社会经济增长。基于此，得到结论 5.3。

结论 5.3：人工智能通过作用于资本结构将促进经济增长。

四、资本积累和资本结构路径的实证检验

笔者选取 2003—2020 年行业面板数据对本章理论分析得到的结论和待检验假说进行实证检验。在实证检验过程中同样也涉及对变量之间影响的过程和机制进行分析，因此，也将用到中介效应分析方法。

（一）研究设计

1. 数据来源

2004 年中国细分行业的年初资本存量数据和 2004—2013 年固定资产折旧率数据来源于田友春（2016）的测算结果，2005—2021 的年初资本存量数据根据相关数据测算得到，其中，固定资产价格指数和全社会固定资产投资等数据主要来源于 2005—2021 年《中国第三产业统计年鉴》和《中国统计年鉴》，固定资产折旧数据来源于 2010 年、2012 年、2015 年、2017 年和 2020 年《中国投入产出表》。其余相关变量的数据来源参见本书第四章，此处不再赘述。

2. 计量模型构建

资本具有累积效应，上一期的资本存量会对当期资本存量产生影响，并且在影响资本积累的各种因素中，允许出现观测不到的行业特征与解释变量相关，通过引入资本积累的滞后项能够综合这些因素，进而消除未引入资本积累滞后项时解释变量与误差项之间存在的相关性。因此，笔者在计量模型中引入人工智能因素，并考虑人工智能对资本积累产生影响的滞后效应。根据赤池信息准则（AIC）和贝叶斯信息准则（BIC）确定解释变量的滞后阶数为 2，结合 Path B，建立计量模型如下：

$$gk_{it} = \beta_0 + \beta_1 L. gk_{it} + \beta_2 AI_{it} + \beta_3 L. AI_{it} + \beta_4 L2. AI_{it} +$$
$$\beta_i X_{it} + \chi_{i2} + \gamma_{t2} + \varepsilon_{it2} \tag{5-1}$$

在计量模型式（5-1）的基础上，考虑行业异质性，将行业基于智能渗透的难易程度分为两类，即工作重复性高、专业知识要求低的产品生产部门和工作重复性低、专业知识要求高的服务部门。用 D 表示行业虚拟变量，将"产品生产部门"设定为 1，"服务部门"设定为 2。模型构建如下：

$$gk_{it} = \beta_0 + \beta_1 L. gk_{it} + \beta_2 DAI_{it} + \beta_3 DL. AI_{it} +$$
$$\beta_4 DL2. AI_{it} + \beta_i X_{it} + \chi_{i2} + \gamma_{t2} + \varepsilon_{it2} \tag{5-2}$$

其中，资本积累（gk）为被解释变量，AI 表示人工智能发展水平，$L. AI$ 和 $L2. AI$ 为人工智能滞后一期和滞后两期。其余变量的设定与第四章的计量模型式（4-1）一致。

3. 变量说明

（1）被解释变量。

资本存量（gk），用资本存量的增长率表示。由于资本存量数据在国家统计局并没有相应的数据，研究者要么采用已有研究成果，要么自行进行测算，而不同的方法导致测算结果存在较大差异，因此，本书需要进行重新测算。

已有研究对资本存量的估计主要集中在全国、省份或某一产业部门，对分行业资本存量进行测算的文献较少。其中，陈诗一（2011）估算了 1980—2008 年间的行业资本存量，但研究对象是 38 个工业行业。翁宏标和王斌会（2012）测算了 1987—2009 年中国分行业资本存量，但在研究过程中将行业进行了合并，对行业层面的测算过于笼统。王恕立和胡宗彪（2012）基于行业层面对资本存量的测算，缺少农业和工业资本存量的估算结果。田友春（2016）在此基础上，借鉴资本存量估算的永续盘存法，引入投资转换率参数，估算了

1990—2014 年行业资本存量，对行业的划分较为细致。

　　本书采用 2003—2020 年行业面板数据进行实证检验，其中，行业分类采用的是 2017 年国家统计局公布的 GB/T 4754—2017 行业分类标准。根据上述分析，已有的对细分行业资本存量进行测算的研究来看，大多是按 2003 年之前的《中国投入产出表》中的国民经济分类标准进行测算，甚至在研究过程中直接将细分产业进行合并笼统地测算资本存量。而田友春的研究则包括了对以 GB/T 4754—2017 分类标准对 19 个细分行业资本存量的测算，虽然与本书的行业分类一致，但数据更新至 2014 年，稍显陈旧。

　　基于此，本书选取田友春测算出的 2004 年资本存量数据作为基期，并采用永续盘存公式重新计算和补齐 2003—2020 年资本存量数据。

　　在对资本存量的测算过程中，固定资产折旧率的计算甚为关键，直接影响资本存量数据的可靠性。目前对固定资产折旧率的计算主要有以下几种方法：一是根据经验进行估计，这一方法主观性较强。二是对资本品进行分类估算折旧率，然后加权平均。三是采用计量方法。四是利用固定资产折旧额数据，根据永续盘存迭代公式计算折旧率。方法三和方法四在估计分行业固定资产折旧率上存在较大的困难。无论是基于数据可得性还是基于估算方法假设的适用性上考虑，方法四均切实可行。在对行业层面资本存量的测算过程中，大多数研究假定各行业的固定资产折旧率相同，但不同行业投资品的结构和使用寿命均存在差异，显然这一设定并不合理。

　　田友春在对行业资本存量的测算过程中，考虑了年初资本存量和年末资本存量的区别，充分考虑了固定资产折旧率的行业差别。针对固定资产投资波动幅度较大，且固定资产投资额和折旧额均存在统计数据的误差，造成某些时段的折旧率不合理的情况作了处理。因此，该研究得到的国民经济 19 个行业资本存量和固定资产折旧率相对比较科学合理。

　　假设 i 表示行业，t 表示年份，K_{it} 为年初名义资本存量，k_{it} 为年初实际资本存量，I_{it} 为名义新增固定资产投资，i_{it} 为实际新增固定资产投资，折旧率为 δ_i，为简化分析，设 $\psi_{it}=1-\delta_{it}$，则实际折旧额为 D_{it}，实际折旧额为 d_{it}，固定资产投资价格指数为 P_{it}。出于数据的可得性方面的考虑，各行业在相同年份采用相同的并以 1990 年为基期的固定资产投资价格指数。假设所有行业的投资转换率相同，均为 100%。永续盘存法的迭代公式为：

$$k_{it} = \frac{K_{it}}{P_{it}} = (1-\delta_i)\frac{K_{it-1}}{P_{it-1}} + i_{it} \tag{5.32}$$

考虑转换率后的年初资本存量迭代公式为：

$$k_{it} = (1-\delta_i)k_{it-1} + i_{it-1} \qquad (5.33)$$

折旧率、资本存量和折旧额的关系为：

$$d_{it} = \frac{D_{it}}{P_{it}} = k_{it}\delta_i \qquad (5.34)$$

将式（5.34）代入式（5.33）可得：

$$\frac{d_{it}}{\delta_i} = (1-\delta_i)\frac{d_{it-1}}{\delta_i} + i_{it-1} \qquad (5.35)$$

根据式（5.35）可算出行业的折旧率，再根据折旧率和式（5.33）算出行业的年初资本存量。

《中国投入产出表》提供了 2012 年、2015 年、2017 年和 2020 年行业层面的固定资产折旧额数据，根据式（5.35），能够测算出 2012—2015 年和 2015—2020 年每个行业的平均折旧率。通过对比《中国投入产出表》行业分类与 GB/T 4754—2017 分类标准发现，两者对行业的分类存在差异，《中国投入产出表》的行业分类更精细化，因此，笔者以 GB/T 4754—2017 分类标准为标准，结合《国际专利分类与国民经济行业分类参照关系表》将细分行业进行合并，形成 19 个细分行业的固定资本折旧额数据。从测算结果来看，2012—2015 年和 2015—2020 年行业的平均折旧率的测算结果与 2004—2013 年差异较大，且结果并不合理，故需要进行剔除。考虑到行业折旧率变化速度较慢，故笔者采用田友春（2016）测算出的 2004—2013 年固定资产折旧率数据，以 2004 年年初资本存量为基期，结合全社会固定资产投资和固定资产投资价格指数，根据式（5.33）和行业折旧率，最终计算得到 2004—2020 年年初资本存量的行业面板数据[①]。

（2）核心解释变量。

人工智能发展水平（AI）及其滞后项 $L.AI$ 和 $L2.AI$ 为资本积累的核心解释变量，测算方法与第三章一致，此处不再赘述。

（3）控制变量。

财政政策（$lgspd$）：财政政策是政府调控经济的重要手段，通过税收、转移支付以及政府购买等对微观经济主体的经济行为产生影响，尽可能影响资本存量。本书用当年财政支出取自然对数表示财政政策，并作为控制变量。

货币政策（mp）：货币政策是政府在宏观经济的又一重要手段，通过调节市场上的货币量间接作用于微观经济活动（牟俊霖和闫里鹏，2017），对资本

---

① 这里将当年的年初资本存量作为上一年的年末资本存量，因此可得到 2003—2020 年末资本存量的行业面板数据。

存量产生影响。货币政策松紧程度的测算方法与前文一致，采用 $mp = M2$ 增长率 $-GDP$ 增长率 $-CPI$ 增长率进行估算。

经济增速（$ggdp$）：经济增长能够影响居民收入水平，进而对投资率产生影响（郭为，2004），影响资本存量。本书将经济增速的滞后一期（$L.ggdp$）作为控制变量，控制其对资本存量的影响。

固定资产投资（$dinv$）：从资本存量的测算方法可知，资本存量等于上年剩余资本存量加上当年的投资（陈昌兵，2014），本书用行业固定资产投资额占行业增加值的比重进行衡量，并作为控制变量。

外商直接投资（$lfdi$）：一方面，外国资本流入能够增加国内可用于投资的储蓄，对促进国内资本形成具有直接贡献（章文光等，2012）；另一方面，能够带动国内投资（张天顶，2004）。本书为了控制外商直接投资对资本存量的影响，采用各行业外商直接投资额取自然对数进行度量。

国有化程度（own）：所有制结构是影响经济增长的直接原因（宋静，2013），基于此，本书为了控制所有制结构对经济增长的影响，采用国有化程度来衡量，即行业国有单位就业人员数与该行业总就业人数之比（Chen and Feng，2000）。

产业规模（$lscale$）：行业规模与外直接投资呈现显著的正向关联（刘娟，2019），进而可能影响资本存量。因此，本书为了控制行业规模对资本存量的影响，采用行业法人单位数量取自然对数来衡量。

（二）人工智能影响资本积累和资本结构的实证检验

1. 人工智能影响资本积累的基准回归结果

资本积累除了受人工智能等因素影响，还将受上期资本积累量的影响。基于此，笔者采用系统 GMM 对计量模型式（5-1）进行估计，使用被解释变量资本积累（gk）的 2～3 阶滞后作为系统 GMM 式工具变量，使用解释变量人工智能发展水平（AI）的 3～5 阶滞后作为系统 GMM 式工具变量；财政政策（$lgspd$）和货币政策（mp）为外生变量，其余控制变量用 2～3 阶滞后作为系统 GMM 式工具变量。采用逐步增加控制变量的方法对模型进行估计，表 5-2 报告了估计结果。

表 5－2　人工智能影响资本积累的基准回归结果

变量名	gk	gk	gk	gk	gk
$L.gk$	0.5032*** (0.0641)	0.5035*** (0.0633)	0.5223*** (0.0672)	0.5374*** (0.0812)	0.5346*** (0.0881)
AI	−0.2310 (0.1625)	−0.2418 (0.15784)	−0.2381 (0.1576)	−0.1973 (0.1245)	−0.1547** (0.0626)
$L.AI$	0.2456 (0.2362)	0.2535 (0.2473)	0.2344 (0.2335)	0.1566 (0.1399)	0.0539 (0.0642)
$L2.AI$	0.0228 (0.0438)	0.0168 (0.0568)	0.0377 (0.0846)	0.0977 (0.0566)	0.1213** (0.0528)
mp	16.4327*** (2.5314)	16.6934*** (2.3673)	16.1958*** (2.4914)	16.1792*** (2.5632)	16.5215*** (2.5122)
$lgspd$		−0.0001 (0.0070)	0.0032 (0.0073)	0.0027 (0.0054)	−0.0013 (0.0052)
$L.ggdp$			0.0473 (0.0395)	0.0351 (0.0302)	0.0537* (0.0246)
$dinv$				0.0059 (0.0036)	0.0048 (0.0039)
$lfdi$					0.0056*** (0.0013)
$constant$	0.0735*** (0.0128)	0.0696 (0.0731)	0.0287 (0.0854)	0.0544 (0.0756)	0.0132 (0.0628)
AR（1）	0.029	0.026	0.027	0.034	0.056
AR（2）	0.988	0.987	0.694	0.647	0.523
观测值	300	300	300	300	281
行业数	19	19	19	19	19

注：***、**和*分别表示 1％、5％和 10％的显著水平，括号中为稳健标准误。第 5 列数据显示，AR（1）拒绝了原假设，AR（2）接受了原假设，说明估计方程的残差项不存在序列相关。

基准回归结果显示，上一期资本积累增加能够显著促进当期资本积累。人工智能对资本积累的影响具有滞后效应，人工智能对当期资本积累的影响显著水平为负，对下一期的资本积累影响不显著，对滞后两期的资本积累水平具有显著的正向效应。说明人工智能对资本积累的影响具有滞后性，资本积累先下降后上升，故结论 5.1 得证。

此外，各控制变量回归系数与前人研究结果基本一致。具体而言，货币政策能够显著促进资本积累，与已有研究结论一致（金中夏等，2013）。财政政策对资本积累的影响不显著。经济增速与下一期的资本积累呈显著正相关关系，说明经济增长能够通过增加居民收入水平带来投资增长，进而促进资本积累。外商直接投资能够显著促进资本积累。固定资产投资对资本积累具有正向效应，但不显著。

2. 人工智能影响资本积累的稳健性检验

笔者通过更换估计方法、更换被解释变量以及增加控制变量等方式进行稳健性检验。为方便比较，将表 5-3 的第 1 列为基准回归结果。

首先，采用最小二乘法对计量模型式（5-1）进行估计，为减少模型可能存在的组内异方差，使用稳健标准误，表 5-3 的第 2 列展示了估计结果。其次，由于资本存量的自然对数也可表征增长率，因此，笔者采用资本存量的自然对数代替资本积累作为被解释变量，并再次进行回归，表 5-3 的第 3 列展示了估计结果。最后，在表 5-2 的第 5 列的基础上增加国有化程度和产业规模作为控制变量，并对计量模型式（5-1）再次回归，表 5-3 的第 4 列展示了估计结果。

无论是更换估计方法、更换被解释变量，还是增加控制变量的估计结果均表明，人工智能的当期值 AI 与资本积累呈显著负相关关系，滞后一期 $L.AI$ 的系数不显著，滞后两期 $L2.AI$ 与资本积累呈显著正相关关系，表明人工智能对资本积累的影响存在滞后性，随着人工智能技术在行业渗透，资本积累先下降后上升，回归结果与基准回归结果基本一致。

表 5-3 人工智能影响资本积累的稳健性检验结果

变量名	gk	gk	lk	gk
$L.lk$			0.9344***	
			(0.0123)	
$L.gk$	0.5346***	0.5369***		0.5462***
	(0.0881)	(0.0834)		(0.0881)
AI	−0.1547**	−0.0863***	−0.1955***	−0.1234***
	(0.0626)	(0.0269)	(0.0356)	(0.0265)
$L.AI$	0.0539	−0.0318	−0.0148	0.0231
	(0.0642)	(0.0467)	(0.0376)	(0.0142)
$L2.AI$	0.1213**	0.1589***	0.2571***	0.1276***
	(0.0528)	(0.0343)	(0.0533)	(0.0312)
控制变量	YES	YES	YES	YES
AR（1）	0.056	—	0.046	0.032
AR（2）	0.523	—	0.308	0.442

变量名	gk	gk	lk	gk
观测值	281	281	281	281
行业数	19	19	19	19
R^2	——	0.8126	——	——

注：***、**和*分别表示1%、5%和10%的显著水平，括号中为稳健标准误。第3、4列数据显示，AR（1）拒绝了原假设，AR（2）接受了原假设，说明估计方程的残差项不存在序列相关。

3. 人工智能影响资本结构的基准回归结果

本章的资本结构主要涉及资本行业结构和资本类型结构，其中，资本行业结构的变化是资本类型结构变化的结果和外在表现。基于此，笔者主要研究人工智能对资本行业结构的影响，实证检验人工智能影响资本结构的作用效应。资本的行业结构采用行业相对资本积累量进行衡量，即行业资本积累绝对量除以当年各行业平均资本存量。行业资本积累的增速是不断变化的，且存在行业差异，因此，尽管采用相对资本存量能够反映资本的行业结构，但人工智能影响资本结构的方向难以得到清晰的反映。为分析资本在两个行业之间的变化趋势，本章理论部分将行业按照人工智能智能渗透的难易程度分为工作重复性高、专业知识要求低的产品生产部门（行业1）和工作重复性低、专业知识要求高的服务部门（行业2）。笔者以此为基础，采用系统GMM对计量模型式（5-2）进行估计，表5-4展示了估计结果。

表5-4 人工智能影响资本结构的基准回归结果

变量名	gk	gk	gk	gk
$L.gk$	0.5282*** (0.0834)	0.5467*** (0.0889)	0.5455*** (0.0823)	0.5423*** (0.0858)
AI		−0.1445** (0.0522)	−0.1447** (0.0578)	
$L.AI$	0.0521 (0.0633)		0.0532 (0.0624)	
$L2.AI$	0.1145*** (0.0231)	0.1293*** (0.0243)		
AI （行业1）	−0.1912** (0.062)			−0.2233 (0.3324)

续表

变量名	gk	gk	gk	gk
AI (行业2)	−0.1233** (0.0517)			−0.1275** (0.0612)
L.AI (行业1)		−0.0012 (0.0832)		0.4172 (1.1120)
L.AI (行业2)		0.0556 (0.0632)		0.0506 (0.0624)
L2.AI (行业1)			0.0476 (0.0634)	0.0633 (0.7451)
L2.AI (行业2)			1.1421*** (0.0235)	1.1256*** (0.0273)
mp	16.3653*** (2.5734)	16.3378*** (2.4939)	16.3689*** (2.5843)	16.2490*** (2.5428)
lgspd	0.0023 (0.0062)	0.0021 (0.0061)	0.0019 (0.0063)	0.0018 (0.0063)
L.ggdp	0.0675** (0.0326)	0.0667** (0.0312)	0.0678** (0.0309)	0.0674** (0.0318)
dinv	0.0037 (0.0078)	0.0037 (0.0078)	0.0037 (0.0078)	0.0037 (0.0079)
lfdi	0.0041** (0.0015)	0.0042** (0.0015)	0.0043** (0.0015)	0.0042** (0.0016)
constant	−0.0112 (0.0710)	−0.0108 (0.0718)	−0.0109 (0.0718)	−0.0113 (0.0724)
AR（1）	0.031	0.031	0.031	0.032
AR（2）	0.453	0.456	0.457	0.445
观测值	281	281	281	281
行业数	19	19	19	19

注：***、**和*分别表示1％、5％和10％的显著水平，括号中为稳健标准误。第1、4列的数据显示，AR（1）拒绝了原假设，AR（2）接受了原假设，说明估计方程的残差项不存在序列相关。

基准回归结果显示，人工智能对资本积累的影响具有行业差异性，人工智能对产品生产部门和服务部门当期资本存量均具有显著的负向效应，且对产品生产部门的负向效应大于服务部门。人工智能滞后一期对产品生产部门和服务部门资本存量影响均不显著。人工智能滞后两期对产品生产部门和服务部门资本存量均具有正向效应，对服务部门的正向效应大于产品生产部门。说明在人工智能的影响下，工作重复性低、专业知识要求高的服务部门相对资本存量不断增加。故拒绝假说 5.1，假说 5.2 得证。

4. 人工智能影响资本结构的稳健性检验

为进一步验证人工智能对资本结构产生影响的作用方向，笔者借鉴 Sachs（2018）的做法，将行业基于人工智能智能渗透的难易程度分为以下三类：低专业知识程度、高重复性的产品生产部门（行业 1），中等专业知识程度、中等重复性的基本服务部门（行业 2），高专业知识程度、低重复性的专业服务部门（行业 3），具体分类情况见表 5-1。表 5-5 展示了稳健性检验结果。

表 5-5　人工智能影响资本结构的稳健性检验结果

变量名	gk	gk	gk	rk
L.gk	0.5432***	0.5445***	0.5448***	0.5432***
	(0.0876)	(0.0858)	(0.0848)	(0.0912)
AI（行业1）	−0.1778**			−0.3247
	(0.0633)			(0.4835)
AI（行业2）	−0.3181			−0.0827
	(0.2133)			(0.6671)
AI（行业3）	−0.1402**			−0.1545**
	(0.0513)			(0.0622)
L.AI（行业1）		−0.0015		0.8156
		(0.0845)		(1.6123)
L.AI（行业2）		−0.1818		−2.9132
		(0.2802)		(3.2545)
L.AI（行业3）		0.0530		0.0576
		(0.0589)		(0.0634)
L2.AI（行业1）			0.0574	−0.6068
			(0.0668)	(1.1847)
L2.AI（行业2）			−0.1244	0.0485
			(0.3468)	(3.2423)
L2.AI（行业3）			0.1226***	0.1278***
			(0.0268)	(0.0245)
控制变量	YES	YES	YES	YES
AR（1）	0.031	0.031	0.031	0.030
AR（2）	0.453	0.466	0.464	0.381
观测值	281	281	281	281

变量名	gk	gk	gk	rk
行业数	19	19	19	19

注：***、** 和 * 分别表示 1%、5% 和 10% 的显著水平，括号中为稳健标准误。第 1、4 列的数据显示，AR（1）的 P 值均小于 0.05，即 AR（1）拒绝了原假设，AR（2）的 P 值均大于 0.1，即 AR（2）接受了原假设，说明估计方程的残差项不存在序列相关。

稳健性检测结果显示，人工智能对资本积累的影响具有行业差异性，人工智能对当期资本存量具有负向效应，对行业 1 的负向效应大于行业 3，人工智能滞后一期对资本存量影响不显著，人工智能滞后两期对资本存量具有显著的正向效应，对行业 3 的正向效应大于行业 1。说明在人工智能的影响下，工作重复性低、专业知识要求高的专业服务部门相对资本存量增加，得与基准回归结果同样的结论：拒绝假说 5.1，假说 5.2 得证，且进一步说明在人工智能的影响下，服务部门相对资本存量不断增加主要表现为专业服务部门资本存量增加。

（三）人工智能、资本积累和资本结构影响经济增长的效应分析

资本是经济增长至关重要的实现路径，笔者将实证检验资本积累和资本结构对经济增长的影响。资本积累存在黄金积累量，资本积累与经济增长的关系非线性（林晨等，2020），但中国作为发展中国家，资本积累尚存在较大空间，通过增加资本积累能够促进经济增长（杨先明和秦开强，2015）。因此，不考虑资本积累和相对资本积累的二次项。资本的行业结构可以采用行业相对资本积累量进行衡量，即行业资本存量除以当年各行业平均资本存量。

基于此，在计量模型 Path A 的基础上，加入资本积累和资本结构，并再次回归，表 5-6 的第 1、2 列展示了回归结果；表 4-8 的第 1 列显示了加入劳动力就业水平和劳动力收入水平的估计结果，在此基础上分别加入资本积累和资本结构，并再次回归，表 5-6 的第 3~4 列展示了回归结果；表 4-8 的第 2 列显示了加入高技能劳动力就业水平和劳动力收入水平的估计结果，在此基础上分别加入资本积累和资本结构，并再次回归，表 5-6 的第 5~6 列展示了回归结果。

表5-6 考虑资本变量的总效应估计结果

变量名	$lgdp$	$lgdp$	$lgdp$	$lgdp$	$lgdp$	$lgdp$
AI	−0.5128 (0.3389)	−0.5967* (0.3058)	−0.5233 (0.3265)	−0.5892** (0.2936)	−0.3835 (0.3141)	−0.4879* (0.2745)
$L.AI$	0.9845** (0.3859)	0.9279*** (0.3478)	0.6548* (0.3865)	0.5843* (0.3451)	0.4278 (0.3836)	0.3436 (0.3234)
gk	0.1865*** (0.0642)		0.1479*** (0.0516)		0.2458*** (0.0564)	
dk		0.1416* (0.0763)		0.1446** (0.0633)		0.2367*** (0.0637)
$lworker$			2.0636*** (0.4238)	1.9357*** (0.4463)		
$lskill$					0.1334*** (0.0289)	0.1224*** (0.0274)
$lwage$			0.1179*** (0.0197)	0.1328*** (0.0183)	0.0834*** (0.0224)	0.1025*** (0.0232)
控制变量	YES	YES	YES	YES	YES	YES
观测值	300	300	300	300	300	300
行业数	19	19	19	19	19	19
R^2	0.9286	0.9257	0.9432	0.9441	0.9436	0.9425

注：***、**和*分别表示1%、5%和10%的显著水平，括号中为双重聚类稳健标准误。所有回归均包含个体和年份固定效应。

表5-6的回归结果显示，资本积累和资本结构与经济增长表现出显著的正相关关系，说明目前我国投资驱动增长仍具有很大的空间，资本结构是影响经济增长的重要因素，相对资本存量的增加能够显著促进经济增长。当加入资本积累和资本结构后，人工智能对当期经济增长的负向效应不再显著，不难理解，人工智能能够通过作用于资本积累和资本结构进而影响经济增长，而人工智能对当期经济增长产生负向效应另一个重要原因是智能机器渗透带来的资本积累减速，这一推论将在本章的机制分析进行验证；从滞后一期来看，人工智能能显著促进下一期经济增长。

（四）长期效应分析

在AI具有滞后效应的情况下，按照本书第四章的方法进行长期效应估计，可得到人工智能对资本积累和资本结构的长期效应，表5-7展示了估计结果。第1列数据显示了人工智能影响资本积累的长期效应；第2列数据显示了人工智能影响资本结构的长期效应。

表 5-7 人工智能对劳动就业和劳动收入的长期效应

变量名	gk	gk
$L.gk$	0.5346*** (0.0881)	0.5423*** (0.0858)
AI	0.0205* (0.0122)	
AI （行业1）		0.2572** (0.1566)
AI （行业2）		1.0487*** (0.0132)
$L.AI-AI$	0.0539 (0.0642)	
$L2.AI-AI$	0.1213** (0.0528)	
$L.AI-AI$ （行业1）		0.4172 (1.1120)
$L.AI-AI$ （行业2）		0.0506 (0.0624)
$L2.AI-AI$ （行业1）		0.0633 (0.7451)
$L2.AI-AI$ （行业2）		1.1256*** (0.0273)
控制变量	YES	YES
AR（1）	0.056	0.032
AR（2）	0.523	0.445
观测值	281	281
行业数	19	19

注:***、** 和* 分别表示 1%、5%和 10%的显著水平，括号中为稳健标准误。第 1~2 列数据显示，AR（1）拒绝了原假设，AR（2）接受了原假设，说明估计方程的残差项不存在序列相关。

表 5-7 的估计结果显示，第 1 列 AI 的系数均显著为正，说明现阶段人工智能对资本积累的正向效应大于负向效应，资本积累呈现增长趋势。从第 2 列来看，服务部门 AI 的系数大于产品生产部门，且均为正，说明人工智能对服务部门和产品生产部门的资本积累均具有正向效应，且对服务部门的正向效应大于产品生产部门，服务部门相对资本存量呈上升趋势。

（五）作用渠道检验

本章从理论上分析了人工智能通过作用于资本积累和资本结构进而影响经济增长的作用机理，并结合实证检验结果，得到以资本积累为中介变量的分析结果。以相对资本积累作为资本结构的代理变量，发现人工智能对资本的行业结构存在显著的影响。由于相对资本积累仅能反映资本的行业结构，未考虑资本行业结构变化过程中的资本异质性，并不能证明人工智能通过作用于资本结构对经济增长的作用方向。相对资本积累也未体现资本的类型结构，又由前文的理论分析发现，资本的类型结构发生变化表现为资本行业结构的变化，带来资本生产效率提升将对经济增长产生影响。基于此，笔者将单位资本产出作为资本生产效率的代理变量，采用系统 GMM 实证检验人工智能引起资本行业流动过程中的资本效率变动趋势。估计结果见表 5－8。为观测人工智能通过资本渠道影响经济增长的长期效应，表 5－8 同时展示了人工智能产生影响的长期效应估计结果。

表 5－8　资本积累和资本结构的作用渠道检验结果

变量	Path A $lgdp$	Path B gk	Path C $lgdp$	Path B dk	Path C $lgdp$	kg
AI	-0.5168^{*} (0.2863)	-0.1547^{**} (0.0626)	-0.5128 (0.3389)	-0.0434^{**} (0.0173)	-0.5967^{*} (0.3058)	0.9767^{*} (0.5436)
AI （长期效应）	0.2177^{***} (0.1236)	0.0205^{*} (0.0122)	0.4717^{***} (0.1345)	0.0350^{*} (0.3234)	0.3312^{***} (0.1069)	2.1216^{*} (0.5661)
$L.AI$	0.7345^{**} (0.3169)	0.0539 (0.0642)	0.9845^{**} (0.3859)	0.0360^{**} (0.0227)	0.9279^{***} (0.3478)	1.1323 (0.6423)
$L.AI2$		0.1213^{**} (0.0528)		0.0424 (0.0153)		
gk			0.1865^{***} (0.0642)			
dk					0.1416^{*} (0.0763)	
控制变量	YES	YES	YES	YES	YES	YES
AR（1）		0.056		0.025		0.045
AR（2）		0.523		0.289		0.265
观测值	281	281	300	281	281	300
行业数	19	19	19	19	19	19

变量	Path A $lgdp$	Path B gk	Path C $lgdp$	Path B dk	Path C $lgdp$	kg
R^2	0.9254		0.9286	—	0.9252	—

注：***、** 和* 分别表示 1%、5%和10%的显著水平，括号中为稳健标准误。

表5—8的估计结果显示，在人工智能影响经济增长的过程中，资本积累和资本结构具有部分中介效应。从资本积累来看，Path A 中人工智能的系数 α_1 和 α_2 均显著，验证了人工智能影响下经济增速呈先下降后上升的趋势，说明总效用存在；人工智能长期效应为正，说明人工智能能够促进经济增长。就资本积累而言，Path B 中的 β_1 和 β_3 均显著，说明人工智能在行业的应用能够使资本积累先下降后上升，与理论分析一致；人工智能长期效应为正，说明人工智能能够对资本积累具有正向效应。Path C 中的 λ_3 显著，表明行业资本积累的中介效应存在；且 Path C 中的 λ_2 也显著，说明资本积累作为中介变量起到了部分中介效应，说明人工智能技术创新能够通过影响行业资本积累进而使经济增长先下降后上升，与结论5.2一致。从人工智能长期效应看，其对资本积累的正向效应大于负向效应，能够通过促进资本积累推动经济增长。就资本结构而言，表5—4的估计结果表明，人工智能对资本积累的影响存在行业差异，进而带来资本行业结构发生变化。而行业相对资本存量作为资本结构的代理变量并未考虑资本的异质性，但能够反映行业资本结构的变化，结合表5—8的第1、4、5列的估计结果发现，资本结构作为中介变量起到了部分中介效应，说明人工智能技术创新能够通过影响资本在行业的配置进而影响经济增长。第6列的估计结果显示，在人工智能的影响下，人工智能的当期和滞后一期对资本的产出效率均呈正相关关系，说明在资本行业结构变动的过程中，智能渗透效应和边界延展效应能够提升资本产出效率，进而实现经济增长。故人工智能能够通过影响资本结构使经济呈增长趋势，结论5.3得证。结合长期效应可知，人工智能技术创新会促进产品生产部门和服务部门资本积累，但对服务部门的促进作用大于产品生产部门，服务部门相对资本存量上升；无论产品生产部门的相对资本存量上升还是服务部门的相对资本存量上升，都将提升资本生产效率，进而促进经济增长。

第六章　人工智能影响经济增长的生产率渠道

生产技术能够通过影响生产效率，为经济增长提供动力源泉，基于此，本章将生产效率分解为技术进步和技术效率，重点分析人工智能通过作用于技术进步和技术效率，进而对经济增长的作用效应，并采用 2003—2020 年行业面板数据进行实证检验。

一、生产率渠道分析基础

（一）全要素生产率的解构

生产效率是在一定时期内，生产过程中的实际产出与其相应的资源要素消耗量之间的比率，是衡量要素投入与产出关系的关键指标，包括单因素生产效率和综合生产效率。当仅投入劳动和资本两种要素进行生产，单因素生产率可分解为劳动生产率和资本生产率；综合生产率也称为全要素生产率，能够反映复合生产要素投入与产出之间的关系。

1957 年，Solow 首先提出用全要素生产率来衡量技术进步，即资本和劳动投入之外的，包括技术进步等因素带来的产出增加部分，或在资本和劳动投入不变的条件下产出仍能增加的部分，也称为索洛余值。对全要素生产率的测算方法较多，包括索洛余值法、拓展的索洛余值法以及数据包络分析法等。Fare 等于 1994 年在 DEA 方法的基础上提出了 DEA-Malmquist 指数方法，这一测算方法能够在不需要函数形式也不需要投入产出相关信息的条件下，简便快捷地测算出全要素生产率指数。全要素生产率本质上涵盖了前沿技术进步和技术效率的变化（赵文哲，2008），因此，其可以分解为前沿技术进步和技术效率的改善。本章的实证检验将采用 DEA-Malmquist 指数方法进行测算，并将全要素生产率分解成前沿技术进步和技术效率两个部分。其中，前沿技术进步可追溯至 1957 年，当时 Solow 指出，技术进步在短期内可表示为"生产函数的变动"以及"使生产函数发生移动的因素"。由此可见，前沿技术进步主要反映生产前沿函数的移动，当生产前沿函数上移，说明实现了前沿技术进步，当生产前沿函数下移，说明生产技术后退。

Farrell 于 1957 年引入技术效率（Technical Efficiency，TE）的概念，认为技术效率是在其他条件保持不变的前提下，产出所需的最小成本占实际成本的比例。Leibenstein（1966）进一步指出技术效率是其他条件不变的条件下，实际产出占最佳产出的比例。本质上来说，技术效率反映的是在同一生产函数下，实际产出与最优产出的距离，一般情况下，实际产出一般是不能达到最优产出水平，而是位于生产前沿函数以下，它们距离越近，说明效率越高；反之，则说明效率越低。

若生产过程中有劳动和资本两种投入要素，其中，资本投入保持不变，则生产前沿函数的具体形式为 $Y = AF(\overline{K}, L)$。若生产是完全有效的，则实际产出能够实现最优产出水平，如图 6-1 所示，在第 t 期和第 $t+1$ 期，劳动要素量投入分别为 L_1 和 L_2，两个时期生产者面临的最优产出水平分别位于 $A_1F(\overline{K}, L)$ 和 $A_2F(\overline{K}, L)$ 两个最优产出边界上。

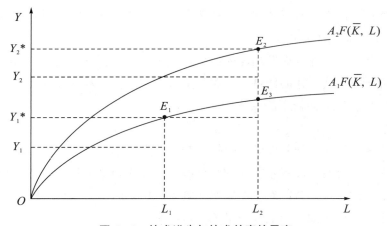

图 6-1 技术进步与技术效率的界定

当劳动要素投入量为 L_1 时，最优产出水平位于生产前沿函数 $A_1F(\overline{K}, L)$ 决定的产出水平 Y_1^*；当劳动要素投入量为 L_2 时，最优产出水平位于生产前沿函数 $A_2F(\overline{K}, L)$ 决定的产出水平 Y_2^*。受技术应用程度等一系列因素的限制，生产完全有效的假设在现实的生产过程中并不能实现，产出水平并不能达到最优水平，而可能落在最优产出边界之内。当要素投入为 L_1 时，实际产出水平 Y_1 位于最优产出水平以下，$(Y_1^* - Y_1)$ 即为第 t 期的效率损失；当要素投入为 L_2 时，实际产出水平 Y_2 位于最优产出水平以下，$(Y_2^* - Y_2)$ 即为第 $t+1$

期的效率损失；E_2E_3 即为第 $t+1$ 期相对于第 t 期的前沿技术进步，$[(Y_1^* - Y_1) - (Y_2^* - Y_2)]$ 为技术效率的改善。

（二）基于"生产率悖论"的争议

近年来，随着人工智能技术创新不断取得突破性进展，人工智能对生产效率的影响也引起学者的关注。截至目前，围绕人工智能与生产效率的研究主要基于"生产率悖论"展开。Solow 于 1987 年提出，除生产率统计方面之外，计算机技术的使用无处不在。之后，学者便将计算机等信息技术对经济社会所产生的实际效应与期望不一致的现象称为"生产率悖论"或"索洛悖论"。究其本质，"生产率悖论"可理解为，计算机等信息技术在经济社会大量使用，但实际的劳动生产率、全要素生产率并未得到改进的社会现象。目前，已有大量学者注意到了技术创新过程中的"生产率悖论"，且有大量研究一致认为传统技术创新过程中存在"生产率悖论"（Fernandes，2008；李尚骜，2011；毛德凤，2013；张同斌，2016），同时，也有研究发现，"生产率悖论"的产生具有阶段性，不同发展水平的国家和地区在不同阶段均会出现不同程度的"索洛悖论"（王军亚，2005）。

人工智能正迅速发展并加速向经济社会渗透，这是否也存在"索洛悖论"呢？部分研究围绕上述问题进行了深入探讨，主要存在两种观点：一种观点认为，人工智能技术创新不断取得突破的同时，并未看到生产率也呈指数级增长，恰恰相反的是，劳动生产效率呈下降趋势（郭敏，2018；杨虎涛，2018）；另一种观点认为人工智能能够有效提升全要素生产率，证伪了"生产率悖论"，且发现人工智能对中高技术行业的生产率提升效应相对更强（刘亮，2020）。

综上所述，人工智能对生产效率的具体作用方向至今未有定论，但这一问题是分析人工智能如何影响经济增长不可回避的主题。为进一步探明人工智能影响经济增长的作用机理，本章将围绕人工智能的四个经济效应，深入分析人工智能影响经济增长的生产率渠道。

二、人工智能影响经济增长的技术进步路径

前沿技术进步主要来源于技术的传播和扩散、科学发现与发明以及技术革新和改进等内容。人工智能将通过智能渗透效应、知识创造效应和自我深化效应作用于以上三个方面影响生产边界，进而影响前沿技术进步。

（一）智能渗透对技术进步的影响

人工智能作为一种通用技术，具有智能渗透效应。人工智能技术在行业渗透的初期，将会在某些关键行业部门率先使用，推动这些部门实现技术进步，并大幅提升产出水平，增加部门利润盈余。这些技术进步快的"快"部门本身需要其他部门的"引致需求"拉动自身采用新技术，实现技术进步，同时也反过来对技术进步慢的"慢"部门产生扩散。技术进步慢的"慢"部门为追求更高的利润，也将引入人工智能技术，进而新技术在"慢"部门不断传播和扩散。但由于短期内，受行业规模和技术成熟度限制，人工智能技术传播和扩散范围有限。长期而言，随着人工智能与经济社会加速渗透融合，各关联环节产品的服务需求将大幅提升，使对应细分行业和相关行业规模迅速扩大，而人工智能产业体系也不断发展壮大。人工智能技术创新迅速在行业传播和扩散，最终在更大范围和更长时间内起到推动技术进步的作用，实现整个社会生产边界的拓展。

（二）知识生产对技术进步的影响

人类社会技术进步的过程，也是科学知识生产的过程。人工智能作为新一轮技术进步最显著的技术创新，开启了从自然科学到社会科学的知识生产崭新阶段，促进了科学知识生产方法、手段和工具的全方位变革。机器学习尤其是深度学习在算法和模型选择等方面具有明显的优势，在扩大科学研究内容的同时，实现了科学知识生产的自动化。机器学习和深度学习作为人工智能的代表性技术，能够通过自动化知识生产，促进科学知识的产出呈指数级增长，加速科学发现和发明的产生，推动前沿技术进步。

自动化知识生产对前沿技术进步的作用机制主要表现在以下四个方面：一是机器学习和深度学习带来自动化科学知识生产，能够实现知识产出呈指数级增长，是知识生产技术进步的重要体现，极大地推动了科学知识生产边界的拓展；二是自动化科学知识生产加速科学理论发展，科学理论的发展尤其是计算机科学、电子工程、自动化、神经科学、认知科学、心理学等学科为人工智能相关技术的研发提供了十分丰富的科学理论指导，能够进一步促进人工智能相关技术以及生产过程中的技术取得突破，以实现生产可能边界迅速扩大；三是技术创新可能存在于已有的某种科学知识的组合中，而科学知识涉及的内容和领域广泛而复杂，人工智能识别效率的提高能够迅速找出科学知识中最有价值的组合（Agrawal，2018），加速技术创新，推动技术进步；四是科学知识作为新技术应用的转化剂和加速剂，能够促进新兴技术转化应用，促进生产技术进步。

（三）自我深化对技术进步的影响

人工智能强大的技术支撑赋予了传统技术创新所无法比拟的"智能"特性，且能够在一定程度上摆脱人工智能技术更新过程中对人类程序员的依赖，即实现自我学习和更新升级。计算机技术的变革极大地提高了计算机的运算能力，同时降低了硬件成本；机器学习和深度学习取得突破，实现了自我学习和自我提升；信息技术和互联网迅速发展，为机器学习和深度学习提供了大量的素材和大数据资源；机器学习获得了大量的"学习结果"，促进了各种计算机技术的发展，包括计算机图像识别技术、语音识别技术、自然语言处理技术、规划决策系统和统计分析技术等，又进一步为人工智能的发展提供技术支撑。机器学习尤其是深度学习使机器人、算法或系统拥有类似人的学习能力，并通过不断学习和预测，实现智能机器的自我提升。随着人工智能在行业的应用范围逐渐扩大，应用程度逐渐加深，智能机器、算法或系统的自我学习、自我更新加速生产领域技术革新和技术改进，使自身的功能更加多样化，生产能力得以提升，加速智能机器完成生产任务边界拓展，并推动整个社会生产可能性边界上移，实现前沿技术进步。

（四）技术进步效应下人工智能对经济增长的影响

图6-1将全要素生产率分解为前沿技术进步和技术效率，并对两者进行了详细的区分。本章深入分析了人工智能的智能渗透效应、知识生产效率和自我深化效应对前沿技术进步的影响，结果显示，人工智能通过以上三大效应促进前沿技术进步。要明确人工智能是否能通过全要素生产率对经济增长产生影响，需要首先明确人工智能通过作用于前沿技术进步对经济增长的影响。从图6-1可以发现，经济产出水平从第 t 期的 Y_1 上升到第 $t+1$ 期 Y_2，其中，受前沿技术进步的影响，生产函数由 $A_1 F(\bar{K}, L)$ 上升到 $A_2 F(\bar{K}, L)$，$E_2 E_3$ 为第 $t+1$ 期前沿技术进步带来的产出水平增长部分。

综上所述，人工智能的智能渗透效应、知识创造效应以及自我深化效应将通过加速技术的传播和扩散、加快科学发现和发明的产生、促进技术革新和技术改进等方式促进前沿技术进步，进而提升全要素生产率，实现经济增长。基于此，得到结论6.1。

结论6.1：人工智能通过促进前沿技术进步推动经济增长。

三、人工智能影响经济增长的技术效率路径

技术效率往往源于企业管理效率的提升以及生产经验的累积，主要受人力资本积累、先进管理方法与理念的引进、生产组织形式的改变以及各种制度变革等因素的影响。

（一）智能渗透对技术效率的影响

人工智能加快向经济社会渗透，正在作为劳动力和资本两种实体要素的结合体进入生产活动。其中，作为劳动力，人工智能能够带来生产效率具有比较优势的智能机器替代人类劳动力，实现技术效率提升；作为资本，生产效率更高的智能机器能够以物质实体的形式存在，并替代传统的生产机器，提升生产效率。与此同时，人工智能在行业的应用还能够提升其他生产要素间衔接配合的契合度，降低摩擦成本，提高运行效率。此外，如图 6－2 所示，人工智能还能够作为新的生产要素，与传统生产要素融合，补充或增强传统生产要素，带来企业组织、管理、生产流程的改变，改善要素质量与配置效率，因此，随着人工智能技术创新的迅速发展，生产效率可提高一个或多个数量级。另外，人工智能正在不断向教育部门渗透，而教育是人力资本积累的重要手段，人工智能在教育部门的应用，将加速人力资本积累，进而提升劳动力受教育程度，提升技术效率。

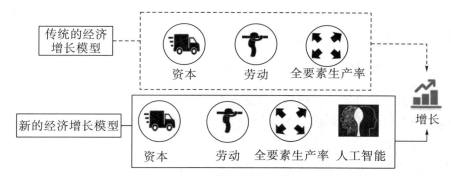

图 6－2　人工智能作为新生产要素的增长模型

人工智能在经济社会的深入渗透将带来知识生产方式变革、智能机器替代人类劳动等，还将直接催生新的经济形态——智能经济。智能经济这一概念于2010 年 3 月，在欧盟委员会公布的"欧洲 2020 战略"中被提出，是指建立在智能基础上，通过利用人类智力、借助机器人等人工智能设备，将人类智慧与

计算机网络和终端设备相融合，以智能产业和企业为支撑，将人工智能技术创新渗透进社会生产、交换、分配和消费的整个过程，产出高知识附加值和高知识密度的产品或服务，并将人工智能技术应用于宏观经济管理与决策的经济结构和经济形态。人工智能作为通用目的技术，其智能渗透效应推动智能经济不断深入。在智能经济中，无论是微观主体的管理方式、社会管理方式还是经济社会组织运行的模式都不断改革，智能化、信息化管理加速实现，技术效率实现大幅提升。

（二）边界延展对技术效率的影响

边界延展效应作为人工智能的经济效应之一，随着人工智能向经济社会加速渗透，表现为智能机器不断延伸人的肢体活动范围和智力发展空间、节约人类体力和脑力。原来在生产过程中难以实现的生产任务，在人工智能的作用下能够得到实现，进而缩短实际产出与最优产出之间的距离，实现生产效率的提升。

边界延展还表现出对社会新任务的创造，促进整个社会生产任务的升级。人工智能在经济社会的渗透将改变生产、分配、交换和消费等经济活动，创造全方位多领域的智能化新岗位需求，催生新技术、新产业、新模式，增加新的工作岗位，但新岗位需要的劳动力不再是传统产业链上的简单重复劳动，也不是只需掌握机械工作原理或技巧的车间管理人员，而是具备科研能力和技术创新思维的高技能劳动力，具体表现为高技能劳动力就业需求增加。随着整个社会生产任务的不断升级，高技能劳动力比例将不断上升，而高技能劳动力生产经验更加丰富，生产过程中的实际产出水平更高，提升技术效率。

（三）自我深化对技术效率的影响

人工智能的自我深化效应除了通过机器学习，尤其是深度学习，不断进行预测和自我学习，可以扩大智能机器可完成的任务范围，促进技术进步，还将运用类似人的学习能力进行预测和学习，实现自我更新升级，提高智能机器的生产效率，即 $\Delta \ln \gamma_{M_t} > 0$，进而提升生产过程中能够完成的实际产出水平。

人工智能在与经济社会渗透融合的过程中表现出了传统技术创新所无法比拟的智能渗透效应和自我深化效应。其中，自我深化效应的发挥主要建立在智能渗透的基础上，表现在已实现智能自动化的生产任务上。由上文分析可知，人工智能几乎能够渗透经济社会各个行业、各个环节，促进行业或生产环节技术效率改善，人工智能的自我深化效应与智能渗透效应相结合，将在智能渗透的基础上，进一步提升智能机器的生产效率，改善技术效率。智能渗透将催生智能经济，推动微观主体的管理方式、社会管理方式和经济社会组织运行的模式不断改革，实现生产效率的改善，而自我深化效应作用于智能经济，将更大范围、更深层次地改变经济社会管理和运行方式，促进技术效率提升。

综上所述，人工智能所表现出的智能渗透效应、边界延展效应、知识创造效应以及自我深化效应能够通过促进技术进步和改善技术效率提升全要素生产率。由于人工智能的经济效应的发挥在不同阶段具有差异性，相应地对全要素生产率的影响同样表现出阶段差异，但无论是导入期还是拓展期，人工智能均表现出对全要素生产率的正向效应。基于此，可得结论6.2。

结论6.2：在人工智能的影响下，全要素生产率表现为上升趋势。

（四）技术效率效应下人工智能对经济增长的影响

从图6-1可知，在第 t 期，投入 L_1 的劳动要素，产出水平为 Y_1。在第 t +1期，投入 L_2 的劳动要素，产出水平为 Y_2，$Y_2 - Y_1$ 即为总产出增长部分，其中，X 为劳动要素投入增加所实现的产出增长部分。由前文的分析可知，$E_2 E_3$ 为第 t +1期相对于第 t 期实现的技术进步带来的产出水平增长部分。此外，$[(Y_1^* - Y_1) - (Y_2^* - Y_2)]$ 是因技术效率的改善所带来的产出增长部分。综上，总产出增长部分由投入要素的贡献、技术进步的贡献以及技术效率的贡献三个部分构成（余建斌等，2007），可表示为 $Y_2 - Y_1 = X + E_2 E_3 + (Y_1^* - Y_1) - (Y_2^* - Y_2)$。

人工智能的智能渗透效应、边界延展效应和自我深化效应将通过作用于经济社会，能够提升投入要素生产效率，提升其他生产要素间衔接配合的契合度，补充或增强传统生产要素，不断变革微观主体的管理方式、社会管理方式以及经济社会组织运行的模式，延伸人的肢体活动范围和智力边界、节约人类体力和脑力，提升具有更高生产经验的高技能劳动力就业，进而改善技术效率，促进经济增长。基于此，可得到结论6.3。

结论6.3：人工智能能够通过改善技术效率进而实现经济增长。

四、技术进步和技术效率路径的实证检验

本章基于技术进步路径和技术效率路径深入分析了人工智能影响经济增长

的生产率渠道，明确了人工智能通过作用于生产效率进而影响经济增长的作用机理。基于此，选取 2003—2020 年行业面板数据对本章理论分析得到的结论进行实证检验。同样，在实证检验过程中也要涉及对变量之间影响的过程和机制进行分析，因此，也将用到中介效应分析方法。

（一）研究设计

1. 计量模型构建

笔者借鉴刘亮和胡国良（2020）关于人工智能影响全要素生产率的计量模型，并考虑人工智能对全要素生产率的滞后期，以捕捉人工智能可能存在的滞后效应。根据赤池信息准则和贝叶斯信息准则确定解释变量的滞后期为 2，考虑到外商直接投资、行业国有化程度、劳动力年龄结构和人力资本水平等因素对全要素生产率的影响，本书将计量模型进行了扩展，结合 Path B，具体形式如下：

$$tfp_{it} = \beta_0 + \beta_1 Ai_{it} + \beta_2 L.Ai_{it} + \beta_3 L2.Ai_{it} + \beta_4 X_{it} + \chi_{i2} + \gamma_{t2} + \varepsilon_{it2} \tag{6-1}$$

式中，tfp 表示行业全要素生产率增长水平，为被解释变量；AI、$L.AI$ 和 $L2.Ai$ 分别表示人工智能的当期和滞后期。为核心解释变量；其余变量的设定与计量模型式（4-1）一致。

2. 变量说明

（1）被解释变量。

全要素生产率（tfp）。截至目前，对全要素生产率（tfp）的测算方法较多，测算结果存在较大差异。本书采用 DEA-Malmquist 方法，估算了我国国民经济 19 个行业的全要素生产率的变化趋势。用行业资本存量、行业年末就业人数作为投入变量，选取行业增加值作为产出变量。其中，2003 年行业划分进行了调整，导致 2002 年行业增加值和年末就业人数的数据存在缺失，故采用插值法将其补齐。采用运用 DEAP2.1 软件估算得到 2003—2020 年全要素生产率增长率的行业面板数据。基于此，采用 DEA-Malmquist 指数方法将全要素生产率指数分解为前沿技术进步（$techch$）和技术效率（$effch$）两个变量，且 $tfp = techch \cdot effch$。与本章理论分析一致，前沿技术进步即生产前沿函数从第 t 期到第 $t+1$ 期的移动幅度，可以理解为生产技术创新程度。若 $techch > 1$，则说明生产技术进步；反之，则说明生产技术后退。技术效率衡量的是实际生产从第 t 期到第 $t+1$ 期对生产边界的接近程度，实际产出与最优产出的距离越大，技术效率越低；反之，技术效率越高；另外，若 $effch>1$，则表示技术效率有所改善；反之，则表示技术效率下降。

（2）核心解释变量。

人工智能发展水平（AI）及其滞后项 $L.AI$ 和 $L2.AI$ 为核心解释变量。其中，人工智能发展水平（AI）的测算方法与第三章一致，选取人工智能相关专利申请量作为人工智能发展水平的代理变量，此处不再赘述。

（3）控制变量与数据说明。

为避免变量遗漏的问题，笔者参考已有研究，选取了一系列可能影响行业生产效率的指标作为控制变量。

外商直接投资（$lfdi$）：贸易往来、外商直接投资会通过产生的知识外溢对全要素生产率产生影响。因此，为了控制外商直接投资对生产效率的影响，采用各行业外商直接投资额取自然对数进行度量。

资本投入水平（rk）：大量研究发现，科研投入是影响全要素生产率的直接因素，主要反映要素禀赋，但由于分行业的科研投入数据缺失，笔者采用人均资本投入作为代理变量，以控制其对生产效率的影响。

国有化程度（own）：王志刚等（2006）、云凌志和王凤生（2010）、王林辉和董直庆（2012）等研究均发现，国有化程度对生产效率具有显著影响。为了控制国有参与度对全要素生产率的影响，与上文一致，用行业国有单位就业人员数与该行业总就业人数之比来表示。

人力资本水平（edu）：劳动力的素质和技能水平是影响生产效率的主要因素，如果不考虑人力资本水平，则低估了全要素生产率提高程度。笔者采用行业劳动力平均受教育年限来衡量，以控制其对全要素生产率的影响。

劳动投入强度（$spent$）：劳动强度指标会影响生产率变动（吕景春，2007），本书用行业周平均工作时间衡量劳动投入强度，并将其作为控制变量。

劳动就业年龄（age）：不同年龄的劳动力在体力、经验、技术水平等方面均存在差异（阳义南和谢予昭，2014），进而生产效率也将存在差异。本书为了控制了劳动年龄对生产率的影响，参照受教育水平的计算方法，用行业劳动力平均就业年龄来衡量。

行业规模（$lscale$）：产业规模的不同的行业市场净资产的存在差异，进而可能提高影响规模效率影响总体效率（吕昌春和康飞，2010），本书控制了行业规模对生产效率的影响，采用行业法人单位数量的自然对数来衡量。

最后的控制变量是时间变量 T，并考虑到样本最早时间为 2003 年，故时

间 T 取值为年份减去 2002。

本章的相关数据主要来源于 2003—2021 年《中国统计年鉴》《中国工业统计年鉴》以及《中国第三产业统计年鉴》等。

（二）人工智能影响全要素生产率的实证分析

1. 人工智能影响全要素生产率的基准回归结果

下面采用固定效应模型对模型进行估计。为避免自相关和异方差等问题对估计结果有效性的影响，笔者对标准误在个体和时间上进行双重聚类调整，并采用逐步增加控制变量的方法对模型进行估计，表 6-1 展示了估计结果。

表 6-1　人工智能影响全要素生产率的基准回归结果

变量名	tfp	tfp	tfp	tfp	tfp	tfp
AI	0.2371***	0.1873*	0.1234	0.1367	0.1366	0.1855*
	(0.0819)	(0.1045)	(0.0913)	(0.1126)	(0.1175)	(0.1039)
$L.AI$	−0.5625***	−0.3834***	−0.4254***	−0.3963***	−0.3931***	−0.3736***
	(0.1125)	(0.1445)	(0.1027)	(0.1365)	(0.1424)	(0.1425)
$L2.AI$	0.4432***	0.3934***	0.5264***	0.4660***	0.4375***	0.3577***
	(0.0612)	(0.0545)	(0.0816)	(0.0852)	(0.0863)	(0.0579)
$lfdi$	0.0704	0.2065*	0.1725	0.1628	0.1534	0.1657
	(0.1043)	(0.1235)	(0.1116)	(0.1267)	(0.1152)	(0.1164)
rk	2.5117**	2.3356**	1.9256*	1.8523*	1.9556*	1.9366*
	(1.0815)	(1.0436)	(1.1075)	(1.1243)	(1.1272)	(1.1367)
own		0.4357***	0.4082***	0.3531***	0.3248***	0.3563***
		(0.1311)	(0.1246)	(0.1271)	(0.1223)	(0.1336)
edu			0.0345*	0.0360**	0.0676**	0.0377**
			(0.0173)	(0.0673)	(0.0232)	(0.0232)
$spent$				−0.0178**	−0.0168***	−0.0167***
				(0.0084)	(0.0036)	(0.0067)
age					−0.0061	−0.0065
					(0.0031)	(0.0037)
$lscale$						−0.0586
						(1.1365)
t	−0.0113***	−0.0016	0.0006	−0.0002	0.0005	0.0006
	(0.0020)	(0.0023)	(0.0031)	(0.0032)	(0.0037)	(0.0052)
constant	1.1332***	0.8496***	1.2431***	2.0541***	2.2136***	2.3780***
	(0.0165)	(0.0854)	(0.2351)	(0.4261)	(0.4475)	(0.4779)
观测值	281	281	281	281	281	281
行业数	19	19	19	19	19	19

变量名	tfp	tfp	tfp	tfp	tfp	tfp
R^2	0.1126	0.1645	0.1723	0.1865	0.1887	0.1894

注：***、** 和 * 分别表示 1%、5% 和 10% 的显著水平，括号中为双重聚类稳健标准误。所有回归均包含个体和年份固定效应。

有一部分学者发现了人工智能的"索洛悖论"（Gordon，2016；杨虎涛，2018），也有研究认为人工智能对全要素生产率具有正向效应，并证伪了人工智能的"索洛悖论"（刘亮和胡国良，2020）。但相关研究均未考虑人工智能对经济社会产生影响的阶段差异，进而在实证分析过程中并未考虑人工智能影响生产效率的滞后效应，而相应的计量检验表明，人工智能等信息通信技术资本对全要素生产率的支撑作用存在一定的滞后期（蔡跃洲和张钧南，2015）。基于此，笔者考虑了人工智能的滞后效应，同时表 6—1 也展示了回归结果，随着控制变量的增加，当期人工智能发展水平的系数不显著，滞后一期的系数则显著为负，即人工智能发展水平提升的同时并不能有效促进当期和下一期全要素生产效率提升，人工智能滞后两期的系数显著为正，即滞后两期人工智能技术创新能显著促进经济增长。这说明在人工智能导入初期确实存在"索洛悖论"，但随着人工智能技术创新在行业渗透不断深入，全要素生产率会呈上升趋势，"索洛悖论"将会随着时间推移不复存在，实证检验结果与结论 6.2 不一致。

这一结论产生的原因可能是：第一，人工智能经济效应的发挥需要规模经济作支撑，而规模的扩大需要时间，是一个不断积累和积蓄能量的过程。第二，人工智能的发展需要互补性技术的发展和相关产业的聚合，而相关产业部门的发展需要互补性的投资。第三，人工智能技术需要组织重构，而组织重构则需要调整时间和调整成本。纵观人类社会技术发展的历程，多种新技术"并存但不爆发"往往会持续一段时间，人工智能也不例外。当人工智能技术创新发展达到一定规模，各种新旧力量产生关联，足够多的互补性技术在效能和规模上实现全面耦合，人工智能技术力量将集中性爆发并传导至传统行业，引发技术经济范式的切换，进而对经济增长的效应才能在总体经济数据中得以表现。

此外，各控制变量回归系数与前人研究结果基本一致。具体而言，资本投入水平的系数显著为正，说明资本投入有利于增加科研投入进而能够提升全要素生产率，与已有研究结论一致。国有化程度与全要素生产率呈显著的正相关关系，与杨茜淋（2014）的结论一致。正如表 4-2 的第 6 列的实证检验结果所显示的，国有部门具有高技能劳动力优势，而高技能劳动力的高受教育程度决定了其生产效率相对更高，因此，表现为国有化程度与生产效率呈正相关关系。人力资本水平与生产效率正相关，说明人力资本水平的提高能显著提升行业的生产效率。劳动投入强度的系数显著为负，说明劳动工作时间较长的行业生产效率较低。另外，外商直接投资、劳动就业年龄、行业规模对全要素生产率的影响不显著，但作用方向与已有的研究结论一致（干春晖和郑若谷，2009）。

2. 人工智能影响全要素生产率的稳健性检验

为保证计量模型估计结果的有效性，笔者通过更换估计方法、增加样本容量和数据重新处理等方式进行稳健性检验。为方便对比分析，将表 6-2 中第 1 列设置为基准回归结果。

首先，生产效率的影响因素很多，除上文提到的变量外，还可能受到过去行业生产效率的影响，基于此，笔者构建动态面板模型如下：

$$tfp_{it} = \beta_0 + \beta_1 L.tfp_{it} + \beta_2 AI_{it} + \beta_3 L.AI_{it} + \beta_4 L2.AI_{it} +$$
$$\beta_5 controls_{it} + \alpha_i + \gamma_t + \varepsilon_{it} \tag{6-2}$$

式中，$L.tfp$ 为行业全要素生产率滞后一期；β_0 为截距项；α_i 为个体效应；γ_t 为年份固定效应；ε_{it} 为随机误差项；其余设定与计量模型（6-1）一致。同时，采用系统 GMM 方法对模型进行估计，将人工智能的滞后 3 期到滞后 5 期作为工具变量，表 6-2 的第 2 列展示了回归结果。其次，在基准回归的基础上增加 2003 和 2004 年的样本数据，将样本容量扩大至 2003—2020 年，并再次进行回归，表 6-2 的第 3 列展示了估计结果。最后，为缓解异常值对估计结果的影响，笔者对样本数据进行 [1%，99%] 分位数的缩尾处理，并对 2003—2020 年的样本进行再次回归，表 6-2 的第 4 列展示了回归结果。

更换估计方法、增加样本容量和数据重新处理等方法所估计的结果均表明，当期人工智能对全要素生产率的影响不显著，滞后一期 $L.AI$ 的系数显著为负，滞后两期 $L2.AI$ 的系数显著为正，说明人工智能对全要素生产率的影响具有滞后性，受人工智能技术创新的影响，全要素生产率先下降后上升，说明基准回归结果稳健。

表 6—2　人工智能影响全要素生产率的稳健性检验结果

变量名	tfp	tfp	tfp	tfp
$L.tfp$	—	0.00394	—	—
	—	(0.0557)	—	—
AI	0.1855*	0.1856	0.1356	0.2426
	(0.1039)	(0.0447)	(0.1363)	(0.0877)
$L.AI$	−0.3736***	−0.5540***	−0.3936***	−0.4797***
	(0.1425)	(0.0363)	(0.1486)	(0.0948)
$L2.AI$	0.3577***	0.4783***	0.4494***	0.4485***
	(0.0579)	(0.0483)	(0.0854)	(0.0852)
控制变量	YES	YES	YES	YES
AR（1）	—	0.014	—	—
AR（2）	—	0.474	—	—
观测值	300	300	300	300
行业数	19	19	19	19
R^2	0.1894	—	0.2245	0.4276

注：***、** 和* 分别表示 1%、5%和10%的显著水平，括号中为双重聚类稳健标准误。

3. 人工智能对技术进步和技术效率的影响

为进一步探讨人工智能对全要素生产率先负后正的影响效应产生的原因，笔者将前沿技术进步和技术效率当作被解释变量再次进行估计。表6—3的第1列和第3列分别为人工智能影响前沿技术进步和技术效率的固定效应估计结果；第2列则考虑了上一期前沿技术进步对当期前沿技术进步的影响，用前沿技术进步替代计量模型式（5—2）中的全要素生产率，并采用系统 GMM 动态面板再次回归；第4列则考虑了上一期技术效率对当期技术效率的影响，用技术效率替代计量模型式（5—2）中的全要素生产率，并采用系统 GMM 动态面板再次回归。

表 6-3　技术进步和技术效率的回归结果

变量名	techch	techch	effch	effch
L.techch		0.245*** (0.0465)		
L.effch				−0.0365 (0.0635)
AI	0.0185 (0.0576)	0.0635** (0.0276)	0.1036 (0.0865)	0.1447*** (0.0436)
L.AI	0.0935 (0.0467)	−0.0666 (0.0409)	−0.4496*** (0.1146)	−0.4399*** (0.0236)
L2.AI	−0.1336 (0.0845)	−0.0236 (0.0364)	0.5394*** (0.1363)	0.4760*** (0.0674)
控制变量	YES	YES	YES	YES
AR（1）		0.000		0.004
AR（2）		0.350		0.154
观测值	300	300	300	300
行业数	19	19	19	19
R^2	0.2963	—	0.1256	—

注：***、** 和 * 分别表示 1％、5％和 10％的显著水平，括号中为稳健标准误。

　　表 6-3 的第 1~2 列的估计结果显示，$L.techch$ 对 $techch$ 具有显著的正向效应，人工智能对当期的技术进步具有促进作用，但并未通过更换估计方法的稳健性检验。从第 3~4 列来看，上一期技术效率对当期技术效率的影响不显著，人工智能对技术效率的影响具有滞后效应，使技术效率先下降后上升，与全要素生产率的变动趋势一致。这说明人工智能主要通过技术效率这一渠道影响全要素生产率，但作为通用目的技术的技术进步效应并不显著。

（三）人工智能、全要素生产率影响经济增长的效应分析

　　在表 5-6 的第 3、5 列的基础上增加全要素生产率，并再次进行回归，表 6-4 的第 1~2 列展示了估计结果。通过对前沿技术进步和技术效率的动态变化进行分析，能够进一步确定全要素生产率影响经济增长的源泉和主要渠道，基于此，笔者将全要素生产率分解为前沿技术进步和技术效率两个变量，用 $techch$ 和 $effch$ 两个变量分别替代第 1~2 列的 tfp，再次进行估计，第 3~6 列展示了基准回归结果。

表6—4 考虑生产率变量的总效应估计结果

变量名	$lgdp$	$lgdp$	$lgdp$	$lgdp$	$lgdp$	$lgdp$
AI	-0.5384* (0.3158)	-0.3933 (0.3047)	-0.5237* (0.3137)	-0.3737 (0.3757)	-0.5236 (0.3470)	-0.3536 (0.3126)
$L.AI$	0.6835* (0.3769)	0.4463 (0.3676)	0.6563* (0.3747)	0.4848 (0.3747)	0.6794* (0.3876)	0.4472* (0.3776)
tfp	0.2264** (0.0766)	0.2580*** (0.0879)				
$techch$			0.4488*** (0.1435)	0.3943*** (0.1389)		
$effch$					0.0424* (0.0846)	0.0373* (0.0880)
gk	0.1877*** (0.0598)	0.2478*** (0.0548)	0.1581*** (0.0595)	0.2737*** (0.0526)	0.1537*** (0.0374)	0.2366*** (0.0537)
$lworker$	2.13478*** (0.4475)		2.1584*** (0.4158)		2.0268*** (0.4378)	
$lskill$		14.0258*** (2.8970)		13.5269*** (2.7634)		13.5860*** (2.9361)
$lwage$	0.1288*** (0.0189)	0.0582*** (0.0258)	0.1477*** (0.0141)	0.0837*** (0.0237)	0.1146*** (0.0163)	0.0366*** (0.0234)
控制变量	YES	YES	YES	YES	YES	YES
观测值	300	300	300	300	300	300
行业数	19	19	19	19	19	19
R^2	0.9486	0.9479	0.9454	0.9456	0.9418	0.9433

注：***、** 和* 分别表示1%、5%和10%的显著水平，括号中为双重聚类稳健标准误差。所有回归均包含个体和年份固定效应。

表6-4的第1~2列回归结果显示，加入全要素生产率后，人工智能对当期经济增长具有负向效应，对下一期经济增长具有正向效应；全要素生产率与经济增长呈显著正相关关系，其中，前沿技术进步和技术效率均与经济增长呈正相关关系。说明技术进步和技术效率的改善均能够促进经济增长。用前沿技术进步替换全要素生产率后，第3列和第4列人工智能的系数先负后正，并未通过更换控制变量的稳健性检验。用技术效率替换全要素生产率后，第5列和第6列人工智能滞后一期的系数显著为正。

（四）长期效应分析

在AI具有滞后效应的情况下，对模型进行长期效应估计，表6-5展示了估计结果。第 1 列展示了人工智能影响全要素的长期效应，第 2 列展示了人工智能影响前沿技术进步的长期效应，第 3 列展示了人工智能影响技术效率的长期效应。

表 6-5　人工智能对全要素生产率的长期效应

变量名	tfp	$techch$	$effch$
AI	0.1914***	−0.0216	0.1934***
	(0.0623)	(0.0461)	(0.0365)
$L.AI-AI$	−0.3936***	0.0935	−0.4496***
	(0.1486)	(0.0467)	(0.1146)
$L2.AI-AI$	0.4494***	−0.1336	0.5394***
	(0.0854)	(0.0845)	(0.1363)
控制变量	YES	YES	YES
观测值	300	300	300
行业数	19	19	19
R^2	0.2245	0.2963	0.1256

注：***、**和*分别表示 1%、5%和 10%的显著水平，括号中为双重聚类稳健标准误。

估计结果显示，表 6-5 的第 1 列 AI 的系数显著为正，说明现阶段人工智能对全要素生产率的正向效应大于负向效应，全要素生产率呈现增长趋势。从第 2 列看，AI 的系数不显著，说明人工智能对技术进步的影响不显著。从第 3 列看，AI 的系数显著为正，说明现阶段人工智能对技术效率的正向效应大于负向效应，技术效率呈现增长趋势。

（五）作用渠道检验

实证检验发现，人工智能主要通过技术效率这一渠道影响全要素生产率，但作为通用目的技术的技术进步效应并不显著。尽管前沿技术进步与经济增长显著正相关，但并不能说明人工智能能够通过作用于前沿技术进步影响经济增长，未能证实结论 6.1。基于此，笔者将全要素生产率和技术效率作为中介变量，实证检验人工智能通过作用于生产率影响经济增长的作用机制，由本部分的实证检验得到表 6-6 的估计结果。为观测人工智能通过生产率渠道影响经济增长的长期效应，表 6-6 同时展示了人工智能产生影响的长期效应估计结果。

表6-6 生产效率的作用渠道检验结果

变量	Path A $lgdp$	Path B tfp	Path C $lgdp$	Path B $effch$	Path C $lgdp$
AI	−0.5168* (0.2863)	0.1356 (0.1363)	−0.5384* (0.3158)	0.1036 (0.0865)	−0.5236 (0.3470)
AI （长期效应）	0.2177*** (0.1236)	0.1914*** (0.0623)	0.1452* (0.1223)	0.1934*** (0.0645)	0.1558* (0.1323)
$L.AI$	0.7345** (0.3169)	−0.3936*** (0.1486)	0.6836* (0.3769)	−0.4496*** (0.1146)	0.6794* (0.3876)
$L2.AI$		0.4494*** (0.0854)		0.5394*** (0.1363)	
tfp			0.2264** (0.0766)		
$effch$					0.0424* (0.0846)
控制变量	YES	YES	YES	YES	YES
观测值	281	300	300	300	300
行业数	19	19	19	19	19
R^2	0.9254	0.2245	0.9486	0.1256	0.9418

注：***、**和*分别表示1%、5%和10%的显著水平，括号中为双重聚类稳健标准误。

表6-6的结果显示，在人工智能影响经济增长的过程中，全要素生产率和技术效率具有部分中介效应。第1列Path A中人工智能的系数α_1和α_2均显著，说明人工智能影响经济增长的总效用存在，长期效应为正，说明人工智能能够促进经济增长。将全要素生产率（tfp）作为中介变量，第2例Path B中的β_2和β_3均显著，说明在人工智能影响下，短期时间内，人工智能的"索洛悖论"现象确实存在，但随着人工智能在行业渗透不断深入，能够显著提升行业的全要素生产率，"索洛悖论"将不复存在；长期效应为正，说明人工智能对要素生产率的正向效应大于负向效应，全要素生产率呈上升趋势。第3列Path C中的λ_3显著，表明全要素生产率的中介效应存在；且Path C中的λ_1和λ_2也显著，说明全要素生产率作为中介变量起到了部分中介效应，说明人工智能技术创新能够通过影响全要素生产率进而影响经济增长。结合长期效应可知，人工智能能够通过提升全要素生产率促进经济增长。将技术效率作为中介变量，第4列Path B中的β_2和β_3均显著，说明人工智能技术创新能够改善技术效率。第5列Path C中的λ_3显著，表明技术效率的中介效应存在；且

Path C 中的 λ_2 也显著，说明技术效率作为中介变量起到了部分中介效应。由上述可知，人工智能影响经济增长的生产率渠道主要表现为人工智能通过作用于技术效率部分传导影响经济增长，使经济增长先下降后上升，估计结果与结论 6.3 不一致。但从长期效应看，人工智能能够通过改善技术效率来提升全要素生产率，进而促进经济增长。

第七章　人工智能、长期经济增长与
未来南北差距

鉴于目前中国人工智能发展尚处于拓展初期，无法基于相关数据实证检验人工智能拓展中后期以及成熟期对经济增长的影响。因此，本章将自动化引入知识生产，并将智能渗透水平内生化，构建动态经济增长模型，探究人工智能对长期经济增长的影响。在此基础上，进一步考虑国家异质性，构建包含自主创新和模仿创新的两国经济增长模型，分析人工智能技术创新过程中未来南北差距的变迁路径。

一、分析基础

（一）技术创新与长期经济增长的变化路径

第六章研究发现，短期内，人工智能与经济社会渗透融合将带来经济增长呈下降的趋势，证实了"索洛悖论"，但随着人工智能渗透的不断加深，"索洛悖论"将会消失，人工智能技术创新将促进经济增长。长期而言，人工智能具有"当代与未来贯通的长期性"，不能以短期内出现的"索洛悖论"否定人工智能对长期经济增长的影响。图 7-1 采用了世界银行对世界各国人均 GDP 的统计数据以及人类社会技术创新的相关资料，反映了人类社会技术创新不断推进的过程中和全球经济增长的变动路径。

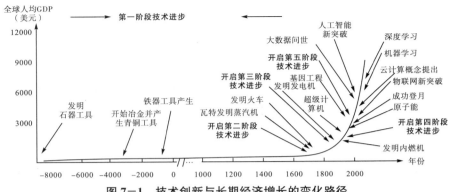

图 7-1　技术创新与长期经济增长的变化路径

在人类社会发展的历史长河中，每一次技术创新均在不同程度上带来了经济发展水平的提升。从人类社会发展的历程来看，技术创新对经济增长的效应呈现逐渐增强的趋势。第一阶段技术进步产生了石器工具、青铜工具或铁器工具等古代技术创新，由于当时的社会主要以农业和手工业为主，社会生产水平相对较低，技术进步的生产力基础薄弱，技术创新的深度和影响范围受限，对经济增长的促进作用极为有限。第二阶段至第五阶段技术进步产生了蒸汽机、电力和信息技术等一系列重大技术创新，显著提高了利用煤炭、石油、电力资源以及信息资源的技能、方法和效率，极大地推动了经济增长。从图 7-1 可见，工业革命之后，伴随着新兴技术创新的不断涌现，人均 GDP 呈飞速上涨趋势。

（二）基本理论假设

假设 7.1：整个社会只有唯一的最终产品，且最终产品市场处于完全竞争状态。代表性企业生产函数的具体形式如下：

$$\ln Y_t = \int_{N_{t-1}}^{N_t} \ln y(x) \, \mathrm{d}x \tag{7.1}$$

式中，Y_t 表示第 t 期的总产出，其他设定与第四章保持一致。

假设 7.2：本章沿用前文对人工智能技术的设定，将智能渗透水平[①]（智能自动化水平）（I）和边界延展水平（N）作为人工智能技术创新的两个方面，并将人工智能带来的智能自动化技术进步内生化为企业研发选择的结果。

假设 7.3：将工作任务边界延展视为智能自动化的衍生品，即 $\dot{N}(t) = \varphi \dot{I}(t)$。在人工智能等技术创新的发展过程中，新生产任务大多为技术创新发

[①]　智能自动化是智能渗透的结果，因此，后文并未对智能渗透和智能自动化进行严格区分。

展到一定程度的产物，基于此，假设智能渗透对新任务边界延展的促进率 $\varphi \leqslant 1$。

假设 7.4：与假设 5.2 一致，设 $x \in [N-1, N]$，当 $x \leqslant I$ 时，工作任务既可以由智能机器完成，也可以由劳动力完成；当 $x > I$ 时，工作任务只能靠劳动力完成。

假设 7.5：与假设 4.5 相似，假设人类劳动力在难度大的生产任务上均具有比较优势，劳动生产效率 $\gamma(x)$ 为关于 x 的严格递增函数，智能机器在所有任务上的生产率 $\gamma_M(x)$ 取值均为 1。

假设 7.6：鉴于人工智能在经济社会中的渗透尚处于起步阶段。故假设生产任务满足以下条件：

$$\frac{\gamma(N)}{\gamma_M(N-1)} > \frac{W}{R} > \frac{\gamma(I)}{\gamma_M(I)} \tag{7.2}$$

式中，$\frac{W}{R} > \frac{\gamma(I)}{\gamma_M(I)}$ 表示使用智能机器生产任务 I 的成本低于使用劳动力，因此，一旦某项生产任务实现智能自动化，厂商将立即采用智能机器进行生产；$\frac{\gamma(N)}{\gamma_M(N-1)} > \frac{W}{R}$ 表示新任务（N）采用高技能劳动力生产的成本低于采用智能机器的任务 $N-1$ 的成本，因此，一旦新任务产生，低端的生产任务将被淘汰，厂商将采用劳动力生产新任务。

假设 7.7：假设整个社会由无数个具有相同偏好的家庭组成，即每个家庭都有相同的偏好参数，面临相同的工资率和相同的劳动供给。

二、人工智能与长期经济增长

（一）基本模型构建

本章的模型以 Acemoglu 和 Restrepo（2018）的理论模型为基础，但具有明显的区别：一方面，鉴于目前机器学习和深度学习取得巨大突破，智能机器已具备一定的自我学习、自我更新的能力，该模型引入人工智能资本的自我深化和技术外溢，刻画了人工智能的这一特性，即已实现的智能渗透水平会进一步影响未来智能渗透水平。另一方面，该模型沿用 Acemoglu 对人工智能技术创新的刻画，即人工智能技术创新表现为智能自动化水平提升和新任务边界延展两个方面，但对新任务边界延展的设定进行了修改，把边界延展看作智能自动化的衍生品。这样设定的原因是：人工智能在经济社会的应用首先表现为智能渗透，当智能渗透到一定程度，原来人类不能实现的工作任务成为可能，催生新经济、新模式、新业态，新的工作任务和工作岗位实现拓展。

1. 生产部门

在人工智能通过智能渗透提升智能自动化水平的过程中，人类能够完成的任务范围会不断扩大，催生大量新的工作岗位，结合假设 7.3，有 $\dot{N}(t) = \varphi \dot{I}(t)$，其中 $\varphi > 0$。

由假设 7.1、假设 7.4 和假设 7.5 可知，当工作任务 $x \in [N_t - 1, I_t]$ 时，工作任务 x 由智能机器完成，则其智能自动化份额 $I_t - N_t + 1$，令 $\beta_t = I_t - N_t + 1$；当工作任务 $x \in [I_t, N_t]$，工作任务 x 由劳动力完成，则其劳动生产份额 $1 - \beta_t$。工作任务 x 的产出 $y(x)$ 具有以下函数形式：

$$y(x) = \begin{cases} k(x), & x \in [N_t - 1, I_t] \\ \gamma(x)l(x), & x \in [I_t, N_t] \end{cases} \tag{7.3}$$

式中，$l(x)$ 和 $k(x)$ 分别为工作任务 x 所需劳动和资本数量；$\gamma(x)$ 为劳动力的生产效率。令 $p(x)$ 为产出 $y(x)$ 的价格，则式（4.4）可变形为：

$$p_t(x) = \begin{cases} R_t, & x \in [N_t - 1, I_t] \\ \dfrac{W_t}{\gamma(x)}, & x \in [I_t, N_t] \end{cases} \tag{7.4}$$

式中，R_t、W_t 分别为劳动力的工资率和智能机器的租金。当工作任务 $x \in [N_t - 1, I_t]$ 时，代表性企业选择智能机器进行生产；当工作任务 $x \in [I_t, N_t]$，行业中的代表性企业仅能选择劳动力进行生产，其中工作任务 x 的成本为劳动力工资。

基于假设 7.1，将最终产品价格标准化为 1，根据式（7.1）可知中间产品 x 的需求量为：

$$y_t(x) = Y(t)p_t(x)^{-1} \tag{7.5}$$

式中，$Y(t)$ 表示最终产品的产出水平；$p_t(x)$ 表示代表性企业对工作任务 x 产出的定价。

根据假设 7.1 和假设 7.4 以及式（7.1）、式（7.4）、式（7.5）可得厂商利润最大化条件下劳动力和资本需求量满足：

$$K(t) = \frac{Y(t)}{R(t)}(I(t) - N(t) + 1) \tag{7.6}$$

$$L(t) = \frac{Y(t)}{W(t)}(N(t) - I(t)) \tag{7.7}$$

将最终商品的价格标准化为 1，则有

$$\int_{N_t-1}^{N_t} \ln p(x) dx = 0 \tag{7.8}$$

结合假设 7.6，将式（7.4）代入式（7.8），结合式（7.6）和式（7.7）计算整理可得最终产品的生产函数：

$$Y(t) = A\left(\frac{K(t)}{I(t)-N(t)+1}\right)^{I(t)-N(t)+1}\left(\frac{L(t)}{N(t)-I(t)}\right)^{N(t)-I(t)} \tag{7.9}$$

式中，$A = \exp\left(\int_{I(t)}^{N(t)} \ln\gamma(x)dx\right) + \varepsilon, \varepsilon > 0$ 为常数。

2. 家庭部门

家庭部门向企业提供劳动力和资产两种要素以赚取工资和利息收入，并将所有收入用于消费和储蓄。假设当代人在进行消费和储蓄时将会虑后代的福利资源，当代人在有限生命周期和预算约束下将最大化效用。由假设 7.7 可知，每个家庭都希望最大化总效用 U。代表性家庭的效用函数设定如下：

$$U(t) = \int_0^\infty e^{-\rho t} u[C(t)] dt \tag{7.10}$$

其中，函数 $u[C(t)]$ 常被称为幸福函数，具有不变跨期替代弹性形式：

$$u[C(t)] = \frac{[C(t)]^{1-\theta}-1}{1-\theta} \tag{7.11}$$

式中，C 表示消费，效用函数的替代弹性为常量 $\frac{1}{\theta}$，边际效用弹性等于常量 $-\theta$。

家庭获得的工资率为 W，资产收益率为 R，家庭的总预算为：

$$\frac{d(资产)}{dt} = WL + RK - C \tag{7.12}$$

如果忽略人口增长，且不考虑资本折旧情况下，资产收益率与利息率相等 $R = r$，家庭部门消费函数满足欧拉方程：

$$\frac{\dot{C}(t)}{C(t)} = \frac{1}{\theta}(r(t)-\rho) \tag{7.13}$$

3. 研发部门

智能自动化水平是厂商在当期要素价格水平和技术条件下，为追求利润最大化所做出的内生选择。因此，该模型将人工智能技术进步带来的智能自动化水平（I）内生化，而新任务边界（N）内生地由智能自动化水平推动。

在某个时点，智能自动化水平提升需要某种创新，这种创新需要生产出新的智能机器作为中间产品进行任务生产。由前文可知，$K(x)$ 为生产任务 x 所需的特定中间产品数量，因此，智能渗透水平提高意味着新创造的智能机器替代劳动力生产任务，而智能渗透水平驱动的新任务边界的延展意味着新的生产任务产生，新任务只能依靠劳动力进行生产，同时低端的工作任务被淘汰。假设中间产品处于垄断市场，一旦某项研发创新取得成功，政府可以通过授予专利权赋予研发者技术垄断权，以保障研发者利益。设研发者的研发成本为 μ，使用新智能机器的成本为机器租金 R，易知，技术垄断者每单位中间品的利润为 $R-\mu$。这一利润便形成了研发者提高智能渗透水平的动机。

中间产品的研发需要资金的投入，假设研发投入为 $Z(t)$。假定人们可自由进入发明者的领域，能够通过支付 η 的研发成本获得研发净现值，且自由进入条件满足：

$$V(t) = \eta(I) \tag{7.14}$$

人工智能具有资本自我深化效应，机器学习和深度学习赋予了智能机器在不需要人帮助下实现自主学习和自我更新升级的能力，但随着人工智能技术不断发展，新的自动化研发将越来越困难（陈彦斌，2019）。因此，随着技术水平的提高，技术研发的成本增加，进而 $\dot{\eta}(I) > 0$，即研发成本关于智能渗透水平 I 为严格单调递增函数。成本函数为具有不变弹性的简单函数：

$$\eta(I) = \sigma I(t) \tag{7.15}$$

式中，$\sigma > 0$ 是外生常数。经济的预算约束为：

$$C(t) + X(t) + Z(t) = Y(t) \tag{7.16}$$

该条件表明，在任何时点，产出 $Y(t)$ 必须在消费 $C(t)$、机器投入 $X(t)$ 和自动化技术研发 $Z(t)$ 三者之间进行分配。

为简化分析，该模型的人工智能技术研发过程并不涉及创造性破坏。同时，假设一项新技术或新产品一旦研发出来，研发者则拥有了这一新技术在生产和销售上的永久垄断权。由上文分析可知，智能渗透水平提高意味着新的任务实现自动化，即新的智能机器被研发，原来由劳动力进行生产的任务实现智能自动化，带来智能机器对劳动力的替代，而新任务边界则随着智能渗透水平的提高而不断实现延展。

（二）模型分析

通过上文的理论分析发现，智能渗透水平即生产任务的智能自动化水平，是由研发部门决定的，而经济社会的新任务边界延展则由智能渗透水平推动，即 $\dot{N}(t) = \varphi\dot{I}(t)$，又由于假设7.3，可知 $\varphi \leqslant 1$，因此，在人工智能技术创新的影响下，经济增长存在两种可能的增长路径：恒定比例自动化（$\varphi=1$）和全部自动化（$\varphi<1$）。易得，$\dot{\beta}=(1-\varphi)\dot{I}$。

1. 恒定比例自动化

人工智能能够实现自动化知识生产，结合式（7.9）可知，A 将不再是常数，而是关于智能渗透水平 I 的函数，满足 $A=\exp(\int_{I(t)}^{N(t)}\ln\gamma(x)\mathrm{d}x)+\varepsilon$，令 $\gamma(x)=\mathrm{e}^{Bx}$，对 A 关于 I 求微分可得：

$$\frac{\mathrm{d}A}{\mathrm{d}I}=(1-\beta)B\,\exp(\int_{I(t)}^{N(t)}Bx\mathrm{d}x) \tag{7.17}$$

由式（7.17）可知，$\dot{A}>0$。当 $\varphi=1$ 时，则有 $\dot{I}(t)=\dot{N}(t)$，即智能渗透与新任务边界延展的速度一致，此时 $\beta\in(0,1)$，且为常数，$\dot{\beta}(t)=0$。由于技术垄断者每单位中间品的利润为 $R(t)-\mu$，根据式（7.6）可得，工作任务 x 的机器需求量为：

$$K(t)=\frac{\beta Y(t)}{R(t)} \tag{7.18}$$

垄断研发者追求利润最大化，利润函数为：

$$\max\pi=(R(t)-\mu)K \tag{7.19}$$

将式（7.6）代入式（7.19），由一阶条件可得完成工作任务 x 最优的机器数量和垄断利润为：

$$K(t)=\frac{\beta^2 Y(t)}{\mu},\ \pi(t)=(1-\beta)\beta Y(t) \tag{7.20}$$

假设 t 为自动化技术创新的时间，垄断企业研发 I 的净现金流为：

$$V(t)=V(I,t)=(1-\beta)\beta\int_t^\infty \mathrm{e}^{-\int_t^\tau(R(s)-\delta)\mathrm{d}s}Y(\tau)\mathrm{d}\tau \tag{7.21}$$

结合式（7.20）和式（7.21）可得：

$$r(t)V(t)-\dot{V}=\pi \tag{7.22}$$

式中，π 为垄断企业研发 I 获得的利润。

横截条件满足：

$$\lim_{t\to\infty}(K(t)+\psi(t))\mathrm{e}^{-\int_0^t r(s)\mathrm{d}s}=0 \tag{7.23}$$

式中，$\psi(t)=I(t)V(t)$，指自动化技术进步带来的利润净现值。满足横截条件需要 $\rho+B\Delta(1+\vartheta)>0$。

根据（7.20）可知，中间品总支出为：

$$X=\beta^2 Y(t) \tag{7.24}$$

在封闭经济体中，所有家庭的资产等于企业的市场价值，研发支出为：

$$\eta \dot{I} = Z(t) \tag{7.25}$$

随着智能自动化水平 I 的增加，式（7.21）表示的净现值递增，由式（7.14）、式（7.15）和式（7.22）可知：

$$r(t) = \frac{(1-\beta)\beta Y(t)}{\sigma I(t)} + \frac{\dot{I}}{I} \tag{7.26}$$

将式（7.26）代入式（7.13），整理可得消费增长率：

$$\frac{\dot{C}(t)}{C(t)} = \frac{1}{\theta}\left(\frac{(1-\beta)\beta Y(t)}{\sigma I(t)} + \frac{\dot{I}}{I} - \rho\right) \tag{7.27}$$

由式（7.27）可知，消费增长率不再恒定。经济体必须满足式（7.16）的预算约束，将式（7.24）、式（7.25）代入式（7.16），整理可得：

$$\frac{\dot{I}}{I} = \frac{1}{\eta I}\left[(1-\beta^2)Y(t) - C(t)\right] \tag{7.28}$$

将式（7.28）代入式（7.27），可得消费增长率：

$$\frac{\dot{C}(t)}{C(t)} = \frac{1}{\theta}\left[\frac{(1-\beta)\beta Y(t)}{\sigma I(t)} + \frac{1}{\eta I}\left[(1-\beta^2)Y(t) - C(t)\right] - \rho\right] \tag{7.29}$$

根据式（7.28）可知，$\dot{I} = 0$ 的轨迹是一条随智能自动化水平 I 递增的曲线 $C(t) = (1-\beta^2)Y(t)$。该轨迹的上方 $\dot{I} < 0$，下方 $\dot{I} > 0$。对应的 $\dot{C} = 0$ 的轨迹由下式决定：

$$C = \left[\frac{\eta(1-\beta)\beta}{\sigma} + (1-\beta^2)\right]Y - \eta\rho I \tag{7.30}$$

根据上述分析，可求出两条轨迹相交所确定的智能自动化水平 I^* 为：

$$I^* = \frac{(1-\beta)\beta Y}{\rho\sigma} \tag{7.31}$$

当不考虑自动化知识生产时，即 A 为常数，则经济体沿着向上的路径收敛，在该路径上 $C(t)$ 和 $I(t)$ 关于 t 都单调递增。对式（7.30）关于 I 求二阶导数，整理可得：

$$\frac{\mathrm{d}^2 C}{\mathrm{d}I^2} = \vartheta \exp\left(\int_{I(t)}^{N(t)} Bx\,\mathrm{d}x\right) \tag{7.32}$$

式中，$\vartheta = B^2(1-\beta)^2\left[\frac{\eta(1-\beta)\beta}{\sigma} + (1-\beta^2)\right]K^\beta L^{1-\beta} > 0$。由式（7.32）可知，$C(t)$ 关于 $I(t)$ 的二阶导数为正，说明一阶导数单调递增。由式（7.31）可知，两条轨迹有且只有一个交点，因此，能够得到图 7-2 中（a）和（b）两种情况。两条轨迹将空间划为四个区域，而箭头显示了经济体在每个区域的运动方向。

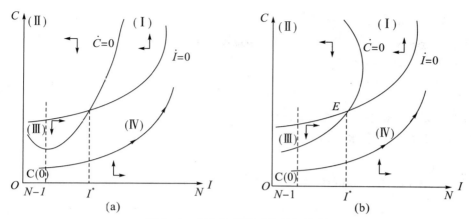

图7-2 恒定比例自动化的相位图

由于智能自动化水平提升需要某种创新，而这种创新一旦产生是不太容易被忘记的，因此，$\dot{I} \geqslant 0$ 一定成立（巴罗，2010），故可排除（Ⅰ）（Ⅱ）区域可能的增长路径。长期而言，自动化知识生产为智能自动化研发和经济增长提供了持续的动力，由式（7.28）可知，产出增长率 $g_Y = g_C + g_I$。由于 A 是关于智能自动化水平 I 的增函数，因此，最终产出随着智能自动化水平 I 的增加不断增长；反过来，智能自动化水平提升又进一步增加产出水平。由此可见，智能自动化水平和经济增长将表现出螺旋式上升的趋势，即在人工智能技术创新的影响下，长期经济将呈指数级增长趋势。因此，从初始状态 $C(0)$ 出发，消费、智能自动化水平以及经济增长均呈增长趋势，即沿着图7-2中虚线表示的方向变化。

2. 全部自动化

当 $\varphi < 1$，则 $\dot{\beta} > 0$ 且为常数，即一旦由劳动力完成的新任务产生，将快速实现智能自动化。由于 $\varphi < 1$，因此 $\dot{I}$ 和 $\dot{N}$ 在相互作用下逐渐递减并趋近于 0，整个社会最终将实现全部自动化，即达到均衡（$\beta = 1$）。此时，智能自动化水平不再提升 $I = N$，所有工作任务都将由智能机器进行生产，整个社会并没有动力创造新任务，智能自动化水平也将因新任务创新的停止而停止。

根据式（7.9）可知，整个经济体的最终产出函数转化为 AK 形式：

$$Y(t) = \overline{A}K(t) \tag{7.33}$$

式中，$\overline{A} > 0$，且为常数。

消费的最优化条件为：

$$\frac{\dot{C}}{C} = \frac{1}{\theta}[\overline{A} - \delta - \rho] \tag{7.34}$$

资本积累遵循以下规律：

$$\dot{K} = (\overline{A} - \delta)K(t) - C(t) \tag{7.35}$$

其中，横截条件为：

$$\lim_{t \to \infty}\left(k(t)e^{-\int_0^t (\overline{A}-\delta)ds}\right) = 0 \tag{7.36}$$

为保障证经济正增长，且满足横截条件，需要 $\overline{A} > \rho + \delta > (\overline{A} - \delta)(1 - \theta) + \delta$。如果初始的消费水平为 $C(0)$，由（7.34）可知，t 时期的消费水平为：

$$C(t) = C(0)e^{(1/\theta)(\overline{A}-\delta-\rho)t} \tag{7.37}$$

结合（7.35）求解关于资本 K 的一阶线性微分方程可得通解为：

$$K(t) = \mu e^{(\overline{A}-\delta)t} + \left[\frac{C(0)}{\overline{A}-\delta-\omega}\right]e^{(1/\theta)(\overline{A}-\delta-\rho)t} \tag{7.38}$$

其中，$\omega = (1/\theta)(\overline{A} - \delta - \rho)$。由式（7.37）和式（7.38）可得：

$$C(t) = (\overline{A} - \delta - \omega)K(t) \tag{7.39}$$

由于 $\overline{A} > \rho + \delta$，则有 $\dot{C} > 0$；当 $\dot{K} = 0$ 的轨迹是斜率为 $\overline{A} - \delta$ 的直线，直线左边 $\dot{K} < 0$，右边 $\dot{K} > 0$。根据（7.34）可得，经济体遵循的鞍形路径是斜率为 $\overline{A} - \delta - \omega$ 的直线，并位于 $\dot{K} = 0$ 的轨迹下方。如果初始消费位于鞍形路径上方或下方，则结论将违反欧拉方程和横截条件。因此，唯一选择是鞍形路径。

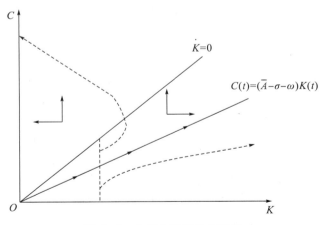

图 7-3　全部自动化的相位图

由图 7-3 可知，该模型不存在转移动态，在鞍形路径下，长期而言，经济体将收敛于唯一的稳定增长路径，产出 $Y(t)$、消费 $C(t)$ 和资本 $K(t)$ 均以不变速率 $\frac{1}{\theta}\left[\overline{A} - \delta - \rho\right]$ 增长。

（三）分析结论

分析结果表明，人工智能对经济增长的影响与智能自动化对新任务延展的促进率有关，当自动化技术进步等于新任务拓展规模时，自动化技术和新任务创造将实现同步增长，劳动份额和资本份额将保持不变，经济体收敛于恒定比例自动化。在自动化知识生产的影响下，产出水平和自动化水平呈螺旋式上涨趋势，长期经济将呈指数级上升趋势。当自动化技术进步大于新任务边界延展时，经济体将收敛于全部自动化，自动化技术进步将受到新任务边界的限制而停止。在不考虑自动化知识生产的情况下，经济将保持不变速率增长。

三、人工智能发展与未来南北差距

南北差距是指发展中国家与发达国家在经济、科技乃至人民生活水平等方面表现出的差距，主要反映在经济发展水平上。正如第三章所述，虽然人工智能在各国同步进行，但无论是人工智能的专利申请量还是企业数量，发展中国家与发达国家均呈现出较大的差距。不同国家在这场以人工智能为背景的高科技竞争中扮演着不同的角色，既有不断自主创新的研发者，也有模仿创新的应用者。就目前全球人工智能的发展而言，美国、日本、德国等发达国家仍然是领先国家，并将所有的研究工作集中在开发新产品线（即前沿创新），而除中国、印度以外的大部分发展中国家仍处于追随地位，虽然它们也在积极学习新的人工智能技术，但难以提供前沿创新的研发技术和研发成本，主要是从领先国家引进前沿技术。那么，人工智能技术创新是否会加剧未来南北差距？下面将通过进一步引入国家异质性，对这一问题进行深入探析。

（一）基本模型构建

1. 基本假设

该模型考虑国家异质性，并基于全球范围内人工智能发展的实际，结合研究目标增加以下假设。

假设 7.7：世界只存在两个国家（领先国家和追随国家），每个国家的最终产品市场均为完全竞争市场，且领先国家有足够的能力研发人工智能技术，而追随国家受信贷约束和技术水平的限制，人工智能技术主要从领先国家引入。根据假设 7.1，两个国家代表性企业的生产函数设定为：

$$\ln Y_i = \int_{N_i-1}^{N_i} \ln y(x)\mathrm{d}x \tag{7.40}$$

式中，i 为国家类型（$i=d$ 或 u），$i=d$ 表示领先国家，$i=u$ 表示追随国家；x 为工作任务，$x \in [N_i-1, N_i]$；$y(x)$ 为工作任务 x 的产出。

假设 7.8：人工智能在不同国家发展程度和应用程度均存在差异，领先国家为发达经济体，人工智能发展程度较高，智能渗透难度较小、速度较快；追随国家通常是发展中或不发达经济体，人工智能发展较为缓慢，智能渗透难度大于领先国家。因此，领先国家的智能自动化程度大于追随国家，且人工智能在领先国家的渗透速度快于追随国家。

假设 7.9：假设两个国家的社会均由无数个具有相同偏好的家庭组成，即每个家庭都有相同的偏好参数，面临相同的工资率，有着相同的劳动供给。

2. 生产部门

基于假设 7.7，在考虑国家异质性后，领先国家和追随国家的生产函数为（7.40）式，国家 i 的工作任务 x 的产出为 $y_i(x)$，$y_i(x)$ 具有以下函数形式：

$$y_i(x) = \begin{cases} k_i(x), & x \in [N_i-1, I_i] \\ \gamma_i(x)l_i(x), & x \in [I_i, N_i] \end{cases} \tag{7.41}$$

式中，$l_i(x)$ 和 $k_i(x)$ 分别为工作任务所需劳动和资本数量；$\gamma_i(x)$ 为劳动力的生产效率。与上文一致，将工作任务边界延展视为智能自动化的衍生品，故有 $\dot{N}_i(t) = \varphi_i \dot{I}_i(t)$。

由于领先国家和追随国家中的代表性企业均处于完全竞争环境中，出于理性考虑，企业会选择最小单位成本进行生产。当工作任务 $x \in [N_i-1, I_i]$ 时，代表性企业将采用智能机器进行生产；当工作任务 $x \in [I_i, N_i]$，代表性企业仅能选择劳动力。式（7.4）可变形为：

$$p_i(x) = \begin{cases} R_i, & x \in [N_i-1, I_i] \\ \dfrac{W_i}{\gamma_i(x)}, & x \in [I_i, N_i] \end{cases} \tag{7.42}$$

式中，R_i、W_i 分别为劳动力的工资率和智能机器的租金率。由假设 7.8 知，人工智能在领先国家的渗透范围高于追随国家，为简化分析，令 $\beta_i = I_i - N_i + 1$，故有：

$$\beta_d > \beta_u \tag{7.43}$$

由假设 7.8 知，人工智能在领先国家的渗透速度高于追随国家，故有

$$\dot{I}_d > \dot{I}_u \tag{7.44}$$

基于假设 7.1，以及将社会总价格标准化为 1 的情况下，经济社会对代表性企业的工作任务 x 的产出需求量：

$$y_i(x) = Y_i p_i(x)^{-1} \tag{7.45}$$

式中，Y_i 为国家 i 的总需求；$p_i(x)$ 为国家 i 中代表性企业对工作任务 x 产出的定价。

根据假设 7.4 和假设 7.7 以及式（7.7）、式（7.42）和式（7.45）可得，厂商利润最大化条件下劳动力和资本需求量满足：

$$K_i = \frac{Y_i}{R_i}(I_i - N_i + 1) \tag{7.46}$$

$$L_i = \frac{Y_i}{W_i}(N_i - I_i) \tag{7.47}$$

将最终商品的价格标准化为 1，则有

$$\int_{N_i-1}^{N_i} \ln p_i(x)\,\mathrm{d}x = 0 \tag{7.48}$$

根据假设 7.6，将式（7.42）代入式（7.48），并加入时间维度，计算整理可得两个国家最终产品的生产函数：

$$Y_i(t) = A\left[\left(\frac{K_i(t)}{I_i(t) - N_i(t) + 1}\right)^{I_i(t)-N_i(t)+1}\left(\frac{L_i(t)}{N_i(t) - I_i(t)}\right)^{N_i(t)-I_i(t)}\right] \tag{7.49}$$

式中，$A = \exp\left(\int_{I_i(t)}^{N_i(t)} \ln \gamma_L(x)\,\mathrm{d}x\right) + \varepsilon$，$\varepsilon > 0$ 为常数。

3. 家庭部门

与本章关于家庭部门设定一致，家庭部门的效用函数为：

$$U_i(t) = \int_0^\infty \mathrm{e}^{-\rho t} u[C_i(t)]\mathrm{d}t \tag{7.50}$$

则函数 $u[C_i(t)]$ 的不变跨期替代弹性形式如下：

$$u[C_i(t)] = \frac{(C_i(t))^{1-\theta} - 1}{1-\theta} \tag{7.51}$$

家庭部门消费满足欧拉方程：

$$\frac{\dot{C}_i(t)}{C_i(t)} = \frac{1}{\theta}(r_i(t) - \rho) \tag{7.52}$$

（二）领先国家

1. 领先国家的技术研发

基于假设 7.8，由于追随国家的人工智能渗透难度大于领先国家，因此，这里将领先国家的智能自动化水平内生化为研发的结果。行业的智能渗透水平是厂商在当期要素价格水平和技术条件下，为追求利润最大化所做出的内生选择，而边界延展为智能自动化的衍生品。追随国家主要是从领先国家引进智能自动化技术，但由于智能渗透难度较大而达不到领先国家的智能自动化水平。因此，研发部门研发的智能机器会在第一时间被领先国家所使用，而追随国家对智能机器的使用具有滞后性。令追随国家智能自动化技术引进效率为 $\kappa(t)$，且 $0 < \kappa(t) < 1$，则有

$$\dot{I}_u = \kappa(t)\dot{I}_d \tag{7.53}$$

令 $K_d(x)$ 表示领先国家生产任务 x 所需的特定中间产品数量，研发者的研发成本为 μ，领先国家使用新智能机器的成本为机器租金 R_d，则技术垄断者每单位中间品的利润为 $R_d - \mu$。这一利润便形成了研发者提高自动化水平的动机。中间产品的研发需要资金的投入，假设研发投入为 $Z_d(t)$。参照式(7.14)，领先国家的研发自由进入条件满足：

$$V_d(t) = \eta(I_d) \tag{7.54}$$

随着人工智能技术的不断发展，新的自动化研发将越来越难，因此，随着技术水平的提高，技术研发的成本会增加，易知 $\dot{\eta}(I_d) > 0$，故研发成本关于自动化水平 I 为单调递增函数。成本函数为具有不变弹性的简单函数：

$$\eta(I_d) = \sigma I_d(t) \tag{7.55}$$

式中，$\sigma > 0$ 是外生常数。

经济的预算约束为：

$$C_d(t) + X_d(t) + Z_d(t) = Y_d(t) \tag{7.56}$$

2. 领先国家的经济增长趋势

（1）恒定比例自动化。

当 $\varphi_d = 1$，$\dot{I}_d = \dot{N}_d$，则 $\beta_d \in (0,1)$，且为常数，即 $\dot{\beta}_d = 0$。领先国家的技术垄断者除了供给本国的智能机器，还将其提供给追随国家。因此，本国每单位中间品的利润为 $R_d(t) - \mu$，出售给追随国家每单位中间品的利润为 $R_u(t) - \mu$，生产任务 x 最优智能机器数量为：

$$K_d(t) = \frac{\beta_d^2 Y_d(t)}{\mu} \tag{7.57}$$

$$K_u(t) = \frac{\beta_u^2 Y_u(t)}{\mu} \tag{7.58}$$

基于式（7.57）和式（7.58）整理可得垄断企业研发获得的利润为：

$$\pi_d(t) = (1 - \beta_d)\beta_d Y_d(t) + (1 - \beta_u)\beta_u Y_u(t) \tag{7.59}$$

假设 t 为自动化技术创新的时间，垄断企业研发 I 的净现金流为：

$$V_d(t) = V(I_d, t) = \int_t^\infty e^{-\int_t^\tau (R(s) - \delta)ds} \pi_d(\tau) d\tau \tag{7.60}$$

结合式（7.59）和式（7.60）可得：

$$r_d(t)V_d(t) - \dot{V}_d = \pi_d \tag{7.61}$$

横截条件满足：

$$\lim_{t \to \infty} (K_d(t) + \psi(t)) e^{-\int_0^t [r(s) - n_d]ds} = 0 \tag{7.62}$$

式中，$\psi(t) = I_d(t)V_d(t)$，指自动化技术进步带来的利润净现值。根据式（7.57）和式（7.58）可知，领先国家的中间品总支出为：

$$X_d = \beta_d^2 Y_d(t) \tag{7.63}$$

领先国家的研发支出为：

$$\eta \dot{I}_d = Z_d(t) \tag{7.64}$$

随着自动化水平 I_d 的增加，式（7.60）表示的净现值将递增，根据式（7.54）、式（7.55）、式（7.61）和式（7.64）可得：

$$r_d(t) = \frac{(1 - \beta_d)\beta_d Y_d(t)}{\partial I_d(t)} + \frac{(1 - \beta_u)\beta_u Y_u(t)}{\partial I_d(t)} + \frac{\dot{I}_d}{I_d} \tag{7.65}$$

将式（7.65）代入式（7.52）可得消费增长率：

$$\frac{\dot{C}_d(t)}{C_d(t)} = \frac{1}{\theta}\left(\frac{(1 - \beta_d)\beta_d Y_d(t)}{\partial I_d(t)} + \frac{(1 - \beta_u)\beta_u Y_u(t)}{\partial I_d(t)} + \frac{\dot{I}_d}{I_d} - \rho\right) \tag{7.66}$$

消费增长率不再恒定，根据式（7.56）、式（7.63）和式（7.64）可知：

$$\frac{\dot{I}_d}{I_d} = \frac{1}{\eta I_d}\left[(1 - \beta_d^2)Y_d(t) - C_d(t)\right] \tag{7.67}$$

将式（7.67）代入式（7.66）可得消费增长率：

$$\frac{\dot{C}_d(t)}{C_d(t)} = \frac{1}{\theta}\Big[\frac{1}{\partial I_d(t)}\left[(1 - \beta_d)\beta_d Y_d(t) + (1 - \beta_u)\beta_u Y_u(t)\right] +$$

$$\frac{1}{\eta I_d}\left[(1 - \beta_d^2)Y_d(t) - C_d(t)\right] - \rho\Big] \tag{7.68}$$

又由式（7.67）可知，$\dot{I}_d = 0$ 的轨迹为一条直线 $C_d(t) = (1 - \beta_d^2)Y_d(t)$。

该轨迹的上方 $\dot{I}_d < 0$，下方 $\dot{I}_d > 0$。对应的 $\dot{C}_d = 0$ 的轨迹由下式决定：

$$C_d = \frac{\eta \left[(1-\beta_d)\beta_d Y_d + (1-\beta_u)\beta_u Y_u\right]}{\partial} - \eta\rho I_d + (1-\beta_d{}^2)Y_d \quad (7.69)$$

两条轨迹相交所确定的智能自动化水平为：

$$I_d^* = \frac{(1-\beta_d)\beta_d Y_d + (1-\beta_u)\beta_u Y_u}{\rho\sigma} \quad (7.70)$$

当新任务边界延展的速度与智能自动化水平提升的速度一致，受人工智能技术创新的影响，资本和劳动的份额保持不变，故领先国家的最终产出 $Y_d = A_d (K_d/\beta)^\beta [L_d/(1-\beta)]^{1-\beta}$。由式（7.67）可知，产出增长率 $g_d = g_{C_d} + g_{i_d}$。长期而言，由于 A_d 是关于智能自动化水平 I_d 的单调递增函数，且 $A_d = \exp[B(N^2 - I^2)/2]$，因此最终产出随着智能自动化水平 I 的增加不断增长，产出增长又进一步提升智能自动化水平，智能自动化水平提升又进一步增加领先国家的产出水平。此外，根据式（7.66）可知，I_d^* 还将随追随国家产出水平的增长而上升。而追随国家的智能自动化技术是通过领先国家引进的，当 I_d^* 增加，将会提高追随国家的最终产出，这反过来又促进领先国家自动化研发，使 I_d^* 提升，自动化水平 I_d^* 提升进一步促进领先国家的产出水平增长。因此，在国际贸易和自动化知识生产的作用下，两国的经济和智能自动化水平将呈螺旋式上涨趋势，即在人工智能技术创新的影响下，领先国家长期经济将呈指数级增长趋势。

（2）全部自动化。

当 $\varphi_d < 1$，则 $\beta_d \in (0,1)$，且为常数，即 $\dot{\beta}_d > 0$。当领先国家将最终实现全部自动化，即均衡时 $\beta_d = 1$，且自动化水平不再提升 $I_d = N_d$，所有工作任务都将由智能机器进行生产，整个社会并没有动力创造新任务，自动化技术进步也将因新任务创新的停止而停止。最终整个社会的产出函数转化为 AK 形式，即 $Y_d(t) = A_d K_d(t)$。该模型不存在转移动态，在鞍形路径下，经济体将收敛于唯一的稳定增长路径，产出 $Y_d(t)$、消费 $C_d(t)$ 和资本 $K_d(t)$ 均以不变速率 $\theta^{-1}[A_d - \delta - \rho]$ 增长[①]。

（三）追随国家

追随国家因自主研发能力有限，通常选择从领先国家引入人工智能技术。同时，因为智能渗透难度较大且达不到领先国家的智能自动化水平。所以，可

---

① 详细推导见本章前文，此处不再赘述。

令追随国家智能自动化技术引进效率为 $\kappa(t)$，且 $0 < \kappa(t) < 1$。家庭部门的效用函数形式与前文一致。

$$U_u(t) = \int_0^\infty e^{-\rho t} u[C_u(t)] dt \tag{7.71}$$

其中，函数 $u[Cu(t)]$ 常被称为幸福函数，具有不变跨期替代弹性形式：

$$u[C_u(t)] = \frac{(C_u(t))^{1-\theta} - 1}{1-\theta} \tag{7.72}$$

式中，C 表示消费，效用函数的替代弹性为常量 $\frac{1}{\theta}$，边际效用弹性等于常量 $-\theta$。

家庭获得的工资率为 W，资产收益率为 R，家庭的总预算为：

$$\frac{d(资产)}{dt} = W_u L_u + R_u K_u - C_u \tag{7.73}$$

为防止出现庞氏骗局，个人一生的消费不能大于其一生的收入，故横截性条件为：

$$\lim_{t\to\infty}\{K_u(t) \cdot \exp[-\int_0^t r(v)dv]\} \geqslant 0 \tag{7.74}$$

如果忽略人口增长，以及不考虑资本折旧的情况下，资产收益率与利息率相等 $R=r$，家庭部门消费满足欧拉方程：

$$\frac{\dot{C}(t)}{C(t)} = \frac{1}{\theta}(r(t)-\rho) \tag{7.75}$$

由式（7.49）可知，追随国家的代表性企业产出水平为：

$$Y_u(t) = A_u\left[\left(\frac{K_u(t)}{\beta_u(t)}\right)^{\beta_u(t)}\left(\frac{L_u(t)}{1-\beta_u(t)}\right)^{1-\beta_u(t)}\right] \tag{7.76}$$

式中，$A_u = \exp(\int_{I_u(t)}^{N_u(t)} \ln\gamma(x)dx) + \varepsilon$，令劳动生产效率的具体形式为 $\gamma(x) = e^{Bx}$，其中，$B_u = B_d$，故均用 B 表示。

将式（7.6）代入式（7.75）可得：

$$\frac{\dot{C}_u(t)}{C_u(t)} = \frac{1}{\theta}\left[A_u\left(\frac{\beta_u(t)\overline{L_u(t)}}{1-\beta_u(t)}\right)^{1-\beta_u(t)} - \delta - \rho\right] \tag{7.77}$$

式中，$\overline{L_u}(t) = \frac{L_u(t)}{K_u(t)}$。

由式（7.17）可知，A_u 不是常数，而是关于智能自动化水平 I_u 的单调递增函数，追随国家通过引进自动化技术，既能提升工作任务的自动化水平，也能使 A_u 上升，进而促进经济增长。

（四）模型分析与结论

1. 领先国家以固定比例自动化

当领先国家处于固定比例自动化时，即 $\varphi_d = 1$，在自动化知识生产的影响下，自动化水平和产出水平呈螺旋式上升趋势，经济呈指数级增长。由于追随国家没有能力进行人工智能研发，且主要从领先国家引进技术，因此，追随国家存在以下两种情况。

第一，当 $\varphi_u = 1$ 时，β_u 为常数，追随国家经济增长将收敛于固定比例自动化。在这种情况下，领先国家通过自主研发不断提升人工智能化水平，同时，在追随国家技术引进的驱动下，领先国家的自主研发将具有源源不断的动力，这又反过来对追随国家的经济增长具有促进作用，因此，在自动化知识生产的驱使下，追随国家经济也将呈指数级上升的趋势。当不考虑人口增长的情况下，领先国家产出增长率 $g_d = g_{C_d} + g_{i_d}$，追随国家产出增速 $g_u = g_{C_u}$。由式（7.68）和式（7.77）可知，两个国家的消费增长率为：

$$\frac{\dot{C}_d(t)}{C_d(t)} = \frac{1}{\theta}\Big[\frac{1}{\sigma I_d(t)}\big[(1-\beta_d)\beta_d Y_d(t) + (1-\beta_u)\beta_u Y_u(t)\big] + \frac{1}{\eta I_d}\big[(1-\beta_d^2)Y_d(t) - C_d(t)\big] - \rho\Big] \tag{7.78}$$

$$\frac{\dot{C}_u(t)}{C_u(t)} = \frac{1}{\theta}\Big[A_u\Big(\frac{\beta_u(t)\,\overline{L_u}(t)}{1-\beta_u(t)}\Big)^{1-\beta_u(t)} - \delta - \rho\Big] \tag{7.79}$$

此外，$\frac{\dot{I}_d}{I_d} = \frac{1}{\eta I_d}\big[(1-\beta_d^2)Y_d(t) - C_d(t)\big] > 0$，由式（7.43）可知，人工智能在领先国家的渗透范围高于追随国家，即 $\beta_u \leqslant \beta_d$，又由于折旧率 $0 < \delta < 1$，有 $(1-\beta_u)\beta_u Y_u(t) > A_u\Big(\frac{\beta_u(t)\,\overline{L_u}(t)}{1-\beta_u(t)}\Big)^{1-\beta_u(t)} - \delta$，因此，在人工智能技术创新的影响下，国家间的收入差距将持续扩大。

对 A_u 关于时间求微分可得：

$$\frac{\dot{A}_u}{A_u} = B(N_u \dot{N}_u - I_u \dot{I}_u) \tag{7.80}$$

根据式（7.55）和式（7.66）可得，追随国家的自动化和新任务增量为：

$$\dot{I}_u = \frac{\kappa}{\eta}Z_d(t), \quad \dot{N}_u(t) = \frac{\kappa\varphi}{\eta}Z_d(t) \tag{7.81}$$

将式（7.81）代入式（7.80）可得：

$$\frac{\dot{A}_u}{A_u} = B(\varphi N_u - I_u)\kappa \dot{I}_d \qquad (7.82)$$

由式（7.53）可知，自动化技术引进效率 $0 < \kappa < 1$，结合式（7.82）发现，缩小未来南北差距的关键在于自主创新，而提升追随国家的技术引进效率 $\kappa(t)$，产出增长率上升，仅能够缓解国家间收入差距扩大的趋势。

第二，当 $\varphi_u < 1$ 时，即 $\dot{\beta}_u$ 为常数且 $\dot{\beta}_u > 0$，则国家将最终实现全部自动化，即均衡时 $\beta_u = 1$。当实现全部自动化，追随国家将不再有动力引进人工智能技术，产出水平将以不变速率 $\theta^{-1}[A_u - \delta - \rho]$ 增长。此时，在领先国家经济呈指数级增长的情况下，两个国家的收入差距将持续扩大。

2. 领先国家全部自动化

当 $\varphi_d < 1$，则有 $\dot{\beta}_d > 0$，领先国家最终将实现全部自动化，即均衡时 $\beta_d = 1$，领先国家的自动化水平不再提升，产出水平将以不变速率 $\theta^{-1}[A_d - \delta - \rho]$ 增长。追随国家同样存在两种情况。

第一，当 $\varphi_u = 1$ 时，追随国家将受限于领先国家的自动化水平，智能自动化水平将最终无限接近于领先国家。此时，追随国家经济将趋近于以不变速率增长。在不考虑人口增长的情况下，两个国家的收入差距将持续扩大。

第二，当 $\varphi_u < 1$ 时，两个国都将最终实现全部自动化，产出水平将以不变速率 $\theta^{-1}[A_i - \delta - \rho]$ 增长。根据假设7.8，由于领先国家的技术水平高于追随国家，即 $A_d > A_u$，因此，在人工智能技术创新的影响下，两个国家间的收入差距将持续扩大。

综上所述，结合前文对国家人工智能水平的设定，美国、日本、德国等发达国家在人工智能技术创新上仍然是领先国家，而除中国、印度以外的大部分发展中国家仍处于追随地位。因此，笔者关于领先国家和追随国家未来收入差距的分析，可以窥探未来南北差距。同时，基于国家异质性的分析可以发现，无论是在恒定比例自动化，还是全部自动化的情况下，人工智能技术创新都将扩大未来南北差距。

第八章　结论及政策建议

一、基本结论

本书按照"总—分—总"的结构谋篇布局，深入探讨了人工智能对经济增长的影响效应。研究发现以下几点。

第一，人工智能技术创新能够显著促进经济增长，长期而言，经济增长甚至存在指数级增长的可能。人工智能作为新一轮技术进步最显著的技术创新，与传统技术创新相似，能够为区域乃至国家经济增长提供动力源泉，显著促进经济增长。与传统技术创新不同的是，人工智能能够通过实现自动化知识生产，为经济提供更强的增长效应，长期而言，如果智能自动化技术进步与新任务边界延展规模一致，经济将实现指数级增长。但不容忽视的是，人工智能与经济社会渗透融合并非一蹴而就，而是会经历导入期、拓展期和成熟期等的积累和调整过程。因此，人工智能并非一开始就能对经济增长产生促进作用，在人工智能的导入阶段，可能对经济增长产生负向效应。人工智能具有"当代与未来贯通的长期性"，经过导入期的积累和调整过程，对经济增长的促进作用才得以显现，甚至能够带来长期经济实现指数级增长，但同时伴随着未来南北差距的扩大。自主创新成为缩小未来南北差距的关键，而提升欠发达国家的技术引进效率仅能够缓解南北差距扩大的趋势。

第二，伴随人工智能的发展而来的是劳动力从机械化、知识创造性低的工作和既定程序的开放型脑力劳动中解放出来，而新工作岗位对劳动力的素质和技能要求不断提升，带来高技能劳动力需求的扩大、实际工资水平的提高，进而对经济高质量增长产生推动作用。劳动岗业是人工智能技术创新促进经济增长的重要渠道之一，劳动渠道主要通过劳动就业路径和劳动收入路径促进经济增长。从劳动就业路径而言，人工智能能够将劳动力从烦琐的工作中解放出来，与此同时创造新的就业需求，拉动劳动力就业，推动经济增长；从劳动收入路径而言，人工智能能够带来更高的劳动收入水平，对经济增长表现出显著的正向效应。目前，人工智能发展的同时，工作任务标准化、劳动力素质和技能提升以及智能渗透均能缩小技能劳动收入差距，而技能劳动收入差距未呈扩大趋势将对经济增长产生正向效应，但不容忽视的是，目前人工智能与经济社会渗透融合尚处于拓展初期，边界延展对技能劳动收入差距的扩大效应并未得到完全释放，未来仍然存在技能劳动收入差距扩大的潜在风险。另外，人工智能在与经济社会渗透过程中同样潜伏着风险和挑战，尤其是在人工智能的导入期，会带来智能机器挤出劳动就业，降低劳动收入水平，并加剧收入不平等，进而抑制经济增长。只有经过导入期的调整和技术积累，人工智能的经济增长效应才能真正发挥作用。

第三，人工智能在经济社会的快速渗透将吸引更多的资本积累，增加资本投资，提升资本的生产效率，对宏观经济增长产生支撑作用。资本是人工智能技术创新促进经济增长的又一渠道，而这一渠道主要通过资本积累路径和资本结构路径发挥作用。就资本积累路径来看，在人工智能的导入期，人工智能资本增加的同时会挤出传统资本，由于增加的人工智能资本难以弥补被挤出的传统资本，因此使资本积累下降，抑制经济增长，但经过导入期的调整和技术积累，人工智能能够增加资本积累，且增长幅度大于下降幅度，从而使资本积累总体呈上升趋势。目前，中国作为最大的发展中国家，资本积累尚存在较大空间，通过增加资本积累能够促进经济增长。从资本结构路径来看，受行业工作任务特征的影响，人工智能的渗透难度存在行业差异。例如，产品生产部门智能渗透相对容易，将吸引大量人工智能资本和部分传统资本流入；而服务部门智能渗透难度大，该部门新增的高技能岗位将吸引大量传统资本流入。在两种资本的流动过程中，无论是产品生产部门大量采用人工智能资本替代劳动力，还是服务部门部分采用人工智能资本替代劳动力，传统资本与高技能劳动力相结合进行生产，都将提升资本的生产效率，促进经济增长。

第四，人工智能的发展能够突破"索洛悖论"的怪圈，提升技术效率，最终表现为全要素生产率的增长，为经济增长提供力量源泉。生产效率是除劳动和资本外人工智能技术创新促进经济增长的又一渠道，而这一渠道包括技术进步路径和技术效率路径。实证检验也发现，生产率渠道主要通过技术效率路径发挥作用，技术进步路径的作用并不显著。具体而言，现阶段，人工智能技术创新对促进技术传播和扩散、科学发现与发明以及技术革新和改进等的作用并不显著，难以通过技术进步路径实现经济增长。但能够提升其他生产要素间衔接配合的契合度，补充或增强传统生产要素，带来微观主体的管理方式、社会管理方式以及经济社会组织运行的模式不断改革，改善要素质量与配置效率，进而驱动经济增长。然而，人工智能技术创新并非一开始就能提升全要素生产率，同样需要调整和技术积累的过程。在人工智能的导入期，由于"索洛悖论"的存在，人工智能难以发挥对经济增长的促进作用，但随着人工智能在行业应用的逐渐成熟，"索洛悖论"将消失，全要素生产率显著提升，且提升幅度大于前期的下降幅度，进而实现经济增长。

总体而言，本书围绕人工智能与经济增长的研究表明，人工智能能够通过劳动渠道、资本渠道和生产率渠道促进经济增长，长期而言，在自动化知识生产的影响下，人工智能将为经济提供更强的增长效应，甚至可能促使经济实现指数级增长。与此同时，也不应忽视人工智能对经济社会存在的负面效应，如挤出劳动就业、降低劳动收入水平、扩大收入差距以及降低资本积累和出现"索洛悖论"，甚至加剧未来南北差距等。尽管中国人工智能发展已经进入拓展初期，而且从数据上看，人工智能对经济增长的正向效应已初现端倪，但人工智能与经济社会渗透融合仍然处于不断调整、不断积累的过程中，亟须重视人工智能可能给经济社会带来的问题和挑战，积极做好相应的准备和应对措施。

二、政策建议

加快推进人工智能迅速发展是中国掌握全球科技竞争主动权、提升国际竞争实力的重要战略抓手。作为新一轮科技革命最具代表性的技术创新，人工智能会改变人类社会的生产生活，长期而言，能够提升人们的生产、生活质量，推动经济增长，促进经济社会更快地发展，并改变国家间的发展格局，但短期而言，人工智能会带来劳动力失业、扩大收入差距、减缓资本积累增速，甚至出现"索洛悖论"，给经济社会带来一系列问题和风险，抑制经济增长。

基于此，必须加快推进人工智能健康发展，抓住新一轮国际竞争中的发展机遇，同时合理应对人工智能对劳动力就业、收入分配、资本积累以及生产效率带来的负向冲击。具体建议如下。

鉴于人工智能技术创新对经济增长的正向效应，建议：第一，进一步加大对人工智能相关技术基础研究的支持力度，坚持将人工智能技术创新作为经济增长的突破口，加快完善人工智能产业发展的顶层设计和行业规范，扩大人工智能产业规模，拓展人工智能产业链。第二，分阶段、有重点地培育新产业、新业态和新模式，及时消除各种新业态与既有规则之间的冲突，将"大众创业、万众创新"与"新产业、新业态和新模式"相结合，合理引导中高技能劳动者在新产业、新业态和新模式领域创新创业，加强创业辅导，并加大创业补贴和税收优惠；完善新产业、新业态和新模式发展的保障措施，加快推进新经济相关法律法规建设，进一步扩大知识产权保护范围。第三，人工智能的应用现已涉及农业、工业和服务业，并与三大产业渗透融合，但融合的范围和深度存在较大的行业差异，应在此基础上，鼓励人工智能技术的行业应用，鼓励人工智能企业与用户成立"产学研用"联盟；以行业特征为导向，制定差别化且适宜的行业发展政策，深入落实人工智能相关发展规划，促进人工智能与更宽领域、更大深度地与产业渗透融合，并进行多元式融合发展。第四，将人工智能、就业和收入分配等纳入统计监测体系，分阶段、有重点地促进人工智能与产业的深度融合。

鉴于人工智能技术创新对劳动就业和收入分配的负向效应，建议：第一，扩大社会保障政策的覆盖范围，深入落实失业保险政策和失业救助政策，减少失业和工资水平下降带来的不稳定因素；深入落实各项再就业促进政策，以企业用工奖励、失业再就业补助等方式鼓励失业劳动力灵活选择再就业方式。第二，引导中国从"资本友好型"税制逐步向"劳动友好型"税制转变，同时改革个人所得税累进制度，减缓中低收入水平阶段累进速度税率，增加高收入阶段累进税率。第三，以"人工智能＋教育"、职业技能培训为抓手，全面提升劳动力的素质和技能。政府应加快深化教育改革，以市场需求为导向，改善高等教育和职业教育的课程结构；加大教育投入，持续扩大高等教育覆盖范围；加快推进人工智能产品向教育业渗透，提升教学效率，有效简化教学过程，实现全时互动、以学定教；及时跟踪新职业和新岗位的技能需求，以政府采购、税收政策、培训补贴等措施鼓励企业和培训机构开展新职业、新岗位技能培训，提升劳动技能，以适应智能经济和智能社会需要。第四，积极引导人工智能在低技能部门朝"人机协作"方向发展，防止低技能部门由于人工智能渗透相对容易带来大规模失业；适度控制低技能部门自动化规模，防止"过度"自动化；增加对低技能部门的失业补贴，积极开展就业指导与培训。

鉴于人工智能技术创新对资本积累和资本结构的作用效应，建议：第一，持续深化供给侧结构性改革，加快完善市场退出机制，使低效率、落后产能尽快退出市场；以补贴和税收优惠等形式，扶持和引导传统产业转型升级，为行业抓住人工智能红利创造产能基础，从而提升资本配置效率。第二，继续营造宽松的政策环境，消除行业分割等影响资本自由流动的障碍，增强市场配置资源的作用，根据不同行业的特征，有重点、有针对性地推进人工智能与行业渗透融合，提升资本在行业的配置效率和生产效率。第三，智能时代的高技能人才缺口较大，因此，要完善高技能人才队伍建设，需以重点高校院所为依托，优化人才培养机制，加强创新型人才队伍建设，加强海外高层次人才引进，支持人工智能领域高端人才赴海外开展学术交流。发挥高技能人才对配置行业资本的作用，促进资本与高技能劳动力融合，有效提升资本的利用效率。

鉴于人工智能技术创新对生产效率的作用效应，建议：有效应对短期"索洛悖论"，使人工智能技术创新真正成为促进生产效率提升的引擎，针对人工智能作为通用技术的特性进行相应的促进和引导，使其扩散到更大的范围，促进更宽领域的技术进步，进而创造更大的通用效能和协同效应。具体而言：一是加强人工智能与5G、物联网、大数据等技术协同作用，使人工智能广泛地应用于行业数据分析、智能决策过程，推动更大范围实现自动化向智能化转变。二是推动新材料、新能源等战略性新兴产业不断发展的同时，积极探寻人工智能可能的渗透领域，促进人工智能与新材料、新能源等产业深度融合，将新材料、新能源相关企业的生产与研发过程作为人工智能的试验场，推动人工智能不断升级，效能得到充分发挥。三是注重机器学习等人工智能技术在科学研究中的应用，一方面，鼓励人工智能领域的企业及科研机构加强与海外先进技术团队的交流合作，积极引进全球顶尖研发团队和科研人才，共同打造人工智能研发平台，促进人工智能技术取得突破的同时，实现人工智能技术在自然科学研究过程中更深层次应用；另一方面，支持高校、科研院所与人工智能企业、政府合作进行社会科学研究，企业、政府提供海量的人工智能数据，高校、科研院所提供智力支持，发挥人工智能技术对社会科学知识生产的作用。

基于人工智能技术创新对未来南北差距可能存在的正向效应，建议：发展中国家一方面要充分集成和利用国内各种有效资源，加强人工智能相关技术的自主开发与创新工作，以人工智能技术为基础，不断增强产业的技术水平和装备水平，提升产业的国际竞争优势，牢牢把握本国经济发展的主动权；另一方面应当认识到发展中国家的后发优势，积极引进世界各国先进的人工智能技术，重视引进技术的学习与改进，有效缓解国家间经济发展差距。

三、研究展望

伴随着信息技术、基础算法等技术的进步，人工智能技术创新还将在世界范围内不断取得新突破，人工智能对人类社会生产生活的变革性影响也将进一步显露和放大。为此，在世界各国围绕人工智能展开激烈角逐的背景下，人工智能的相关研究对于抓住人工智能发展机遇以及未来的政策取向具有重要的现实意义。我们将在已有研究基础上，围绕人工智能技术创新展开进一步研究，未来主要研究方向如下：

第一，本书基于人工智能对劳动力就业的效应分析并未借助宏观经济模型进行分析，在今后的研究过程中将借助该经济模型作进一步深入，通过构建OLG 世代交替模型，分析在人工智能技术创新的影响下，随着劳动力受教育水平不断提高，劳动力就业结构的演变路径。

第二，适龄劳动力供给下降和人口老龄化是全球经济社会面临的重要问题之一，而本书并未同时考虑在适龄劳动力供给下降和人口老龄化背景下人工智能对经济增长的影响，这并不符合实际，因此，在今后的研究中将进一步考虑劳动力实际状况对相关问题进行深入分析。

第三，经济增长和经济波动是宏观经济的两大研究方向，人工智能对经济增长影响不容否认，是否意味着人工智能也将对经济波动造成影响？然而，本书并未涉及人工智能对经济波动的相关研究，而且围绕人工智能与经济波动的相关研究目前仍存在空白，这为我们未来的研究提供了一个重要方向。

参考文献

[1] 安德鲁 A M. 人工智能［M］. 刘新民，译. 西安：陕西科学技术出版社，1987.

[2] 白俊红，王钺，蒋伏心，等. 研发要素流动、空间知识溢出与经济增长［J］. 经济研究，2017，52（7）：109－123.

[3] 保罗·克鲁格曼. 预期消退的年代［M］. 王松奇，译. 北京：中国经济出版社，2000.

[4] 蔡昉. 未来的人口红利——中国经济增长源泉的开拓［J］. 中国人口科学，2009（1）：4－12，113.

[5] 蔡昉，王德文. 中国经济增长可持续性与劳动贡献［J］. 经济研究，1999（10）：62－68.

[6] 蔡跃洲，陈楠. 新技术革命下人工智能与高质量增长、高质量就业［J］. 数量经济技术经济研究，2019，36（5）：3－22.

[7] 曹静，周亚林. 人工智能对经济的影响研究进展［J］. 经济学动态，2018（1）：103－115.

[8] 曹亚军，毛其淋. 人力资本如何影响了中国制造业企业成本加成率？——来自中国"大学扩招"的证据［J］. 财经研究，2019，45（12）：138－150.

[9] 钞小静，周文慧. 人工智能对劳动收入份额的影响研究——基于技能偏向性视角的理论阐释与实证检验［J］. 经济与管理研究，2021，42（2）：82－94.

[10] 陈昌兵. 可变折旧率估计及资本存量测算［J］. 经济研究，2014，49（12）：72－85.

[11] 陈可嘉，臧永生. 福建省城市化、资本积累与经济增长的实证研究［J］. 福州大学学报（哲学社会科学版），2012，26（4）：36－39.

[12] 陈诗一. 中国工业分行业统计数据估算：1980—2008［J］. 经济学（季刊），2011，10（3）：735－776.

[13] 陈硕，王宣艺. 机器学习在社会科学中的应用：回顾及展望［D］. 上海：

复旦大学，2018.

[14] 陈宪，韩太祥. 文化要素与经济增长 [J]. 经济理论与经济管理，2008 （9）：12—18.

[15] 陈彦斌，林晨，陈小亮. 人工智能、老龄化与经济增长 [J]. 经济研究，2019，54（7）：47—63.

[16] 陈阳，逯进. 中国省域投资与经济增长因果关联的实证研究 [J]. 经济体制改革，2014（6）：47—51.

[17] 程水红. 技术空间扩散与经济增长收敛性研究 [D]. 泉州：华侨大学，2018.

[18] 丹尼尔·贝尔. 后工业社会的来临——对社会预测的一项探索 [M]. 高铦等，译. 北京：商务印书馆，1984.

[19] 冯海波，葛小南. R&D 投入与经济增长质量——基于绿色全要素生产率的省际面板数据分析 [J]. 软科学，2020，34（4）：7—12.

[20] 冯新翎，何胜，熊太纯，等. "科学知识图谱"与"Google 知识图谱"比较分析——基于知识管理理论视角 [J]. 情报杂志，2017，36（1）：149—153.

[21] 干春晖，郑若谷. 中国工业生产绩效：1998—2007——基于细分行业的推广随机前沿生产函数的分析 [J]. 财经研究，2009，35（6）：97—108.

[22] 葛玉御，宫映华. 借势人工智能，实现税收现代化 [J]. 税务研究，2018（6）：13—18.

[23] 谷宏伟，杨秋平. 收入/期望与教育支出：对当前中国家庭教育投资行为的实证分析 [J]. 宏观经济研究，2013（3）：68—74.

[24] 谷宇. 人工智能助力中国智造 [J]. 人民论坛，2018（2）：36—37.

[25] 顾和军，刘云平. 教育和培训对中国城镇劳动力就业的影响——基于 CLHLS 数据的经验研究 [J]. 人口与经济，2013（1）：76—82.

[26] 郭继强. 教化投资：人力资本投资的新形式 [J]. 经济学家，2006（4）：78—84.

[27] 郭凯明，向风帆. 人工智能技术和工资收入差距 [J]. 产业经济评论，2021（6）：82—100.

[28] 郭敏，方梦然. 人工智能与生产率悖论：国际经验 [J]. 经济体制改革，2018（5）：171—178.

[29] 郭为. 经济增长的投资效应与影响路径：一个脉冲响应的函数分析 [J]. 财贸研究，2004（5）：1—7.

[30] 郝楠. 劳动力"极化"的经济效应分析——基于经济增长和收入不平等的双重视角 [J]. 华东经济管理, 2017, 31 (2): 118−125.

[31] 何青, 杜巨澜, 薛畅. 中国消费风险分担偏低之谜 [J]. 经济研究, 2014, 49 (S1): 4−16, 43.

[32] 何元庆. 对外开放与 TFP 增长: 基于中国省际面板数据的经验研究 [J]. 经济学 (季刊), 2007 (4): 1127−1142.

[33] 何哲. 人工智能时代的人类社会经济价值与分配体系初探 [J]. 南京社会科学, 2018 (11): 55−62.

[34] 侯高岚. 资本积累与经济赶超 [J]. 当代经济研究, 2005 (11): 45−48.

[35] 胡鞍钢, 杨韵新. 就业模式转变: 从正规化到非正规化——我国城镇非正规就业状况分析 [J]. 管理世界, 2001 (2): 69−78.

[36] 黄庆波, 范厚明. 对外贸易、经济增长与产业结构升级——基于中国、印度和亚洲"四小龙"的实证检验 [J]. 国际贸易问题, 2010 (2): 38−44.

[37] 黄旭, 董志强. 人工智能如何促进经济增长和社会福利提升? [J]. 中央财经大学学报, 2019 (11): 76−85.

[38] 黄旭. 人工智能技术发展背景下收入不平等及政策: 理论分析 [J]. 中央财经大学学报, 2021 (7): 83−91.

[39] 金中夏, 洪浩, 李宏瑾. 利率市场化对货币政策有效性和经济结构调整的影响 [J]. 经济研究, 2013 (4): 69−82.

[40] 近藤直, 门田充司, 野口伸共. 农业机器人Ⅰ. 基础与理论 [M]. 乔军, 陈兵旗, 译. 北京: 中国农业大学出版社, 2009.

[41] 克劳斯·施瓦布. 第四次工业革命 [M]. 李菁, 译. 北京: 中信出版社, 2016.

[42] 匡奕敩. 基于 neuralnet 人工神经网络的农作物预测模型研究 [J]. 湖北农业科学, 2022, 61 (14): 178−182.

[43] 兰官奇, 王毅红, 张建雄, 等. 基于人工神经网络的生土基砌体抗压强度预测 [J]. 华中科技大学学报 (自然科学版), 2019, 47 (8): 50−54.

[44] 雷平, 施祖麟. 企业数量、规模与经济增长——基于省级工业面板数据的研究 [J]. 经济经纬, 2008 (2): 101−104.

[45] 李红阳, 邵敏. 城市规模、技能差异与劳动者工资收入 [J]. 管理世界, 2017 (8): 36−51.

[46] 李尚骜, 陈继勇, 李卓. 干中学、过度投资和 R&D 对人力资本积累的

"侵蚀效应"[J]. 经济研究, 2011, 46 (6): 57-67.

[47] 李小光, 邓贵川. 人口老龄化、外商直接投资与经济增长——基于 FDI 的经济增长模型的分析 [J]. 云南社会科学, 2018 (4): 65-71.

[48] 李永刚. 文化经济学的分析方法 [J]. 学术月刊, 2013, 45 (5): 81-89.

[49] 李振, 周东岱, 王勇. "人工智能+"视域下的教育知识图谱: 内涵、技术框架与应用研究 [J]. 远程教育杂志, 2019, 37 (4): 42-53.

[50] 林晨, 陈小亮, 陈伟泽, 等. 人工智能、经济增长与居民消费改善: 资本结构优化的视角 [J]. 中国工业经济, 2020 (2): 61-83.

[51] 刘海英, 赵英才, 张纯洪. 人力资本"均化"与中国经济增长质量关系研究 [J]. 管理世界, 2004 (11): 15-21.

[52] 刘浩, 李香菊. 垄断、所有制结构与我国行业收入差距 [J]. 当代财经, 2014 (11): 5-13.

[53] 刘娟. 行业异质性对中国 OFDI 深度及广度的影响——基于分行业面板数据的经验分析 [J]. 国际商务 (对外经济贸易大学学报), 2019 (3): 69-82.

[54] 刘亮, 胡国良. 人工智能与全要素生产率——证伪"生产率悖论"的中国证据 [J]. 江海学刊, 2020 (3): 118-123.

[55] 刘伟, 李绍荣. 所有制变化与经济增长和要素效率提升 [J]. 经济研究, 2001 (1): 3-9, 93.

[56] 刘元春. 经济制度变革还是产业结构升级——论中国经济增长的核心源泉及其未来改革的重心 [J]. 中国工业经济, 2003 (9): 5-13.

[57] 陆正飞, 杨德明. 商业信用: 替代性融资, 还是买方市场? [J]. 管理世界, 2011 (4): 6-14, 45.

[58] 吕昌春, 康飞. 我国电信行业市场竞争、区域差异与生产效率 [J]. 数量经济技术经济研究, 2010, 27 (2): 78-92.

[59] 吕景春. 和谐劳动关系的"合作因素"及其实现机制——基于"合作主义"的视角 [J]. 南京社会科学, 2007 (9): 31-41.

[60] 吕延方, 王冬. 参与不同形式外包对中国劳动力就业动态效应的经验研究 [J]. 数量经济技术经济研究, 2011, 28 (9): 103-117.

[61] 罗伯特·J. 巴罗, 夏威尔·萨拉-伊-马丁. 经济增长 [M]. 夏俊, 译. 上海: 格致出版社, 2010.

[62] 罗楚亮. 垄断企业内部的工资收入分配 [J]. 中国人口科学, 2006 (1): 69-77, 96.

[63] 马克·珀迪，邱静，陈笑冰. 埃森哲：人工智能助力中国经济增长 [J]. 机器人产业，2017 (4)：80—91.

[64] 马岩. 外商直接投资对我国经济增长的效应 [J]. 统计研究，2006，23 (3)：51—55.

[65] 毛德凤，李静，彭飞，等. 研发投入与企业全要素生产率——基于 PSM 和 GPS 的检验 [J]. 财经研究，2013，39 (4)：134—144.

[66] 毛捷，吕冰洋，马光荣. 转移支付与政府扩张：基于"价格效应"的研究 [J]. 管理世界，2015 (7)：29—41，187.

[67] 牟俊霖，闫里鹏. 中国财政政策、货币政策的就业效应——基于面板向量自回归模型的研究 [J]. 人口与经济，2017 (3)：77—89.

[68] 尼尔斯·尼尔森. 人工智能 [M]. 郑扣根，庄越挺，译. 北京：机械工业出版社，2000.

[69] 帕特里克·亨利·温斯顿. 人工智 [M]. 3 版. 崔良沂，赵永昌，译. 北京：机械工业出版社，2009.

[70] 彭希哲. 我国人口红利的实现条件及路径选择 [EB/OL]. [2022—11—23]. http://www.chinapop.gov.cn.

[71] 漆桂林，高桓，吴天星. 知识图谱研究进展 [J]. 情报工程，2017，3 (1)：4—25.

[72] 钱学森讲. 社会主义现代化建设的科学和系统工程 [M]. 吴义生编. 北京：中共中央党校出版社，1987.

[73] 冉光和，曹跃群. 资本投入，技术进步与就业促进 [C]. 中国工业经济学会 2006 年年会暨"自主创新与创新政策"研讨会，2006.

[74] 任红艳，端义锋，李广洲. 微型学习视频在教学专家系统中的应用研究 [J]. 中国电化教育，2014 (6)：94—100.

[75] 塞缪尔·亨廷顿. 文明的冲突与世界秩序的重建 [M]. 周琪等，译. 北京：新华出版社，2002.

[76] 沈文玮. 论当代人工智能的技术特点及其对劳动者的影响 [J]. 当代经济研究，2018 (4)：63—69.

[77] 宋静. 不同所有制结构中资本积累与就业的影响分析 [J]. 经济问题，2013 (4)：39—42.

[78] 苏海志，李其锋，李斌. 专家系统和大数据在职业病的应用分析思考 [J]. 中国医疗器械信息，2021，27 (15)：29—30，133.

[79] 苏志庆，陈银娥. 知识贸易、技术进步与经济增长 [J]. 经济研究，

2014，49（8）：133－145，157.

[80] 孙雪，宋宇，赵培雅. 人工智能对异质劳动力就业的影响——基于劳动力供给的视角 [J]. 经济问题探索，2022（2）：171－190.

[81] 孙早，韩颖. 人工智能会加剧性别工资差距吗？——基于我国工业部门的经验研究 [J]. 统计研究，2022，39（3）：102－116.

[82] 孙早，侯玉琳. 工业智能化如何重塑劳动力就业结构 [J]. 中国工业经济，2019（5）：61－79.

[83] 孙治贵，王元胜，张禄，等. 北方设施农业气象灾害监测预警智能服务系统设计与实现 [J]. 农业工程学报，2018，34（23）：149－156.

[84] 汤向俊. 资本深化、人力资本积累与中国经济持续增长 [J]. 世界经济，2006，29（8）：57－64.

[85] 田友春. 中国分行业资本存量估算：1990—2014 年 [J]. 数量经济技术经济研究，2016，33（6）：3－21，76.

[86] 涂良川. 马克思历史唯物主义视阈中的人工智能奇点论 [J]. 东北师大学报（哲学社会科学版），2020（1）：78－84.

[87] 涂序彦. 人工智能：回顾与展望 [M]. 北京：科学出版社，2006.

[88] 万建香，梅国平. 社会资本可否激励经济增长与环境保护的双赢？[J]. 数量经济技术经济研究，2012，29（7）：61－75.

[89] 汪小勤，汪红梅. "人口红利"效应与中国经济增长 [J]. 经济学家，2007（1）：104－110.

[90] 王班班，齐绍洲. 有偏技术进步、要素替代与中国工业能源强度 [J]. 经济研究，2014，49（2）：115－127.

[91] 王恩东. 智能自动化在仪器仪表制造业中的应用 [J]. 信息系统工程，2021（4）：25－27.

[92] 王国成. 人工智能、机器学习对传统计量实证的影响 [J]. 经济与管理研究，2018，39（11）：29－35.

[93] 王进，王丽珊. 人工智能产业影响经济增长的作用机制与实证检验 [J]. 山东财经大学学报，2019，31（6）：54－63.

[94] 王军亚，王任飞. "信息技术生产率悖论"的动态演进 [J]. 科学学与科学技术管理，2005，26（6）：37－40.

[95] 王君，张于喆，张义博，等. 人工智能等新技术进步影响就业的机理与对策 [J]. 宏观经济研究，2017（10）：169－181.

[96] 王林辉，董直庆. 资本体现式技术进步、技术合意结构和我国生产率增

长来源 [J]. 数量经济技术经济研究，2012，29（5）：3—18.

[97] 王恕立，胡宗彪. 中国服务业分行业生产率变迁及异质性考察 [J]. 经济研究，2012，47（4）：15—27.

[98] 王维国，刘丰，胡春龙. 生育政策、人口年龄结构优化与经济增长 [J]. 经济研究，2019，54（1）：116—131.

[99] 王文倩，张羽. 金融结构、产业结构升级和经济增长——基于不同特征的技术进步视角 [J]. 经济学家，2022（2）：118—128.

[100] 王湘红，曾耀，孙文凯. 行业分割对性别工资差异的影响——基于 CGSS 数据的实证分析 [J]. 经济学动态. 2016（1）：44—53.

[101] 王新华. 我国服务业外商直接投资的经济增长效应——基于 9 个行业面板数据的实证研究 [J]. 国际贸易问题，2007（9）：70—73.

[102] 王云多. 人口老龄化对劳动供给、人力资本与产出影响预测 [J]. 人口与经济，2014（3）：69—75.

[103] 王志刚，龚六堂，陈玉宇. 地区间生产效率与全要素生产率增长率分解（1978—2003）[J]. 中国社会科学，2006（2）：55—66，206.

[104] 魏建，徐恺岳. 人工智能技术发展对城乡收入差距的影响 [J]. 浙江工商大学学报，2021（4）：84—96.

[105] 魏巍. 人工智能就业替代效应和创新效应的分化研究 [J]. 软科学，2022，36（3）：55—61.

[106] 温忠麟，叶宝娟. 中介效应分析：方法和模型发展 [J]. 心理科学进展，2014，22（5）：731—745.

[107] 温忠麟，张雷，侯杰泰，等. 中介效应检验程序及其应用 [J]. 心理学报，2004（5）：614—620.

[108] 翁宏标，王斌会. 中国分行业资本存量的估计 [J]. 统计与决策，2012（12）：89—92.

[109] 西奥多·舒尔茨. 论人力资本投资 [M]. 吴珠华等，译. 北京：北京经济学院出版社，1990.

[110] 徐鸣. 论人力资本的要素结构及其特性 [J]. 江西财经大学学报，2010（6）：10—13.

[111] 徐述腾，周永章. 基于深度学习的镜下矿石矿物的智能识别实验研究 [J]. 岩石学报，2018，34（11）：3244—3252.

[112] 徐献军. 人工智能的极限与未来 [J]. 自然辩证法通讯，2018，40（1）：27—32.

［113］严成樑，龚六堂. 资本积累与创新相互作用框架下的财政政策与经济增长［J］. 世界经济，2009，32（1）：40－51.

［114］阳义南，谢予昭. 推迟退休年龄对青年失业率的影响——来自 OCED 国家的经验数据［J］. 中国人口科学，2014（4）：46－57，127.

［115］杨虎涛. 人工智能、奇点时代与中国机遇［J］. 财经问题研究，2018（12）：12－20.

［116］杨敬年. 科学·技术·经济增长［M］. 天津：天津人民出版社，1981.

［117］杨曼莉. 收入差距、消费需求与经济增长——基于中国省域面板数据的研究［J］. 兰州学刊，2019，307（4）：106－120.

［118］杨茜淋. 房地产业生产效率及技术进步研究［J］. 统计与决策，2014（13）：141－144.

［119］杨先明，秦开强. 资本积累对中国经济增长的重要性改变了吗？［J］. 经济与管理研究，2015，36（10）：3－9.

［120］杨玉基，许斌，胡家威，等. 一种准确而高效的领域知识图谱构建方法［J］. 软件学报，2018，29（10）：2931－2947.

［121］姚先国，周礼，来君. 技术进步、技能需求与就业结构——基于制造业微观数据的技能偏态假说检验［J］. 中国人口科学，2005（5）：47－53，95－96.

［122］余建斌，乔娟，龚崇高. 中国大豆生产的技术进步和技术效率分析［J］. 农业技术经济，2007（4）：41－47.

［123］余凯，贾磊，陈雨强，等. 深度学习的昨天、今天和明天［J］. 计算机研究与发展，2013，50（9）：1799－1804.

［124］袁志刚. 高级宏观经济学［M］. 2 版. 上海：复旦大学出版社，2010.

［125］岳书敬，刘朝明. 人力资本与区域全要素生产率分析［J］. 经济研究，2006（4）：90－96，127.

［126］云凌志，王凤生. 混合寡占之下的负外部性对策：国有化兼并还是行政监管——兼评山西省煤炭业资源重组方案［J］. 中国工业经济，2010（1）：124－134.

［127］张斌. 收入不平等关系的根源：自由贸易还是技术进步［J］. 世界经济研究，2003（2）：32－37.

［128］张伯超，邸俊鹏，韩清. 行业资本收益率、资本流动与经济增长［J］. 财经问题研究，2018（8）：34－41.

［129］张车伟，薛欣欣. 国有部门与非国有部门工资差异及人力资本贡献［J］.

经济研究, 2008 (4): 15—25, 65.

[130] 张成岗. 人工智能时代: 技术发展、风险挑战与秩序重构 [J]. 南京社会科学, 2018 (5): 42—52.

[131] 张丽娟, 张文勇. 基于 Heston 模型和遗传算法优化的混合神经网络期权定价研究 [J]. 管理工程学报, 2018, 32 (3): 142—149.

[132] 张美莎, 曾钰桐, 冯涛. 人工智能对就业需求的影响: 基于劳动力结构视角 [J]. 中国科技论坛, 2021 (12): 125—133.

[133] 张天顶. 外商直接投资、传导机制与中国经济增长 [J]. 数量经济技术经济研究, 2004 (10): 40—48.

[134] 张同斌, 李金凯, 高铁梅. 技术差距变动、研发资源驱动与技术进步效应 [J]. 中国人口·资源与环境, 2016, 26 (1): 131—139.

[135] 张兴琨. 马克思生产力与生产关系理论的形成 [J]. 阴山学刊, 1988 (1): 104—110, 117.

[136] 章文光, 杨焕城, 尹宗平. 中国外资政策对经济增长的影响机制研究 [J]. 北京师范大学学报 (社会科学版), 2012 (4): 136—144.

[137] 赵文哲. 财政分权与前沿技术进步、技术效率关系研究 [J]. 管理世界, 2008 (7): 34—44.

[138] 赵志耘, 吕冰洋, 郭庆旺, 等. 资本积累与技术进步的动态融合: 中国经济增长的一个典型事实 [J]. 经济研究, 2007 (11): 18—31.

[139] 中共中央马克思恩格斯列宁斯大林著作编译局. 马克思恩格斯全集: 第23卷 [M]. 北京: 人民出版社, 1972.

[140] 中共中央马克思恩格斯列宁斯大林著作编译局. 资本论: 第1卷 [M]. 北京: 人民出版社, 2004.

[141] 中国经济增长与宏观稳定课题组, 张平, 刘霞辉, 等. 资本化扩张与赶超型经济的技术进步 [J]. 经济研究, 2010 (15): 43—47.

[142] 钟义信. 机制主义: 人工智能的统一理论 [J]. 电子学报, 2006 (2): 317—321.

[143] 钟义信. 人工智能的突破与科学方法的创新 [J]. 模式识别与人工智能, 2012, 25 (3): 456—461.

[144] 周黎安, 罗凯. 企业规模与创新: 来自中国省级水平的经验证据 [J]. 经济学 (季刊), 2005 (4): 623—638.

[145] 周天勇. 要素配置市场化改革, 释放经济增长潜能的定量估计 [J]. 财经问题研究, 2020 (7): 14—31.

［146］周云波，田柳，陈岑. 经济发展中的技术创新、技术溢出与行业收入差距演变——对 U 型假说的理论解释与实证检验［J］. 管理世界，2017（11）：35－49.

［147］朱巧玲，李敏. 人工智能、技术进步与劳动力结构优化对策研究［J］. 科技进步与对策，2018，35（6）：36－41.

［148］朱巍，陈慧慧，田思媛，等. 人工智能：从科学梦到新蓝海——人工智能产业发展分析及对策［J］. 科技进步与对策，2016，33（21）：66－70.

［149］邹承鲁，王志珍. 科学和技术不可合二为一［N］. 科技日报，2003－08－05.

［150］Acemoglu D，Restrepo P. Artificial intelligence，automation and work［EB/OL］.［2023－02－17］. https：//www. nber. org/papers/w24196.

［151］Acemoglu D，Restrepo P. Low-skill and high-skill automation［J］. Journal of Human Capital，2018，12（2）：204－232.

［152］Acemoglu D，Restrepo P. Robots and jobs：evidence from US labor markets［EB/OL］.［2023－2－17］. https：//www. nber. org/papers/w23285.

［153］Acemoglu D，Restrepo P. The race between man and machine：implications of technology for growth，factor shares and employment［J］. American Economic Review，2018，108（6）：1488－1542.

［154］Acemoglu D，Zilibotti F. Productivity differences［J］. Quarterly Journal of Economics，2001，116（2）：563－606.

［155］Acemoglu D. Introduction to modern economic growth［M］. Princeton：Princeton University Press，2009.

［156］Aghion P，Howitt P. A model of growth through creative destruction［J］. Econometrica，1992，60（2）：323－351.

［157］Aghion P，Jones B F，Jones C I. Artificial intelligence and economic growth［EB/OL］.［2023－02－17］. https：//www. nber. org/papers/w23928.

［158］Agrawal A，McHale J，Oettl A. Finding needles in haystacks：artificial intelligence and recombinant growth［EB/OL］.［2023－02－17］. https：//www. nber. org/papers/w24541.

［159］Alpaydin E. Introduction to machine learning［M］. London：The MIT

Press，2010.

[160] Andersson M，Klaesson J，Larsson J P. The sources of the urban wage premium by worker skills：spatial sorting or agglomeration economies? [J]. Papers in Regional Science，2014，93（4）：727－747.

[161] Arrow K J. The economic implications of learning by doing [J]. Review of Economic Studies，1962，29（3）：155－173.

[162] Athey S. The impact of machine learning on economics [EB/OL]. [2023－02－17]. https：//projects. iq. harvard. edu/files/pegroup/files/athey2018.

[163] Autor D H，Murnane L R J. The skill content of recent technological change：an empirical exploration [J]. The Quarterly Journal of Economics，2003，118（4）：1279－1333.

[164] Baldi P，Sadowski P，Whiteson D. Searching for exotic particles in high-energy physics with deep learning [J]. Nature Communications，2014（5）：4308.

[165] Benzell S G，Benzell S G，Benzell S G，et al. Robots are us：some economics of human replacement [EB/OL]. [2023－02－17]. https：//www. nber. org/papers/w20941.

[166] Berg A，Buffie E F，Zanna L F. Robots，growth and inequality [J]. Finance Development，2016，53（3）：10－13.

[167] Berger T，Frey C B. Structural transformation in the OECD：digitalisation，deindustrialisation and the future of work [EB/OL]. [2023 － 02 － 17]. https：//www. oecd － ilibrary. org/docserver/5jlr068802f7－en. pdf? expires＝1695884059&id＝id&accname＝guest&checksum＝CCB255F70897FFB2228B070157B4A897.

[168] Bessen J. AI and jobs：the role of demand [EB/OL]. [2023－02－17]. https：//www. nber. org/papers/w24235.

[169] Bianco S，Buzzelli M，Mazzini D，et al. Deep learning for logo recognition [J]. Neuro Computing，2017（245）：23－30.

[170] Blundell R，Bond S. Initial conditions and moment restrictions in dynamic panel data models [J]. Journal of Econometrics，1998（87）：115－143.

[171] Bouton C E，Shaikhouni A，Annetta N V，et al. Restoring cortical

control of functional movement in a human with quadriplegia [J]. Nature, 2016 (533): 247-250.

[172] Brooks R A. Intelligence without representation [J]. Artificial Intelligence, 1991 (47): 139 -159.

[173] Brynjolfsson E, Hitt L M, Kim H H. Strength in numbers: how does data-driven decision making affect firm performance? [EB/OL]. [2023-02-17]. https://www. semanticscholar. org/paper/Strength-in-Numbers％3A-How-Does-Data-Driven-Affect-Brynjolfsson-Hitt/00396270ed338ff24d612ad1530b8eb2ba194f06.

[174] Carrasquilla J, Roger G, Melko. Machine learning phases of matter nature physics [J]. Nature Physics, 2017 (13): 431-434.

[175] Chen B, Feng Y. Determinants of economic growth in China: private enterprise, education and openness [J]. China Economic Review, 2000 (11): 1-15.

[176] Chui M, Manyika J, Miremadi M. Where machines could replace humans and where they can't (yet) [J]. McKinsey Quarterly, 2016 (3): 58-69.

[177] Cockburn I M, Henderson R, Stern S. The impact of artificial intelligence on innovation [EB/OL]. [2023-02-17]. https://www. nber. org/papers/w24449.

[178] Dauth W, Findeisen S, Südekum J, et al. German robots: the impact of industrial robots on workers [EB/OL]. [2023-02-17]. https://www. semanticscholar. org/paper/German-Robots-The-Impact-of-Industrial-Robots-on-Dauth-Findeisen/8756cd379467c7e6d5583f17c69f785280a7b01e.

[179] David H. Is automation labor-displacing? productivity growth, employment and the labor share [EB/OL]. [2023-02-17]. https://www. nber. org/papers/w24871.

[180] DeCanio S J. Robots and humans: complements or substitutes? [J]. Journal of Macroeconomics, 2016, 49 (1): 280-291.

[181] Deming D J. The growing importance of social skills in the labor market [J]. The Quarterly Journal of Economics, 2017, 132 (4): 1593-1640.

［182］ Doepke C M. Inequality and growth: why differential fertility matters ［J］. American Economic Review, 2003, 93 (4): 1091−1113.

［183］ Farrel M J. The measurementof economic emciecy ［J］. Journal of the Royal Statistical Society, 1957 (3): 253−281.

［184］ Fernandes A. Firm productivity in bangladesh manufacturing industries ［J］. World Development, 2008, 36 (10): 1725−1744.

［185］ Frey C B, Osborne M A. The future of employment: how susceptible are jobs to computerisation? ［J］. Technological Forecasting and Social Change, 2017 (114): 254−280.

［186］ Galor O, Zeira J. Income distribution and macroeconomics ［J］. The Review of Economic Studies, 1993, 60 (1): 35−52.

［187］ Gasteiger E, Prettner K. Automation, stagnation and the implications of a robot tax ［J］. Macroeconomic Dynamics, 2020, 26: 218−249.

［188］ Graetz G, Michaels G. Robots at work ［J］. Social Science Electronic Publishing, 2015, 368 (9533): 358.

［189］ Grossman G M, Helpman E. Quality ladders and product cycles ［J］. Quarterly Journal of Economics, 1991 (106): 557−586.

［190］ Hémous D, Olsen M. The rise of the machines: automation, horizontal innovation and income inequality ［J］. Social Science Electronic Publishing, 2015 (8): 1−40.

［191］ Korinek A, Stiglitz J E. Artificial intelligence and its implications for income distribution and unemployment［EB/OL］. ［2023 − 02 − 17］. https://www. nber. org/papers/w24174.

［192］ Kromann L, Skaksen J R, Sørensen A. Automation, labor productivity and employment—across country comparison［EB/OL］. ［2023 − 02 − 17］. https://www. researchgate. net/publication/349761323 _ Automation _ labor _ productivity _ and _ employment _ −a _ cross _ country _ comparison.

［193］ Kurzweil R. The singularity is near ［M］. New York: Penguin, 2005.

［194］ Laeven L, Levine R, Michalopoulos S. Financial innovation and endogenous growth ［J］. Journal of Financial Intermediation, 2015, 24 (1): 1−24.

［195］ LankischC, Prettner K, Prskawetz A. Robots and the skill premium: an automation-based explanation of wage inequality［EB/OL］. ［2023−02−17］.

https://www. econstor. eu/bitstream/10419/169370/1/898698979. pdf.

[196] Leibenstein H. Allovative efficiency vs "X-efficiency" [J]. The American Economic Review, 1966, 56 (3): 392−415.

[197] Liu S N. "Efficiency" made at cost of workers' interest [N]. China Daily, 2006−08−30.

[198] Lucas R E. On the mechanics of economic [J]. Journal of Monetary Economics, 1988, 22 (1): 3−42.

[199] Manyika J, Chui M, Miremadi M, et al. A future that works: automation, employment and productivity [R]. London: McKinsey Global Institute, 2017.

[200] Manyika J, Chui M, Miremadi M, et al. A future that works: automation, employment and productivity[EB/OL]. [2023−02−17]. https://www. mckinsey. com/featured − insights/digital − disruption/ harnessing−automation−for−a−future−that−works/de−de.

[201] Mincer J, Polachek S. Family investments in human capital: earnings of women [J]. The Journal of Political Economy, 1974, 82 (2): 76−108.

[202] Newell A, Simon H A. Human problem solving [M]. Englewood Cliffs: Prentice−Hall, 1972.

[203] Petersen M A. Estimating standard errors in finance panel data sets: comparing approache [J]. NBER Working Papers, 2009, 22 (1): 435−480.

[204] Petrongolo B, Ngai L. Gender gaps and the rise of the service economy [J]. American Economic Review, 2012, 102 (6): 2540−2569.

[205] Petropolus G. The impact of artificial intelligence on employment[EB/ OL]. [2023−02−17]. https://www. bruegel. org/sites/default/files/ wp−content/uploads/2018/07/Impact−of−AI−Petroupoulos. pdf.

[206] Putnam R. Marking democracy work civic traditions in modern Italy [M]. Princeton: Princeton University Press, 1993.

[207] Ramsey F P. A mathematical theory of saving [J]. Economic Journal, 1928, 38 (152): 543−559.

[208] Romer P M. Endogenous technological change [J]. Journal of Political Economy, 1990, 98 (5): 71−102.

[209] Sachs J D. R&D, Structural transformation and the distribution of income [M]. Chicago: Univevsity of Chicago Press, 2019.

[210] Schmidhuber J. Deep learning in neural networks: an overview [J]. Neural Networks, 2015, 261: 85−117.

[211] Schumpeter J A. The theory of economic development [M]. Cambridge: Harvard University Press, 1921.

[212] Simon H A. The sciences of artificial [M]. Cambridge: The MIT Press, 1969.

[213] Solow R. Technical change and the aggregate production function [J]. The Review of Economics and Statistics, 1957, 39 (3): 312−320. .

[214] Trajtenberg M. AI as the next GPT: a political-economy perspective [EB/OL]. [2023−02−17]. https://www. nber. org/papers/w24245.

[215] Triplett J E. Economic statistics, the new economy and the productivity slow down [J]. Business Economics, 1999, 34: 13.

[216] Upchurch M, Moore P V. Deep automation and the world of work [M]. Humans and Machines at Work, 2018.

[217] Uzawa H. Optimum technical change in an aggregative model of economic growth [J]. International Economic Review, 1965, 6 (1): 18−31.

[218] Zeira J. Workers, machines and economic growth [J]. Quarterly Journal of Economics, 1998, 113 (4): 1091−1117.